Schleiermacher und das Neue Testament

Schleiermacher und das Neue Testament

Expeditionen in die Welt seiner exegetischen Vorlesungen

Herausgegeben von
André Munzinger, Enno Edzard Popkes, Ralph Brucker und Dirk Schmid

DE GRUYTER

ISBN 978-3-11-074599-3
e-ISBN (PDF) 978-3-11-074610-5
e-ISBN (EPUB) 978-3-11-074615-0

Library of Congress Control Number: 2023938739

Bibliografische Information der Deutschen Nationalbibliothek
Die Deutsche Nationalbibliothek verzeichnet diese Publikation in der Deutschen Nationalbibliografie; detaillierte bibliografische Daten sind im Internet über http://dnb.dnb.de abrufbar.

© 2023 Walter de Gruyter GmbH, Berlin/Boston
Einbandabbildung: Archiv der Berlin-Brandenburgischen Akademie der Wissenschaften zu Berlin, Nachlass F. D. E. Schleiermacher, Nr. 29: Epistola Pauli ad Colossens., S. 1
Druck und Bindung: CPI books GmbH, Leck

www.degruyter.com

Vorwort

Das Neue Testament spielt für Schleiermachers Verständnis des Christentums eine grundlegende Rolle. Annähernd jedes Semester hat er eine Vorlesung zu den neutestamentlichen Schriften angekündigt. Die Exegese steht damit an der Spitze aller Vorlesungsthemen und übertrifft in der Summe seine dogmatischen Vorlesungen. Jedoch sind seine exegetischen Vorlesungen der Forschung bisher nicht zugänglich. Ihre editorische Erschließung würde das Gesamtbild Schleiermachers komplettieren.

Im September 2018 konnte ein erstes, zunächst auf zwei Jahre angelegtes Editionsprojekt „Schleiermacher als Exeget von Paulus und Johannes. Kritische Vorlesungsedition und theologische Erkundung" an der Schleiermacher-Forschungsstelle der Christian-Albrechts-Universität zu Kiel die Arbeit aufnehmen – dank der Förderung durch die Deutsche Forschungsgemeinschaft. Im Fokus des Editionsvorhabens standen die Vorlesungen zum Johannesevangelium und zu den sogenannten Gefangenschaftsbriefen des Paulus (Phil, Kol, Phlm, Eph, 2Tim). Das Team bestand aus Dr. Ralph Brucker und Dr. Dirk Schmid, die die editorische Arbeit geleistet haben, den Antragstellern Prof. Dr. André Munzinger und Prof. Dr. Enno Edzard Popkes, der wissenschaftlichen Mitarbeiterin Katharina Riedel wie auch den studentischen Hilfskräften Jacqueline Juny und Sven Voß. Letztere unterstützten die editorische Arbeit, nahmen aber auch erste Untersuchungen des systematischen Zusammenhanges der Exegese bei Schleiermacher vor.

Am 12./13. März 2020 fand an der Universität zu Kiel ein Werkstattgespräch zu den bisherigen Ergebnissen wie auch insgesamt zu den exegetischen Vorlesungen Schleiermachers statt. Den Teilnehmenden waren dazu im Voraus bis dahin bereits transkribierte Teile der Vorlesungsmanuskripte Schleiermachers und der Nachschriften durch die obengenannten Editoren zugänglich gemacht worden. Auf dieser Grundlage trugen dann Prof. Dr. Jörg Frey (Zürich), Prof. Dr. Michael Pietsch (Neuendettelsau), Dr. Marco Stallmann (Münster), Prof. Dr. Anne Käfer (Münster), Prof. Dr. Christian Danz (Wien) und Prof. Dr. Enno Edzard Popkes (Kiel) aus ihrer jeweils fachspezifischen exegetischen, kirchenhistorischen und systematisch-theologischen Perspektive Beobachtungen zu den Texten vor. In diesen Vorträgen und den anschließenden Diskussionen mit den teilnehmenden wissenschaftlichen Mitarbeiter*innen und ausgewählten Studierenden wurde deutlich, wie vielfältig die interdisziplinären Bezüge der Texte und von welcher hohen Relevanz die Kenntnis dieser Texte in disziplinen- und forschungsgeschichtlicher, in systematischer und natürlich in werkbiographischer Hinsicht sind. Das hat die Antragsteller selbst z.T. überrascht und sie in ihrem Vorhaben bestärkt, auch die übrigen Vorlesungen Schleiermachers zu den neutestamentlichen Schriften der wissenschaftlichen Öffentlichkeit zugänglich zu machen. Die Vorträge des Workshops werden, ergänzt durch Beiträge von Dr. Dirk Schmid und Prof. Dr. André Munzinger, nun veröffentlicht.[1]

Insgesamt wird somit Schleiermachers philologische Arbeitsweise, seine gräzistische Expertise wie auch seine profunde Kenntnis der biblischen Schriften und ihrer Rezeptionsgeschichte erkennbar. Schleiermachers zu Recht gefeierte Hermeneutik erhält durch die Einblicke in seinen Umgang mit den Schriften des Neuen Testaments eine praxeologische Tiefenschärfe.

Darüber hinaus machen die Beiträge dieses Bandes in neuer Weise deutlich, dass wir durch das Werk Friedrich Schleiermachers auf eine forschungsgeschichtlich aufschlussreiche Zeit zurückblicken. Die historisch-kritische Methode wie auch die Ausdifferenzierung der theologischen Fächer werden erkennbar weiterentwickelt. Schleiermachers Exegese steht exemplarisch für eine hochgradig differenzierte Diskurslage. Er selbst beherrscht verschiedene Methodiken und Zugangsweisen. Exegetische und systematisierende Arbeiten erhalten jeweils ihren Raum und stehen in gleicher, sich wechselseitig ergänzender Bedeutung nebeneinander.

Eine Expedition in die exegetische Welt Schleiermachers – so verstehen die Herausgeber diesen Band. Die Beiträge liefern erste Ergebnisse einer eben begonnenen Forschungsreise in einen kaum erforschten Aspekt seines Werkes. Sie machen neugierig auf die vollständige Edition der Texte und auf weitere Erkundungen.

Danken möchten wir sehr herzlich der Schleiermacher-Gesellschaft für die großzügige Unterstützung dieses Bandes wie auch dem Verlag De Gruyter, besonders Herrn Dr. Albrecht Döhnert, für die gewohnt professionelle und freundliche Unterstützung.

André Munzinger, Enno Edzard Popkes, Ralph Brucker, Dirk Schmid
April 2023

Anmerkung: Zitate aus den bislang noch nicht edierten Handschriften zu den exegetischen Vorlesungen werden in den Beiträgen dieses Bandes nicht in kritischer Gestalt, sondern als reiner Lesetext geboten.

Inhalt

Enno Edzard Popkes
Schleiermacher als Exeget des Neuen Testaments
    Skizze eines Forschungsdesiderats —— 1

Dirk Schmid
Schleiermacher als Exeget
    Ein Überblick —— 13

Jörg Frey
Zwischen Modernität und Apologetik
    Exegetische Bemerkungen zu Schleiermachers Johannesvorlesungen —— 39

Michael Pietsch
Schleiermacher als Schriftausleger
    Die Vorlesungen zum Philipperbrief im Spiegel seiner biblischen Hermeneutik —— 71

Marco Stallmann
Impuls und Aneignung
    Forschungsfragen zu Schleiermachers exegetischen Vorlesungen in kirchenhistorischer Perspektive —— 97

André Munzinger
Ursprung und Entwicklung
    Zur Anthropologie Schleiermachers im Horizont seiner Rezeption des Neuen Testaments —— 111

Anne Käfer
Exegetische Dogmatik
    Schleiermachers Glaubenseinsichten auf kanonischem Boden —— 129

Christian Danz
Empfänglichkeit und Selbsttätigkeit
    Friedrich Schleiermachers Deutung des Johannes-Evangeliums und ihre religionsphilosophischen, theologischen und hermeneutischen Grundlagen —— 145

Enno Edzard Popkes
Schleiermacher als Exeget des Neuen Testaments

Skizze eines Forschungsdesiderats

> An der Spitze einer Theologie der neuesten Zeit gehört und wird für alle Zeiten gehören der Name Schleiermacher und keiner neben ihm.[1]

Diese berühmten Worte stammen von niemand anderem als von Karl Barth, also von einem der größten Kritiker Schleiermachers, der jedoch bis zum Ende seines Lebens mit der Frage rang, ob er seinen Antipoden angemessen verstanden hat[2]. Seit Karl Barth diese These formuliert hat, sind gut siebzig Jahre vergangen. In dieser Zeit wurden viele weitere Einschätzungen formuliert, die Schleiermacher in einer ähnlichen Weise würdigen. Die Wirkung Schleiermachers ist jedoch keineswegs auf den Bereich von Theologie und Kirche begrenzt. Noch heute werden seine Werke gewürdigt in so konträren Gebieten wie der Pädagogik, der Soziologie oder der Platon-Forschung. Ebenso wird er oftmals als einer der Gründerväter einer philosophischen Hermeneutik verstanden. Angesichts dessen muss ein Sachverhalt kritisch hervorgehoben werden. Nur selten wird ein Aspekt zur Geltung gebracht, der rein formal betrachtet unstrittig ist: Schleiermacher kann auch als Neutestamentler bezeichnet werden. Dies ergibt sich bereits aus der Beschreibung der Aufgaben seiner Professur an der neu gegründeten Humboldt-Universität zu Berlin. Seine Stellen-beschreibung war nämlich die folgende:

> Seminarii theologici exercitationes exegeticas moderabuntur de Wette et Schleiermacher, veteris ille, hic novi testamenti libros sodalibus explicandos proponens; historicis, hoc est, ad historiam ecclesiae et dogmatum christianorum pertinentibus praeerit Marheinecke.[3]

Dieser Beschreibung entspricht es, dass ein Großteil der von Schleiermacher während seiner Berliner Zeit angebotenen Lehrveranstaltungen neutestamentlichen Themenfeldern gewidmet waren. Angesichts dessen lässt sich in Bezug auf die

---

[1] Karl Barth, *Die Protestantische Theologie im 19. Jahrhundert. Ihre Vorgeschichte und ihre Geschichte* (Zollikon/Zürich: Evangelischer Verlag, 1947), 379.
[2] Ausführlich hierzu vgl. Bruce L Cormack, Barth und Schleiermacher, in *Barth Handbuch*, hg. v. Michael Beintker (Tübingen: Mohr Siebeck, 2016), 64–70.
[3] Zur historischen Einordnung vgl. Hermann Patsch, Hermeneutica sacra in zweiter Potenz? Schleiermachers exegetische Beispiele, in *Friedrich Schleiermachers Hermeneutik. Interpretationen und Perspektiven*, hg. von Andreas Arndt/Jörg Dierken (Berlin/Boston: De Gruyter, 2016), 327–328.

historischen Aufarbeitungen der Werke Schleiermachers ein eigentümlicher Sachverhalt diagnostizieren, der bereits vor über 20 Jahren von Hermann Fischer präzise benannt wurde:

> Gemessen am heutigen theologischen Disziplinenkanon ist Schleiermacher schwerpunktmäßig Neutestamentler. Auch die gegenwärtig noch verfügbaren Nachlaßmaterialien beziehen sich der Hauptmasse nach auf diesen Bereich. Dennoch wird Schleiermachers Wirkung als Neutestamentler, die zudem mehr auf die publizierten Fachbeiträge [...] als auf die Vorlesungen zurückgeht, von derjenigen in anderen theologischen (und philosophischen) Disziplinen weit übertroffen.[4]

Diese Diagnose impliziert wiederum eine Aufgabenstellung, die im Kontext der Schleiermacherforschung aufgearbeitet werden sollte: Ohne eine Aufarbeitung und Edition der exegetischen Vorlesungsmaterialien Schleiermachers bleibt ein wesentlicher Aspekt der wissenschaftlichen Tätigkeit dieses großen Theologen im Dunkeln. Dies gilt aber keineswegs nur für die Schleiermacher-Forschung im Speziellen, sondern im weiteren Sinne auch für die neutestamentliche Forschung. Historisch-kritische Exegese biblischer Texte ist heute ein integraler Bestandteil wissenschaftlicher Theologie. Dabei gilt es sich jedoch stets aufs Neue zu vergegenwärtigen, dass es ‚die historisch-kritische Methode' nicht gibt. Es handelt sich vielmehr um eine methodologische Grundorientierung, die es kontinuierlich zu reflektieren und auszugestalten gilt. Historisch-kritische Exegese basiert auf einem facettenreichen Spektrum von Arbeitsschritten, die in unterschiedlichen theologiegeschichtlichen Kontexten entstanden sind, die sukzessive aufeinander aufgebaut wurden und die einander präzisieren und korrigieren. Eine Selbstreflexion der eigenen Wissenschaftshistorie sollte somit eine kontinuierliche Aufgabe historisch-kritischer Exegese sein. In vielen Lehrbüchern zur exegetischen Methodologie lassen sich diese Selbstreflexionen jedoch nicht beobachten. Was dies wiederum für die schriftlichen Nachlässe der exegetischen Veranstaltungen Schleiermachers bedeutet, wurde ebenfalls bereits vor ca. 20 Jahren von Kurt Nowak präzise benannt:

> In der Wissenschaftsgeschichte des Neuen Testaments gilt Schleiermacher als Randfigur. [...] [S]eine Bedeutung für die Wissenschaft vom Neuen Testament muß erst noch genauer bestimmt werden.[5]

---

4 Hermann Fischer, *Friedrich Daniel Ernst Schleiermacher*, Beck'sche Reihe 563: Denker (München: Beck, 2001), 128.
5 Kurt Nowak, *Schleiermacher: Leben, Werk und Wirkung*, UTB 2215 (Göttingen: Vandenhoeck & Ruprecht, ²2002), 237.

Mit anderen Worten: Vor mehr als 20 Jahren wurden zwei präzise Defizite der Forschung benannt – und die Aufarbeitung dieser Defizite hat bis heute nicht stattgefunden[6]. Die beschriebenen Defizite können aber nur aufgearbeitet werden, wenn alle schriftlichen Nachlässe zu den exegetischen Veranstaltungen Schleiermachers ediert werden. Nur auf diese Weise kann angemessen herausgearbeitet werden, inwieweit derzeitige Einschätzungen der exegetischen Beiträge Schleiermachers zu bewerten sind. Oder um es mit anderen Worten zu sagen: Derzeit kursieren lediglich einzelne Stellungnahmen zu den exegetischen Leistungen Schleiermachers. Inwieweit dieselben berechtigt sind bzw. inwieweit dieselben präzisiert oder korrigiert werden müssen, kann nur auf der Grundlage einer breiten Textedition erörtert werden.

Diesen Sachverhalt möchte ich an zwei signifikanten Beispielen erläutern, nämlich an den Beiträgen Schleiermachers zur sogenannten Leben-Jesu-Forschung und zur Hermeneutik. Diese beiden Beispiele sind wie zwei Pole, zwischen denen sich die Spannungen und Herausforderungen weiterer Studien zu den exegetischen Diskursbeiträgen Schleiermachers aufbauen. Und sie veranschaulichen eindrücklich, warum sich die Schleiermacherforschung meines Erachtens diesen Forschungsfeldern zuwenden sollte. Zunächst sollen die Beiträge Schleiermachers zur sogenannten Leben-Jesu-Forschung betrachtet werden. Laut den entsprechenden Vorlesungsverzeichnissen hat Schleiermacher vier Mal eine Vorlesung zum Themenfeld „Das Leben Jesu" gehalten, erstmals im Jahre 1819/20, letztmalig 1832. Diese Veranstaltungen sollen eine immer größere Zahl von interessierten Personen an-

---

[6] Entspechend konnte zuletzt Florian Priesemuth, *Grund und Grenze des Verstehens. Theologie und Hermeneutik im Anschluss an Friedrich Schleiermacher*, SchlA 32 (Berlin/Boston: De Gruyter, 2020), 77, konstatieren: „Die exegetischen Arbeiten von Schleiermacher sind in der bisherigen Forschung verhältnismäßig wenig beachtet worden." Florian Priesemuth gibt zugleich einen Verweis auf die wenigen Ausnahmen dieser Diskurslage: Johannes Conradi, *Schleiermachers Arbeit auf dem Gebiete der neutestamentlichen Einleitungswissenschaft* (Niederlößnitz-Dresden: Adam, 1907); Günter Meckenstock, Schleiermachers Bibelhermeneutik, in *Theorie der Interpretation vom Humanismus bis zur Romantik – Rechtswissenschaft, Philosophie, Theologie. Beiträge zu einem interdisziplinären Symposion in Tübingen, 29. September bis 1. Oktober 1999*, hg. von Jan Schröder, Contubernium 58 (Stuttgart: Steiner, 2001), 249–263; Eilert Herms, Schleiermachers Verständnis der exegetischen Theologie, in *Schleiermachers Dialektik*, hg. v. Christine Helmer u. a., RPT 6 (Tübingen: Mohr Siebeck, 2003), 89–117; Christine Helmer, Schleiermachers exegetische Theologie. Urteilsbildung und Korrespondenz in der neutestamentlichen Wissenschaft, in *Schleiermachers Dialektik*, hg. v. Christine Helmer u. a., RPT 6 (Tübingen: Mohr Siebeck, 2003), 55–77; Simon Gerber, Hermeneutik als Anleitung zur Auslegung des Neuen Testaments, in *Friedrich Schleiermachers Hermeneutik*, hg. von Andreas Arndt/Jörg Dierken (Berlin/Boston: De Gruyter, 2016), 145–161; Hermann Patsch, Hermeneutica sacra in zweiter Potenz? Schleiermachers exegetische Beispiele, in *Friedrich Schleiermachers Hermeneutik. Interpretationen und Perspektiven*, hg. von Andreas Arndt/Jörg Dierken (Berlin/Boston: De Gruyter, 2016), 163–176.

gezogen haben. Gleichwohl hat Schleiermacher zu Lebzeiten keine entsprechende Veröffentlichung ediert. Erst dreißig Jahre nach dem Tod Schleiermachers, also im Jahr 1864, wurde eine entsprechende Schrift ediert, aber nur auf der Grundlage einer einzigen Mitschrift eines Studenten. Und diese Schrift erfuhr seitens historisch-kritischer Exegeten einen geradezu vernichtenden Verriß. Im Folgenden sei eine entsprechende Diagnose eines Autoren benannt, der wohl zu den außergewöhnlichsten Gestalten der Geschichte der neutestamentlichen Exegese gehört, nämlich die Diagnose von Albert Schweitzer. In seiner brillant geschriebenen „Geschichte der Leben-Jesu-Forschung" beurteilt Albert Schweitzer die exegetischen Leistungen Schleiermachers mit folgenden Worten

> Es ist keine historische, sondern eine dialektische Leistung. Nirgends wird so klar, daß der große Dialektiker eigentlich ein unhistorischer Kopf war, wie gerade in seiner Behandlung der Geschichte Jesu. [...] Es waltete von Anfang an kein guter Stern über seinem Unternehmen. Zwar war er der erste Theologe, der 1819 über diesen Gegenstand überhaupt las. Sein Leben-Jesu erschien aber erst 1864. Man hatte die Veröffentlichung so lange herausgeschoben, einmal, weil man es nur aus Kollegnachschriften rekonstruieren konnte, sodann, weil es alsbald, nachdem Schleiermacher es 1832 zum letzenmal gelesen hatte, durch Strauß aufs tote Geleise geschoben war. Für die Fragen, welche das Leben-Jesu von 1835 stellte, hatte Schleiermacher keine Antwort, und für die Wunden, die es schlug, keine Heilung. Als man das seine 1864 wie eine einbalsamierte Leiche ausstellte, hielt Strauß dem toten Werke des großen Theologen eine würdige und ergreifende Grabrede.[7]

Neben dieser massiven Kritik weiß Albert Schweitzer aber auch zu benennen, welches Anliegen Schleiermacher eigentlich zu verfolgen scheint, nämlich:

> Schleiermacher sucht nicht den Jesus der Geschichte, sondern den Jesus-Christus seiner Glaubenslehre, d.h. die historische Persönlichkeit, die zu dem von ihm aufgestellten Selbstbewusstsein des Erlösers paßt.[8]

Als ein Meister der Sprache kann Schweitzer auch erläutern, warum das Werk Schleiermachers seine Leserinnen und Leser dennoch in den Bann ziehen kann:

> Schleiermacher liebt es, seine Hörer das Gruseln zu lehren und ihnen zu zeigen, wie der geringste Fehltritt den Sturz in den einen dieser beiden Abgründe zur Folge hat, oder haben könnte, wenn man nicht durch seine unfehlbare Dialektik geleitet würde. Die historischen Fragen des Lebens Jesu kommen eine nach der anderen in Sicht; aber keine wird so gestellt

---

[7] Albert Schweitzer, *Geschichte der Leben-Jesu-Forschung*, Nachdruck der 2. Auflage 1913, 9. Auflage (Tübingen: Mohr Siebeck, 1984), 100–101.
[8] Schweitzer, *Geschichte der Leben-Jesu-Forschung*, 101.

oder so gelöst, wie es der Historiker tun müßte, sondern sie sind eben nur Momente in der Dialektik.⁹

Das sprachliche und hermeneutische Vorgehen Schleiermachers fasst Albert Schweitzer wiederum in ein Bild, dessen Prägnanz kaum zu überbieten ist:

> Man sieht eine Spinne. Sie läßt sich von oben herunter; nachdem sie ihren Faden unten befestigt, läuft sie bis zur Mitte zurück und webt dort ihr Netz. Man schaut zu, und ehe man sichs versieht, ist man darin gefangen. Es ist schwer, auch bei dem Bewußtsein besserer historischer Kenntnis, sich dem Zauber dieses Werks zu entziehen.¹⁰

Doch bei aller Würdigung der dialektischen Kunst Scheiermachers darf eines nicht vergessen werden: Aus der Sicht einer historisch-kritischen Exegese ist dies eine vernichtende Kritik. Aus diesem Grund soll nun jene zweite postume Edition angeführt werden, die den exegetischen Arbeiten Schleiermachers zuzuordnen ist, nämlich die Beiträge zur Hermeneutik. Und im Gegensatz zu jener scharfen Kritik Schweitzers begründet diese Edition noch heute die Hochschätzung Schleiermachers auch außerhalb der Gebiete von Theologie und Kirche. Oder um es mit den Worten von Dietz Lange zu sagen:

> Schleiermachers Gedanken werden mit Recht als der eigentliche Beginn einer modernen Hermeneutik angesehen.¹¹

Ebenso wie der Großteil seiner exegetischen Studien wurden die Überlegungen zur Hermeneutik von Schleiermacher fast ausschließlich in Vorlesungen erörtert, und zwar erstmalig bereits in Halle im Jahre 1805 und letztmalig 1832/33 in Berlin. Es gibt jedoch keine Indizien, dass er selbst geplant hatte, diese Entwürfe zu publizieren.¹² Aus persönlichen Kommunikationen gibt es jedoch Hinweise, warum Schleiermacher sich so intensiv mit hermeneutischen Fragestellungen beschäftigte. Dies hing offensichtlich mit seinen exegetischen Studien zusammen. Er erwähnte nämlich

---

9 Schweitzer, *Geschichte der Leben-Jesu-Forschung*, 101.
10 Schweitzer, *Geschichte der Leben-Jesu-Forschung*, 101.
11 Dietz Lange, Hermeneutik, in *Schleiermacher Handbuch*, hg. v. Martin Ohst (Tübingen: Mohr Siebeck, 2017), 307.
12 Zum Folgenden vgl. meine Ausführungen in Enno Edzard Popkes, Immanuel Kant und die Entwicklungsgeschichte historisch-kritischer Exegese: Beobachtungen zu den Werken von Heinrich Eberhard Gottlob Paulus, Friedrich Lücke und Johannes Weiß, in *Bibelhermeneutik und dogmatische Theologie nach Kant und die Bibel – Die Schrifthermeneutik Immanuel Kants und ihre Nachwirkungen*, hg. v. Harald Matern/Alexander Heit/Enno Edzard Popkes, Dogmatik in der Moderne 14 (Tübingen: Mohr Siebeck, 2016), 307–324.

verschiedentlich ein Unbehagen gegenüber zeitgenössischen Konzepten einer biblisch-theologischen Hermeneutik, die er als unbedarft wahrnahm. Aus diesem Grund strebte er eine Verständigung mit themenspezifisch relevanten Entwicklungen philosophischer bzw. literarischer Provenienz an. Doch alle diese Überlegungen wären uns unbekannt, wenn sie nicht von einem der bedeutendsten Schüler Schleiermachers ediert worden wären, und zwar Friedrich Lücke. Friedrich Lücke dokumentiert eindrücklich, welche Beziehung zwischen der Exegese und der Hermeneutik Schleiermachers bestehen, nämlich anhand des Titels der Edition: „Hermeneutik und Kritik mit besonderer Beziehung auf das Neue Testament".[13] Das durch diesen Untertitel gekennzeichnete Anliegen jener Vorlesungsskripte wird in der jüngeren Rezeptionsgeschichte dieses Werkes meines Erachtens oft nur unzureichend zur Kenntnis genommen.[14] Diesen Sachverhalt möchte ich anhand der vielfach rezipierten Edition erläutern, welche Manfred Frank erstmals im Jahre 1977 herausgab und die inzwischen in der 11. Auflage vorliegt. Als Titel wählte Manfred Frank folgende Formulierung: „Friedrich Daniel Ernst Schleiermacher: Hermeneutik und Kritik. Mit einem Anhang sprachphilosophischer Texte Schleiermachers." Entgegen der Edition von Friedrich Lücke wird durch die äußere Gestaltung des Buches somit nicht explizit zur Geltung gebracht, dass dieses Werk ursprünglich bereits im Titel die Angabe „…mit besonderer Beziehung auf das Neue Testament" führte. Dieses Defizit wird auch in der Einleitung von Manfred Frank nicht angemessen aufgearbeitet. Nur beiläufig wird am Ende der Einleitung konstatiert:

> Man wird nicht übersehen wollen, daß Schleiermachers hermeneutisches Interesse der Philogie [Anm. EEP: dieser Fehler begegnet in allen Auflagen dieses Werkes] des Neuen Testaments galt. Da ihn seine theoretischen Fundierungsbemühungen allerdings dazu brachten, Hermeneutik und Kritik als schlechthin universelle Disziplin einzuführen, überragt seine

---

[13] Friedrich Daniel Ernst Schleiermacher, *Hermeneutik und Kritik mit besonderer Beziehung auf das Neue Testament*. Aus Schleiermachers handschriftlichem Nachlasse und nachgeschriebenen Vorlesungen hg. v. Friedrich Lücke (Berlin: Reimer, 1838). Als wissenschaftliche Standardausgabe dieses Werkes sei verwiesen auf Friedrich Daniel Ernst Schleiermacher, *Vorlesungen zur Hermeneutik und Kritik*, hg. v. Wolfgang Virmond unter Mitwirkung von Hermann Patsch, KGA II/4 (Berlin/Boston: De Gruyter, 2012).

[14] Vgl. z. B. die von Manfred Frank aufbereitete Neuedition Friedrich Schleiermacher: *Hermeneutik und Kritik. Mit einem Anhang sprachphilosophischer Texte Schleiermachers*, herausgegeben und eingeleitet v. Manfred Frank (Frankfurt a. M.: Suhrkamp, [7]1999). Es ist geradezu bezeichnend, dass der oben angezeigte Rechtschreibfehler offensichtlich in allen Auflagen der Edition von Manfred Frank nicht bemerkt wurde. Zu entsprechenden Phänomenen vgl. Marlo Longo, Philosophiegeschichtsschreibung nach der Aufklärung: Schleiermacher und der hermeneutische Zirkel von Philosophie und Geschichte der Philosophie, in *Unzeitgemäße Hermeneutik: Verstehen und Interpretation im Denken der Aufklärung*, hg. v. Axel Bühler (Frankfurt a. M.: Klostermann, 1994), 225 f.

Methodologie bei weitem das Feld dessen, was im speziellen Bereich der Auslegung des Neuen Testaments von Interesse ist.[15]

Auch wenn diese Einschätzung richtig ist, so darf ein Sachverhalt nicht marginalisiert werden, der für unsere Fragestellungen von zentraler Bedeutung ist: Das Ringen um einen angemessenen exegetischen Zugriff auf die Texte der christlichen Bibel inspirierten die hermeneutischen Entwürfe Schleiermachers, die für die weiteren Diskurse zu einer wissenschaftlichen Hermeneutik von entscheidender Bedeutung sein sollten. Und wo könnte dieses Ringen Schleiermachers mit den Texten der Bibel wahrscheinlich besonders gut beobachtet werden? Meines Erachtens sind gerade diesbezüglich die schriftlichen Zeugnisse zu den exegetischen Lehrveranstaltungen Schleiermachers von besonderer Bedeutung. Und an diesem Punkt kann auch erläutert werden, warum die Beiträge zur Leben-Jesu-Forschung einerseits und zur Hermeneutik andererseits jene Spannungspole bilden, zwischen denen sich die Herausforderungen einer präziseren Profilierung der exegetischen Leistungen Schleiermachers verorten lassen. Werden diese Nachlässe eher die Einschätzungen von Albert Schweitzer bestätigen? Oder werden sie veranschaulichen, dass Schleiermacher jenen Maßstäben gerecht geworden ist, die er selbst in seinen hermeneutischen Konzepten in Bezug auf biblische Texte gefordert hat? Diese Facetten eines Verständnisses von Schleiermacher können meines Erachtens nur angemessen aufgearbeitet werden, wenn eine möglichst breite Textbasis der noch nicht edierten exegetischen Beiträge vorliegt.

Vor diesem Hintergrund sei abschließend zumindest thetisch ein weiteres Themenfeld angedeutet, das themenspezifisch von Relevanz ist. Es geht um die Frage, in welchem Verhältnis Schleiermachers Auslegung biblischer Texte zu Schleiermachers Auslegung der Dialoge Platons steht. Warum dieses Themenfeld von besonderem Interesse ist, kann an einem eigentümlichen Phänomen erläutert werden. Im Rahmen privater Konversationen konnte sich Schleiermacher in einer überaus positiven Weise über Platon äußern, die einer religiösen Verehrung nahekommt. Eindrücklich hierfür sind die Worte aus einem Brief aus dem Jahr 1800, also unmittelbar nach der ersten Edition der Reden über Religion:

---

15 Friedrich Schleiermacher: *Hermeneutik und Kritik. Mit einem Anhang sprachphilosophischer Texte Schleiermachers*, herausgegeben und eingeleitet v. Manfred Frank (Frankfurt a. M.: Suhrkamp, [7]1999), 63.

> Es giebt gar keinen Schriftsteller der so auf mich gewürkt hat und mich in das Allerheiligste nicht nur der Philosophie sondern der Menschen überhaupt so eingeweiht hätte, als dieser göttliche Mann.[16]

Dieser Einschätzung entspricht es, dass Schleiermacher darum bemüht war, das Denken Platons mit einer Übersetzung in die deutsche Sprache einem breiten Publikum zugänglich zu machen. Diese Aufgabe führte er neben allen seinen sonstigen Verpflichtungen fort, auch nachdem Friedrich Schlegel seine ursprünglich geplante Mitarbeit aufgekündigt hatte. Diese weithin bekannte Übersetzung ist bis heute im deutschsprachigen Bereich mit leichten Modifikationen eine wichtige Diskussionsgrundlage der Platon-Forschung. Ebenso widmete Schleiermacher sich intensiv in Lehrveranstaltungen und Editionen einer Erfassung der platonischen Philosophie (ich verweise vor allem auf die Einführungen in die Dialoge Platons[17]). Heute sind viele Details der historischen Annahmen Schleiermachers nicht mehr tragbar (z. B. in Bezug auf die Chronologie und die Verhältnisbestimmung der Dialoge). Gleichwohl bleibt ein Aspekt unbestritten, der bereits zu Schleiermachers Lebzeiten von führenden Altphilologen hervorgehoben wurde: nämlich die außergewöhnliche Qualität der Beiträge Schleiermachers zur Platon-Forschung. Ich verweise exemplarisch auf die Einschätzung des Gräzisten August Boeckh:

> Gestehen wir rund heraus, was wir denken: noch niemand hat den Platon so vollständig selbst verstanden und andere verstehen gelehrt, wie dieser Mann, welcher bei seltener Umfassung des Höchsten, mit nicht geringer Sorgsamkeit auch das kleinste nicht verschmäht: ein Talent, das in wenigen Gelehrten ausgebildet, ein Glück, das wenigen Gegenständen zu Gute kommt.[18]

Vor diesem Hintergrund kann jener eigentümliche Sachverhalt erläutert werden, und zwar mit einem Zitat von Lutz Käppel, der im Rahmen der Kritischen Gesamtausgabe der Werke Schleiermachers mitverantwortlich für die Edition der Beiträge zur Platon-Forschung ist:

> Der Einfluss der Schleiermacher'schen Übersetzungstätigkeit [sc. der Dialoge Platons] auf sein theologisches und philosophisches Denken ist bislang kaum erforscht.[19]

---

16 Friedrich Daniel Ernst Schleiermacher, *Briefwechsel 1800*, hg. v. Andreas Arndt/Wolfgang Virmond, KGA V/4 (Berlin/New York: De Gruyter, 1994), 82.
17 Ausführlich hierzu die instruktiven Beiträge der Edition von Friedrich Daniel Ernst Schleiermacher, *Über die Philosophie Platons*, hg. v. und eingeleitet von Peter M. Steiner; mit Beiträgen von Andreas Arndt und Jörg Jantzen, Meiners Philosophische Bibliothek 486 (Hamburg: Meiner, 1996).
18 So die Einschätzung von August Boeckh; zitiert nach Fischer, *Friedrich Daniel Ernst Schleiermacher*, 64.
19 Lutz Käppel, Schleiermachers Platon-Übersetzung, in *Schleiermacher Handbuch*, hg. v. Martin Ohst (Tübingen: Mohr Siebeck, 2017), 165.

Die Ursache hierfür kann leicht benannt werden: Es fällt nämlich keineswegs leicht, explizite Auswirkungen und Rezeptionen platonischer Schriften und Denkansätze in den theologischen Werken Schleiermachers darzulegen[20]. Wenn man nur solche Konzepte betrachtet, in denen Schleiermacher explizit Platon als Referenzgröße eines Denkansatzes benannt hat, so muss konstatiert werden, dass Platon keinen großen Einfluss hatte[21]. Wenn man jedoch auch fragt, wo sich implizite Analogien beobachten lassen, so ändert sich das Bild. Was dies für Anforderungen an die Schleiermacher-Forschung stellt, wurde wiederum bereits von Hermann Fischer treffend formuliert. Hermann Fischer erkennt eine solche implizite Affinität zum Beispiel in Bezug auf das „Verständnis vom Organismus der Wissenschaft und ihrer Aufgliederung". Aufgrund dessen hebt er hervor:

> Läßt dieser wissenschaftstheoretische Gliederungsschematismus eine starke Affinität zu derjenigen Platons erkennen, so ist die Klärung der Frage, wie weit die Einflüsse im einzelnen reichen, über erste Ansätze in der Schleiermacher-Forschung noch nicht hinausgelangt.[22]

Im Sinne eines solchen Ansatzes wurden bereits in Bezug auf die Hermeneutik und die Dialektik Schleiermachers verschiedene Beiträge vorgelegt, welche eine große Nähe zu Platon hervorheben[23]. An diese Vorgaben anschließend kann gefragt werden, wie sich Schleiermachers Auslegungen biblischer Schriften und der Dialoge Platons zueinander verhalten. Dies wird jedoch erst möglich sein, wenn eine möglichst große Zahl der exegetischen Vorlesungen Schleiermachers ediert worden ist.

Bibliographie

Schriften von Friedrich Daniel Ernst Schleiermacher

Briefwechsel 1800, hg. v. Andreas Arndt/Wolfgang Virmond, KGA V/4. Berlin/Boston: De Gruyter, 2015.

---

20 Vgl. diesbezüglich u. a. Christoph Asmuth, *Interpretation – Transformation. Das Platonbild bei Fichte, Schelling, Hegel, Schleiermacher und Schopenhauer und das Legitimationsproblem der Philosophiegeschichte* (Göttingen: Vandenhoeck & Ruprecht, 2006), passim; Andreas Arndt, *Friedrich Schleiermacher als Philosoph* (Berlin/Boston: De Gruyter, 2013), passim; Julia Lamm, Schleiermacher as Plato Scholar, in *Journal of Religion* 80 (2000), 206–239.
21 So z. B. die Einschätzung von Andreas Arndt, *Friedrich Schleiermacher als Philosoph* (Berlin/Boston: De Gruyter, 2013), passim.
22 Fischer, *Friedrich Daniel Ernst Schleiermacher*, 69.
23 Zur Diskussion konträrer Einschätzungen vgl. zuletzt Priesemuth, *Grund und Grenze des Verstehens*, 64–76.

Hermeneutik und Kritik mit besonderer Beziehung auf das Neue Testament, hg. v. Friedrich Lücke. Berlin: Reimer, 1838.
Hermeneutik und Kritik. Mit einem Anhang sprachphilosophischer Texte Schleiermachers, herausgegeben und eingeleitet v. Manfred Frank. Frankfurt a.M.: Suhrkamp, ⁷1999.
Vorlesungen zur Hermeneutik und Kritik, hg. v. Wolfgang Virmond unter Mitwirkung von Hermann Patsch, KGA II/4. Berlin/Boston: De Gruyter, 2012.
Über die Philosophie Platons, herausgegeben und eingeleitet von Peter M. Steiner; mit Beiträgen von Andreas Arndt und Jörg Jantzen. Meiners Philosophische Bibliothek 486. Hamburg: Meiner, 1996.

Weitere Literatur

Arndt, Andreas. *Friedrich Schleiermacher als Philosoph*. Berlin/Boston: De Gruyter, 2013.
Asmuth, Christoph. *Interpretation – Transformation. Das Platonbild bei Fichte, Schelling, Hegel, Schleiermacher und Schopenhauer und das Legitimationsproblem der Philosophiegeschichte*. Göttingen: Vandenhoeck & Ruprecht, 2006.
Barth, Karl. *Die Protestantische Theologie im 19. Jahrhundert. Ihre Vorgeschichte und ihre Geschichte*. Zollikon/Zürich: Evangelischer Verlag, 1947.
Conradi, Johannes. *Schleiermachers Arbeit auf dem Gebiete der neutestamentlichen Einleitungswissenschaft*. Niederlößnitz-Dresden: Adam, 1907.
Cormack, Bruce L. Barth und Schleiermacher. In *Barth Handbuch*, hg. v. Michael Beintker, 64–70. Tübingen: Mohr Siebeck, 2016.
Fischer, Hermann. *Friedrich Daniel Ernst Schleiermacher*. Beck'sche Reihe 563: Denker. München: Beck, 2001.
Gerber, Simon. Hermeneutik als Anleitung zur Auslegung des Neuen Testaments. In *Friedrich Schleiermachers Hermeneutik*, hg. v. Andreas Arndt/Jörg Dierken, 145–161. Berlin/Boston: De Gruyter, 2016.
Helmer, Christine. Schleiermachers exegetische Theologie. Urteilsbildung und Korrespondenz in der neutestamentlichen Wissenschaft. In *Schleiermachers Dialektik*, hg. v. Christine Helmer u. a., RPT 6, 55–77. Tübingen: Mohr Siebeck, 2003.
Herms, Eilert. Schleiermachers Verständnis der exegetischen Theologie. In: *Schleiermachers Dialektik*, hg. v. Christine Helmer u. a., RPT 6, 89–117. Tübingen: Mohr Siebeck, 2003.
Käppel, Lutz. Schleiermachers Platon-Übersetzung. In *Schleiermacher Handbuch*, hg. v. Martin Ohst, 157–165. Tübingen: Mohr Siebeck, 2017.
Lamm, Julia A. Schleiermacher as Plato Scholar. In *Journal of Religion* 80 (2000), 206–239.
Lange, Dietz. Hermeneutik. In *Schleiermacher Handbuch*, hg. v. Martin Ohst, 300–308. Tübingen: Mohr Siebeck, 2017.
Longo, Marlo. Philosophiegeschichtsschreibung nach der Aufklärung: Schleiermacher und der hermeneutische Zirkel von Philosophie und Geschichte der Philosophie. In *Unzeitgemäße Hermeneutik: Verstehen und Interpretation im Denken der Aufklärung*, hg. v. Axel Bühler, 223–240. Frankfurt a. M.: Klostermann, 1994.
Meckenstock, Günter. Schleiermachers Bibelhermeneutik. In *Theorie der Interpretation vom Humanismus bis zur Romantik – Rechtswissenschaft, Philosophie, Theologie. Beiträge zu einem interdisziplinären Symposion in Tübingen, 29. September bis 1. Oktober 1999*, hg. v. Jan Schröder, 249–263. Contubernium 58. Stuttgart: Steiner, 2001.

Nowak, Kurt. *Schleiermacher: Leben, Werk und Wirkung.* UTB 2215. Göttingen: Vandenhoeck & Ruprecht, ²2002.
Patsch, Hermann. Hermeneutica sacra in zweiter Potenz? Schleiermachers exegetische Beispiele. In *Friedrich Schleiermachers Hermeneutik. Interpretationen und Perspektiven*, hg. v. Andreas Arndt/Jörg Dierken, Berlin/Boston: De Gruyter, 2016.
Patsch, Hermann. Schleiermachers Berliner Exegetik. In *Schleiermacher Handbuch*, hg. v. Martin Ohst, 327–340. Tübingen: Mohr Siebeck, 2017.
Popkes, Enno Edzard. Immanuel Kant und die Entwicklungsgeschichte historisch-kritischer Exegese: Beobachtungen zu den Werken von Heinrich Eberhard Gottlob Paulus, Friedrich Lücke und Johannes Weiß. In *Bibelhermeneutik und dogmatische Theologie nach Kant und die Bibel – Die Schrifthermeneutik Immanuel Kants und ihre Nachwirkungen*, hg. v. Harald Matern/Alexander Heit/Enno Edzard Popkes. Dogmatik in der Moderne 14, 307–324. Tübingen: Mohr Siebeck, 2016.
Priesemuth, Florian. *Grund und Grenze des Verstehens. Theologie und Hermeneutik im Anschluss an Friedrich Schleiermacher.* SchlA 32. Berlin/Boston: De Gruyter, 2020.
Schweitzer, Albert. *Geschichte der Leben-Jesu-Forschung*, Nachdruck der 2. Auflage 1913, 9. Auflage. Tübingen: Mohr Siebeck, 1984.

Dirk Schmid
Schleiermacher als Exeget

Ein Überblick

Ich beginne mit einer Klärung, was den Sprachgebrauch und damit zugleich das Thema meiner Ausführungen[1] betrifft: Wenn im Folgenden von Exegese, exegetisch, Auslegung o. ä. die Rede ist, dann soll das, wenn sich aus dem unmittelbaren Zusammenhang nicht etwas Anderes ergibt, immer im engen Sinne von *wissenschaftlich–theologisch* gemeint sein. Das bedeutet: Es wird hier bewusst von vornherein ein großer Bereich ganz ausgeblendet, in dem es *auch* um eine Auslegung biblischer Texte geht, nämlich Schleiermachers umfangreiche Predigttätigkeit. In welchem Verhältnis exegetische und homiletische Auslegung bei Schleiermacher stehen, ist ein eigenes Thema, das bislang weder grundsätzlich noch in materialer Hinsicht in angemessener Weise in den Blick der Forschung geraten ist; ich werde darauf im Verlauf meiner Ausführungen an einer Stelle kurz zurückkommen.

Berücksichtigt man die terminologische und thematische Beschränkung auf die wissenschaftlich-theologische Exegese, ergibt sich sogleich eine weitere, sehr erhebliche Präzisierung dessen, was unter dem Titel befasst ist: Schleiermacher als *Exeget* bedeutet unter dieser Voraussetzung eo ipso Schleiermacher als *neutestamentlicher* Exeget. Den alttestamentlichen Exegeten gibt es nicht (aber eben sehr wohl den Prediger über alttestamentliche Texte). Wenn also hier im Zusammenhang meiner Ausführungen gelegentlich von neutestamentlicher Exegese o. ä. die Rede ist, ist das streng genommen eigentlich überflüssig und hat lediglich explikativ-erinnernden Charakter.

Mit diesen beiden Klärungen im Rücken, will ich im Folgenden einen Überblick darüber geben, *wo und wie die Exegese in Werk und Wirken Schleiermachers überhaupt vorkommt* und welche Rolle sie darin spielt. Grob kann man auf diese Frage eine dreifache Antwort geben: Die neutestamentliche Exegese zeigt sich erstens in einer Reihe fachwissenschaftlicher Spezialveröffentlichungen Schleier-

---

[1] Der Beitrag geht größtenteils zurück auf einen Vortrag, den ich auf der Grundlage relativ geringer handschriftlicher Notizen im September 2019 am Pastoralkolleg Ratzeburg im Rahmen der von André Munzinger veranstalteten Fortbildung „Auslegung ist Kunst' – Schleiermacher und die Bibel" unter dem gleichlautenden Titel „Schleiermacher als Exeget" gehalten habe. Bei der nachträglichen Verschriftung habe ich den Charakter des mündlichen Vortrags weitgehend beibehalten. Dazu gehört auch, dass ich darauf verzichtet habe, die Ausführungen durchgängig mit Hinweisen auf Forschungsliteratur zu versehen. Nur da, wo ich substantiell von Kenntnissen und Einsichten Anderer abhängig gewesen bin oder eher Unbekanntes und Ungewöhnliches belegen wollte, habe ich Autoren und Titel in Fußnoten genannt.

machers, zweitens in Gestalt der zahlreichen exegetischen Vorlesungen, die Schleiermacher in Halle und Berlin gehalten hat, und sie schlägt sich drittens nieder in der wissenschaftstheoretischen Konzeption der Exegetischen Theologie als eigenständiger Disziplin im Rahmen von Schleiermachers Theorie der Theologie. Diesen drei Erscheinungen der Exegese in Schleiermachers Werk und Wirken gehe ich zunächst nach, allerdings in umgekehrter Reihenfolge. D. h. ich werfe zunächst 1. einen Blick auf Schleiermachers Theorie der Exegetischen Theologie, gebe dann 2. einen Überblick über seine exegetischen Vorlesungen und stelle 3. kurz Schleiermachers fachwissenschaftliche Publikationen zum Neuen Testament vor. Schließen werde ich 4. mit einer Zusammenstellung der besonderen Herausforderungen, vor die Schleiermacher die Exegese der neutestamentlichen Schriften gestellt sieht.

1 Die Exegetische Theologie als eigenständige Teildisziplin der Theologie

Schleiermacher ist einer der ganz Wenigen in der gesamten Geschichte der Theologie, der eine eigene – selbständige und originelle – *Wissenschaftstheorie* der Theologie entwickelt hat, d. h. eine Theorie darüber, was Theologie im Ganzen ist und soll, welche Teile sie hat, welche Funktion diese einzelnen Teile wahrnehmen und worin ihr Zusammenhang besteht. Nichts Geringeres als eine solche Wissenschaftstheorie der Theologie verbirgt sich hinter dem bescheiden daherkommenden Titel „Kurze Darstellung des theologischen Studiums, zum Behuf einleitender Vorlesungen entworfen", unter dem Schleiermacher 1811 bzw. in zweiter, umgearbeiteter Ausgabe 1830 seine Auffassungen einer Gesamtkonzeption der Theologie veröffentlichte.

Schleiermacher unterteilt die Theologie dabei bekanntlich in drei große Abschnitte: Philosophische Theologie, Historische Theologie und Praktische Theologie. Die Philosophische Theologie hat es damit zu tun, auf methodisch reflektierte Weise das Wesen des Christentums zu bestimmen. Die Praktische Theologie ist eine Theorie pastoraler klerikaler Praxis. Zwischen beiden gelegen, hat die Historische Theologie die gesamte Geschichte des Christentums zum Inhalt, von den allerersten Anfängen bis zur Gegenwart. Schleiermachers Gesamtidee von Theologie erschließt sich unter handlungstheoretischem Gesichtspunkt: Die Historische Theologie liefert die Kenntnis desjenigen gegenwärtigen Gegenstandes (einschließlich seiner geschichtlichen Genese), auf den die Theologen in Kenntnis der pastoral-klerikalen Handlungsfelder und Handlungsregeln, die ihnen die Praktische Theologie vermittelt, und am kritisch-normativen Maßstab ihres Verständnisses vom Wesen des

Christentums, das sie durch die Philosophische Theologie gewonnen haben, verantwortlich und kompetent einwirken können und sollen.

Für unseren gegenwärtigen Zusammenhang ist nun interessant, dass Schleiermacher innerhalb der Historischen Theologie, welche die gesamte Geschichte des Christentums zum Thema hat, zwei markante Einschnitte vornimmt, woraus dann die Historische Theologie in drei selbständige Teildisziplinen zerfällt. Zum einen schneidet er hinten, am Ende der gesamtgeschichtlichen Entwicklung, die Gegenwart oder, wie er sagt, den gegenwärtigen Zustand des Christentums als besonderen Teilabschnitt der Christentumsgeschichte ab. Der Grund für diesen Schnitt dürfte darin bestehen, dass damit derjenige Gegenstand, auf den die Theologen unmittelbar zu wirken haben, einer besonderen und besonders genauen Betrachtung unterzogen werden kann und soll. In der Kenntnis dieses zeitlich letzten, d. h. nächstliegenden Geschichtsabschnitts siedelt Schleiermacher dann zwei bzw. drei eigenständige Teildisziplinen an, die – aus unterschiedlichen Gründen – eine gewisse Verwunderung erregen können: einerseits die sog. Kirchliche Geographie und Statistik, eine Art ökumenische Kirchenkunde der Gegenwart, eine zu Schleiermachers Zeiten verhältnismäßig junge und deshalb erstaunt-neugierige Aufmerksamkeit weckende Disziplin, andererseits die dogmatische Theologie, die es mit der Darstellung des jetzt, also in der jeweiligen Gegenwart, geltenden Lehrbegriffs zu tun hat, der wiederum eine mehr theoretische und eine mehr praktische Seite enthält, d. h. die Dogmatik im engeren Sinne oder Glaubenslehre auf der einen und die Ethik oder Sittenlehre auf der anderen Seite. In diesem Fall sind es nicht die theologischen Disziplinen als solche, sondern ihre Verortung im Rahmen der Historischen Theologie und also die Charakterisierung von Dogmatik und Ethik als grundsätzlich *historische* Disziplinen, die ein irritiertes Kopfschütteln bewirken können und bewirkt haben. Indes ist dies hier und jetzt nicht unser Thema. Uns interessiert vielmehr der andere Schnitt, den Schleiermacher in der geschichtlichen Gesamtentwicklung des Christentums vornimmt.

Wie er ganz am Ende der geschichtlichen Entwicklung des Christentums dessen gegenwärtigen Zustand vom Rest der Entwicklung abtrennt und die Kenntnis dieses gegenwärtigen Zustandes als eigene Teildisziplin der Historischen Theologie (mit den Subdisziplinen Kirchliche Geographie und Statistik, Dogmatik und Ethik), so auch ganz am Beginn Anfang und Ursprung des Christentums, das „entstehende" oder „Urchristenthum"[2], und etabliert so eine weitere Teildisziplin der Historischen Theologie, deren Gegenstand die Kenntnis dieses Urchristentums ist und die, weil diese Kenntnis im Wesentlichen auf den Neutestamentlichen Schriften und deren

---

2 Friedrich Daniel Ernst Schleiermacher, *Kurze Darstellung des theologischen Studiums (1811/1830)*, hg. v. Dirk Schmid, KGA I/6 (Berlin/New York: De Gruyter, 1998), 268,18.

sachgemäßem Verständnis beruht, die Bezeichnung *Exegetische Theologie* trägt. Was dann übrigens zwischen Urchristentum einerseits und gegenwärtigem Zustand des Christentums andererseits von der geschichtlichen Gesamtentwicklung des Christentums übrigbleibt, ist Gegenstand der Kirchengeschichte im engeren Sinne, so dass also die Historische Theologie insgesamt in die drei Teildisziplinen Exegetische Theologie, Kirchengeschichte und Gegenwartskunde (Kirchliche Geographie und Statistik, Dogmatik und Ethik) zerfällt.

Die Frage, die uns auf der Suche danach, welche Rolle die Exegese des Neuen Testaments in Werk und Wirken Schleiermachers spielt, interessiert, ist: *Warum* nimmt Schleiermacher den geschilderten Schnitt vor, *isoliert* also den geschichtlichen Ursprung des Christentums gegenüber der geschichtlichen Gesamtentwicklung und macht daraus eine eigenständige historisch-theologische Disziplin, die Exegetische Theologie? Die Antwort darauf gibt Schleiermacher selbst in der Einleitung zur Historischen Theologie seiner „Kurzen Darstellung" von 1811, in den Paragraphen 16 bis 18 und 23:

> 16. Da jeder geschichtliche Verlauf die weitere Entwicklung einer Kraft darstellt in ihrem Zusammensein mit andern: so wächst mit der Zeit auch die Einwirkung von diesen, und es wird schwieriger die ursprüngliche Kraft in der Aeußerung rein anzuschauen. 17. Aus demselben Grunde erscheint diese Kraft am reinsten in ihren frühesten Aeußerungen. 18. Da es der lezte Zwek aller Theologie ist, das Wesen des Christenthums in jedem künftigen Augenblik reiner darzustellen: so muss sie auch dasjenige, worin es am reinsten anzuschauen ist, besonders herausheben. [...] 23. Die für jenen Zwekk ausgesonderte Kenntniß des Urchristenthums ist in den wenigen schriftlichen Documenten enthalten, welche den Kanon bilden, und beruht vornemlich auf deren richtigem Verständniß. Daher der Namen exegetische Theologie.[3]

Weil also die Kraft, die mit dem Christentum neu in die Geschichte eintritt, in ihren ersten Äußerungen am reinsten, nämlich unverfälscht durch den Einfluss anderer Kräfte, denen sie im Laufe ihrer weiteren Entfaltung ausgesetzt ist, zur Geltung kommt, verdienen die geschichtlich ersten und ursprünglichen Erscheinungen dieser Kraft die gesonderte, ungestörte und intensive Aufmerksamkeit des Theologen; diese ersten und ursprünglichen Erscheinungen der unverfälschten Kraft des Christentums sind in den neutestamentlichen Schriften enthalten. Deren angemessenes, sachgemäßes Verständnis erhält damit für das Gesamtkonzept von Theologie eine tragende Rolle, erschließt sich darin doch dem Theologen, was ursprünglich christlich ist und was nicht, und damit also die Norm seines eigenen Einwirkens auf das gegenwärtige Christentum seiner Zeit. Entsprechend besteht, was Schleiermacher die „Idee des [neutestamentlichen, D.S.] Kanon" nennt, darin, „daß er die Sammlung derjenigen Documente bildet, welche die ursprüngliche

---

3 Schleiermacher, *Kurze Darstellung des theologischen Studiums*, KGA I/6, 267,26–268,7.25–269,2.

absolut reine und deshalb für alle Zeiten normale [= normative, D.S.] Darstellung des Christenthums enthalten"[4]. Die genaue und sorgfältige Kenntnis dieser normativen Grundlagen des Christentums kann mit Fug und Recht beanspruchen, Aufgabe und Gegenstand einer eigenständigen Teildisziplin der Historischen Theologie zu sein, eben der Exegetischen Theologie.

Ich will diesen Themenabschnitt mit vier kurzen Bemerkungen beschließen, zwei Hervorhebungen und zwei Problemanzeigen:

Es verdient erstens Beachtung, dass der Bezug auf die neutestamentlichen Schriften als normative Grundlagen des Christentums bei Schleiermacher immer in grundsätzlich hermeneutischer Gebrochenheit geschieht: Immer geht es nicht einfach und unmittelbar um die Schriften des Neuen Testaments, sondern um deren *Verständnis.*

Es verdient zweitens der besonderen Hervorhebung, dass die in den neutestamentlichen Texten gegebene Normativität streng genommen nicht unmittelbar den Texten selbst zukommt, sondern dem in ihnen erkennbaren *Prinzip*, das diese Texte erzeugt hat, der ursprünglichen *Kraft*, deren Ausdrucksgestalt sie sind. Nur das wirksame Prinzip hinter den Texten gibt die bleibende Norm ab für alle weiteren, auch gegenwärtigen, genuin christlichen Erzeugungen in Lehre und Lebensgestaltung.[5] Darauf, also indirekt, beruht dann auch die sozusagen sekundäre Normativität der Texte selbst. Sie können „als reinster *Repräsentant* des christlichen *Princips*"[6] gelten.

Ein klärungsbedürftiges Problem besteht drittens in der Gegenläufigkeit, der zufolge das christliche Prinzip einerseits in seinen frühesten Äußerungen *am reinsten* erscheint bzw. anzuschauen ist und andererseits in jedem künftigen Augenblick *immer reiner* darzustellen ist. Eine Lösung kann man hier vermutlich am ehesten in der Richtung suchen, dass das Prinzip zwar am Anfang völlig rein und unverfälscht da ist, aber sich im Verlauf seiner Entfaltungsgeschichte gegenüber anderen, es verunreinigenden Kräften erst wieder überall in seiner ganzen Reinheit herstellen muss. Vorausgesetzt wäre dabei, dass das christliche Prinzip nicht einfach in sich selbst verharren kann, sondern auf seine umfassende Selbstdarstellung in allen Kulturbereichen des menschlichen Lebens (vor allem Staat und Wissenschaft) ausgeht und damit zur Auseinandersetzung mit anderen, die verschiedenen Kulturbereiche bestimmenden Kräfte und Prinzipien getrieben oder gezwungen ist. Das Problem muss an dieser Stelle auf sich beruhen.

---

4 Schleiermacher, *Kurze Darstellung des theologischen Studiums*, KGA I/6, 272,2–4.
5 Vgl. Friedrich Daniel Ernst Schleiermacher, *Der christliche Glaube (1821–22)*, hg. v. Hermann Peiter, KGA I/7.2 (Berlin/New York: De Gruyter, 1981), 227, bes. Z. 19–25.
6 Schleiermacher, *Kurze Darstellung des theologischen Studiums*, KGA I/6, 268,21–22 (Hervorhebung D.S.).

Viertens schließlich ergeben sich weitere klärungsbedürftige Probleme, die das Verhältnis von Philosophischer Theologie und Exegetischer Theologie betreffen. Mal unterstellt, dass das *Wesen* des Christentums, dessen Bestimmung Aufgabe und Gegenstand der Philosophischen Theologie darstellt, und das christliche *Prinzip*, das sich am reinsten in den Dokumenten erkennen und ablesen lässt, die Gegenstand der Exegetischen Theologie sind, grundsätzlich ein und dasselbe meint, scheint sich hier zum einen eine eigenartige Doppelung aufzutun, deren genauer Sinn und funktionale Differenz erst noch genau zu bestimmen wäre. Und es drängt sich zum anderen die Frage nach der richtigen Reihenfolge beider theologischer Disziplinen auf: Kann man sinnvollerweise das Wesen des Christentums bestimmen wollen, bevor man in der Exegetischen Theologie die reinsten Äußerungen dieses Wesens unter die Lupe genommen hat? Dass hier Probleme liegen, kann schon der Sachverhalt zeigen, dass Schleiermacher in seinen frühen Hallenser Vorlesungen über Theologische Enzyklopädie vermutlich die Philosophische Theologie *nach* der Historischen behandelt hat.[7] Aber auch diese Fragen müssen hier auf sich beruhen.

2 Schleiermachers exegetische Vorlesungen

Der hohen Relevanz, die Schleiermacher der Exegetischen Theologie in seinem wissenschaftstheoretischen Gesamtkonzept der Theologie zukommen lässt, entspricht der große Anteil, den die neutestamentlich-exegetischen Vorlesungen an seiner gesamten Vorlesungstätigkeit ausmachen. Schleiermacher ist ungefähr dreißig Jahre lang Hochschullehrer gewesen, von 1804 bis zu seinem Tod im Februar 1834, an den Universitäten in Halle und Berlin. Zählt man, wie es Schleiermachers wissenschaftstheoretischem Konzept der Exegetischen Theologie in der „Kurzen Darstellung" entspricht,[8] die Hermeneutik zur Exegese, sind es insgesamt nur sieben Semester, in denen er keine exegetische Vorlesung ankündigt oder hält – dem stehen dann allerdings acht Semester gegenüber, in denen gleich zwei exegetische Kollegs auf dem Programm stehen. Insgesamt machen die Exegetica etwa ein Drittel aller ungefähr 150 Vorlesungen Schleiermachers und knapp die Hälfte seiner Theologischen Vorlesungen aus. Dabei hat er über keinen anderen Gegenstand so häufig gelesen wie über Paulinische Briefe.

Der hohe Anteil exegetischer Vorlesungen verbindet sich bei Schleiermacher mit konzeptionellen Überlegungen zur sinnvollen Strukturierung der Exegese in

---

7 Vgl. Martin Rössler und Dirk Schmid, Einleitung der Bandherausgeber, in *Vorlesungen über die Theologische Enzyklopädie*, KGA II/2 (Berlin/Boston: De Gruyter, 2019), XVII–L, hier: XXII–XXIV.
8 Schleiermacher, *Kurze Darstellung des theologischen Studiums*, KGA I/6, 275,9–276,13; 375,1–377,9.

der universitären Lehre. Bereits kurz nach Beginn seiner akademischen Lehrtätigkeit in Halle im Herbst 1804 entwickelt er den Plan, einen eigenständigen exegetischen Cursus zu lesen, um die Studierenden zu selbständigen Interpreten heranzubilden. Den Anfang macht dabei die Hermeneutik, die Schleiermacher im Sommer 1805 erstmals vorträgt und an die sich ein zwei- oder dreisemestriger kursorischer Durchgang durch das ganze Neue Testament anschließen soll.

> Hier würde ich nun alle Wortkritik weglassen, vorzüglich auf die Anwendung der großen hermeneutischen Regeln sehn, und die Zuhörer an das Achtgeben auf den Zusammenhang im Ganzen, an das eigentliche Nachconstruiren des Buches zu gewöhnen suchen. Dann würde ich im nächsten halben Jahre ein historisches und ein didaktisches Buch statarisch durchgehn, und dann im lezten sie selbst exegetische Uebungen anstellen lassen.[9]

Nach der Eröffnung der neu gegründeten Universität in Berlin nimmt Schleiermacher sein Vorhaben im Wintersemester 1810/11 umgehend wieder auf und kündigt über sechs Semester hinweg fortlaufend Vorlesungen über alle Schriften des Neuen Testaments (mit Ausnahme der Offenbarung des Johannes) an. Er beginnt seinen Cursus mit dem lukanischen Doppelwerk, Lukasevangelium und Apostelgeschichte; daran schließen sich über zwei Semester verteilt die Paulinischen Briefe in ihrer vermuteten historischen Abfolge an; es folgen die katholischen Briefe und der Hebräerbrief, dann das Corpus Johanneum – faktisch nur das Johannesevangelium –, endlich die beiden verbliebenen synoptischen Evangelien nach Matthäus und Markus. Die Grundstruktur eines Vorlesungszyklus über alle Schriften des Neuen Testaments kehrt in den späteren Berliner Jahren zwar andeutungsweise wieder, doch verschiebt sich Schleiermachers Interesse zunehmend auf die genaue und detaillierte Lektüre einzelner Schriften. Zudem wird das exegetische Vorlesungsprogramm ergänzt durch eine Reihe thematisch besonderer Vorlesungen: Fünfmal (1819/20, 1823, 1829/30, 1831 und 1832) liest Schleiermacher über das Leben Jesu; einmal, im Sommersemester 1821, über die Leidens- und Auferstehungsgeschichte; erst spät, im Sommersemester 1829 und Wintersemester 1831/32, zweimal die Einleitung in das Neue Testament.

Von diesem gewaltigen Vorlesungsprogramm zur neutestamentlichen Exegese sind früh, nämlich im Rahmen der von Schülern und Freunden Schleiermachers veranstalteten „Sämmtlichen Werken", nur die „Einleitung ins neue Testament"[10],

---

9 Friedrich Daniel Ernst Schleiermacher, *Briefwechsel 1804–1806*, hg. v. Andreas Arndt und Simon Gerber, KGA V/8 (Berlin/New York: De Gruyter, 2008), Brief Nr. 1881,40–46.
10 Friedrich Daniel Ernst Schleiermacher, *Einleitung ins neue Testament*, hg. v. Georg Wolde, SW I/8 (Berlin: Reimer, 1845).

die „Hermeneutik und Kritik, mit besonderer Beziehung auf das Neue Testament"[11] und „Das Leben Jesu"[12] veröffentlicht worden. Die Einleitungsvorlesung informiert allgemein und überblicksartig über Entstehung und Geschichte des neutestamentlichen Kanon, seines griechischen Textes und seiner einzelnen Schriften. Die Hermeneutik, 2012 als KGA II/4 in kritischer Gestalt publiziert, bietet Schleiermachers allgemeine Theorie des Verstehens sprachlicher Äußerungen, mit häufigen exemplarischen Bezugnahmen auf neutestamentliche Auslegungsprobleme. Die Vorlesungen über das Leben Jesu, die 2018 im Rahmen der „Kritischen Gesamtausgabe" neu und kritisch ediert worden sind,[13] rekonstruieren aus den neutestamentlichen Quellen Leben und Wirken Jesu von Nazareth; sie haben im wissenschaftlichen Zusammenhang der Geschichte der Leben-Jesu-Forschung einige Beachtung gefunden. Seit kurzem (2018) liegt jetzt auch Schleiermachers „Vorlesung über die Leidens- und Auferstehungsgeschichte" aus dem Sommersemester 1821 in kritisch edierter Gestalt der wissenschaftlichen Öffentlichkeit vor,[14] eine Vorlesung, die man in erster Linie wohl als eine Art Ausschnittvergrößerung zum Leben Jesu verstehen kann, die aber auch für Schleiermachers Verhältnisbestimmung der vier neutestamentlichen Evangelien von Interesse ist.

Alle anderen exegetischen Vorlesungen Schleiermachers sind bislang nicht publiziert. Es handelt sich dabei gerade um das eigentliche Corpus der exegetischen Vorlesungen: die Auslegung zu den einzelnen neutestamentlichen Schriften. Etwa 2.000 Seiten Manuskripte Schleiermachers und ca. 6.000 Seiten Nachschriften von Vorlesungshörern warten hier noch darauf, das Licht der wissenschaftlichen Öffentlichkeit zu erblicken. Das gesamte Material ist im Zusammenhang von Recherchen zur Vorbereitung von Anträgen wissenschaftlicher Fördermittel zunächst von Michael Pietsch (Neuendettelsau), später noch einmal eingehender von mir gesichtet worden. Von 2018 bis 2021 wurden im Rahmen des durch die DFG geförderten Projekts „Schleiermacher als Exeget von Paulus und Johannes" exemplarisch die Vorlesungen über ausgewählte Paulusbriefe und über das Johannesevangelium zur kritischen Edition vorbereitet.

Was die Frage anbelangt, wie Schleiermacher in seinen Vorlesungen zu den einzelnen Schriften des Neuen Testaments verfahren ist, wie und was er erläutert

---

11 Friedrich Daniel Ernst Schleiermacher, *Hermeneutik und Kritik, mit besonderer Beziehung auf das Neue Testament*, hg. v. Friedrich Lücke, SW I/7 (Berlin: Reimer, 1838).
12 Friedrich Daniel Ernst Schleiermacher, *Das Leben Jesu*, hg. v. Karl August Rütenik, SW I/6 (Berlin: Reimer, 1864).
13 Friedrich Daniel Ernst Schleiermacher, *Vorlesungen über das Leben Jesu*, hg. v. Walter Jaeschke, KGA II/15 (Berlin/Boston: De Gruyter, 2018), 1–508.
14 Friedrich Daniel Ernst Schleiermacher, *Vorlesung über die Leidens- und Auferstehungsgeschichte*, hg. v. Walter Jaeschke, KGA II/15 (Berlin/Boston: De Gruyter, 2018), 509–653.

hat, was seine Fragestellungen, seine Methoden, seine Ziele gewesen sind, wie er schließlich die verschiedenen Schriften inhaltlich verstanden hat, befinden wir uns mit der Beantwortung also noch ganz am Anfang. Aus der vorläufigen Sichtung des handschriftlichen Materials und meiner Entzifferung der vorhandenen Texte zum Johannesevangelium will ich kurz nur ein paar eher allgemeine Beobachtungen mitteilen – sie sind immer als vorläufig zu betrachten. Die anderen Beiträge in diesem Band liefern weitere erste Beobachtungen und Erträge.

Im Grundsatz folgen die Vorlesungsmanuskripte einem einheitlichen Aufbau: Nach einer mehr oder weniger kurzen Einleitung folgt, den einzelnen Kapiteln und Versen entlang, ein Durchgang durch den griechischen Text, bei dem in der Regel einzelne Wörter oder Sequenzen des Textes als (meist von Schleiermacher unterstrichenes) Lemma dienen, zu dem sich dann Erläuterungen finden. Diese Erläuterungen können in ganzen Sätzen oder aber kürzeren Stichworten bestehen. Inhaltlich können sich die Erläuterungen beziehen auf einzelne griechische Wörter: ihre grammatische Form, ihre Semantik, mögliche textkritische Varianten. Sie können sich beziehen auf das, was Schleiermacher gerne die Struktur nennt: die Syntax, die Satzkonstruktion, die Frage nach den richtigen Beziehungen zwischen Satzteilen oder den Gliedern einer Satzperiode; dabei sind oft auch Fragen der Interpunktion betroffen: wo hören Sätze oder Teilsätze auf, oder wo fangen sie an. Gegenstand erklärender Ausführungen sind häufig Realien, die im Text vorkommen: Orts- oder Personennamen, Maße und Gewichte, historische Ereignisse. Auch die Auseinandersetzung mit anderen Auslegungen, von der Alten Kirche bis zur Gegenwart, spielt eine Rolle, indes nicht als durchgängiger Standard gelehrter Kommentierung. Hin und wieder wird auch auf die dogmatische Tradition zu einer Bibelstelle Bezug genommen, meistens negativ-kritisch.

Insgesamt scheint für Schleiermacher das Ziel der exegetischen Bemühung um einen Vers oder kürzeren Textzusammenhang erreicht, wenn eine verstehende Paraphrase gelungen ist. Soweit ich bislang sehe – und das ist, wie bereits gesagt, nicht sehr weit –, gibt es keinerlei gegenwartsbezogene Anwendung, keine klassische Applikation. Diese Fokussierung und Beschränkung darauf, den Literalsinn einer Aussage einfach für sich zu verstehen, entspricht dem, was Schleiermacher auch im Zusammenhang seiner grundsätzlichen hermeneutischen Überlegungen formuliert: *Auslegen* und *Verstehen* ist identisch bzw. unterscheidet sich von einander nur wie lautes und inneres Reden.[15] Was an textkritischen, grammatischen,

---

15 Vgl. Friedrich Daniel Ernst Schleiermacher, *Über den Begriff der Hermeneutik: Zweite Abhandlung*, hg. v. Martin Rössler, KGA I/11 (Berlin/New York: De Gruyter, 2002), 638,20–25; Friedrich Daniel Ernst Schleiermacher, *Vorlesungen zur Hermeneutik und Kritik*, hg. v. Wolfgang Virmond unter Mitwirkung von Hermann Patsch, KGA II/4 (Berlin/Boston: De Gruyter, 2012), 5,4–7. 38,1–5. 73,14–17. 119,7–8 u. ö.

syntaktischen, semantischen oder realienkundlichen Einzelerläuterungen geboten wird, dient nur dazu, eine solche verstehende Paraphrase zu ermöglichen.

Den mit der Beschränkung der Auslegung auf das einfache Verstehen nicht ohne weiteres identischen, aber implizierten Verlust der Applikation in der romantischen Hermeneutik hat Gadamer bekanntlich beklagt,[16] dabei aber selbst sehr wohl gesehen, dass sie sich nicht einfach in Luft auflöst, sondern ihren Ort woanders hat: „in der christlichen Verkündigung und Predigt".[17] Genau dies jedenfalls ist bei Schleiermacher der Fall. Er beschränkt die Exegese der neutestamentlichen Schriften auf das Auslegen, das mit dem Verstehen identisch ist, und würde vermutlich gegenüber Gadamer darauf beharren, dass man etwas erst in dieser elementaren Hinsicht verstanden haben muss, bevor man es anwenden kann. Wer dann nach der Anwendung des Verstandenen bei Schleiermacher sucht, muss die Bände der III. Abteilung Predigten der Kritischen Gesamtausgabe zu Rate ziehen. Damit dürfte das Verhältnis von exegetischer und homiletischer Auslegung bei Schleiermacher zwar grundsätzlich bestimmt sein, aber wie es sich im Einzelfall konkret gestaltet, kann erst dann angemessen in den Blick geraten, wenn wir quantitativ und qualitativ mehr quellenfundierte Kenntnis von seiner Exegese des Neuen Testaments haben, d.h. in dem Maß, in dem seine exegetischen Vorlesungen über die neutestamentlichen Schriften ediert werden.

3 Schleiermachers fachwissenschaftlich-exegetische Veröffentlichungen

Die Bedeutung der neutestamentlichen Exegese schlägt sich neben den Vorlesungen auch in einer Reihe fachwissenschaftlicher Publikationen Schleiermachers nieder. Es sind deren vier: eine Monographie zum 1. Timotheusbrief von 1807, der erste Band einer mehrbändig geplanten Untersuchung zum Lukanischen Doppelwerk von 1817 sowie zwei Aufsätze aus dem Jahr 1832 zu einem Abschnitt des Kolosserbriefes bzw. zu den altkirchlich überlieferten Aussagen des frühchristlichen Bischofs Papias über die neutestamentlichen Evangelien. Diese vier Veröffentlichungen Schleiermachers stelle ich im Folgenden kurz vor, ohne dabei allzu sehr auf exegetische und disziplinengeschichtliche Details einzugehen.

---

[16] Vgl. Hans-Georg Gadamer, *Wahrheit und Methode: Grundzüge einer philosophischen Hermeneutik*, Gesammelte Werke Bd. 1 (Tübingen: Mohr Siebeck, 1990), 312–316.
[17] Gadamer, *Wahrheit und Methode*, 313.

"Ueber den sogenannten ersten Brief des Paulos an den Timotheos. Ein kritisches Sendschreiben an J. C. Gass"[18] erschien 1807 in Berlin, im Verlag der Realschulbuchhandlung von Schleiermachers Freund und Verleger Georg Reimer. Die Gesamtthese dieser in der Erstausgabe 239 Seiten starken Untersuchung – formal ein Brief an den mit ihm befreundeten Theologen Joachim Christian Gaß – steckt bereits im Titel: "Ueber den *sogenannten* ersten Brief des Paulos an den Timotheos". Kann man dem neutestamentlichen Experten glauben,[19] wird hier nicht nur die Paulinische Authentizität dieses Briefes forschungsgeschichtlich erstmals bestritten, sondern überhaupt zum ersten Mal ein unter dem Verfassernamen des Paulus tradierter Brief des Neuen Testaments dem historischen Paulus von einem wissenschaftlichen Theologen abgesprochen. Zur Begründung seiner These greift Schleiermacher auf inhaltlich wie methodisch unterschiedliche Argumentationswege zurück. Er zieht die relativ späte äußere Bezeugung der Paulinischen Verfasserschaft am Ende des 2. und im 3. Jahrhundert ebenso heran wie die Spannungen, die hinsichtlich der Angaben zwischen dem Brief und der Apostelgeschichte – vor allem hinsichtlich der Reisen des Apostels – bestehen. Er verweist auf theologisch-inhaltliche Differenzen zu anderen Paulusbriefen, insbesondere zum Römer- und 1. Korintherbrief, und bedient sich formgeschichtlicher Beobachtungen zur literarischen Briefgattung. Vor allem untermauert er die Besonderheit des 1. Timotheusbriefes gegenüber dem übrigen Corpus Paulinum mit einer Fülle lexikographischer, wortstatistischer und stilistischer Untersuchungen und Bemerkungen – insbesondere hier scheint er bis heute Maßgebliches und Grundlegendes geleistet zu haben.

Aus heutiger Sicht etwas kurios mag es anmuten, dass Schleiermacher anders als den 1. den 2. Timotheusbrief und den Titusbrief für echt gehalten hat; für den Titusbrief hat er daran auch später festgehalten, für den 2. Timotheusbrief indes gewisse Bedenken zugegeben, die aber nicht stark genug waren, um eine sichere Entscheidung zu treffen.[20]

1817, also zehn Jahre nach der Timotheus-Monographie, veröffentlichte Schleiermacher mit "Ueber die Schriften des Lukas, ein kritischer Versuch"[21] seine

---

18 Zu dieser Schrift und meiner kurzen Darstellung vgl. Hermann Patsch, Einleitung des Bandherausgebers, in *Schriften aus der Hallenser Zeit 1804–1807*, KGA I/5 (Berlin/New York: De Gruyter, 1995), VII–CXXXII, hier: LXXXVIII–CXXIII; Helmut Merkel, Über den 1. Timotheusbrief, in *Schleiermacher Handbuch*, hg. v. Martin Ohst (Tübingen: Mohr Siebeck, 2017), 174–178.
19 Vgl. Merkel, Über den 1. Timotheusbrief, 174.
20 Vgl. Schleiermacher, *Einleitung ins neue Testament*, SW I/8, 169. 168 Anm. 172. 175 f. Anm.
21 Vgl. zum Folgenden Hermann Patsch und Dirk Schmid, Einleitung der Bandherausgeber, in *Exegetische Schriften*, KGA I/8 (Berlin/New York: De Gruyter, 2001), VII–LVII, hier: VIII–XXXIX (die

zweite exegetische Spezialuntersuchung, verlegt wieder von seinem Freund Georg Reimer in Berlin und, mit insgesamt 319 Seiten, wieder im stattlichen Umfang eines eigenständigen Buches. Ganz eigenständig war es indes eigentlich nicht, denn, wie das auf dem Titelblatt unterm Verfassernamen angefügte „Erster Theil" verrät, war es lediglich als Auftakt gedacht. Ihm sollten zunächst ein zweiter Teil zur Apostelgeschichte und ein abschließender dritter über die Sprache des Lukas und was sich daraus für die Entstehung dieser neutestamentlichen Schriften ablesen ließe, folgen.[22] Von diesen weitergehenden Plänen hat sich im handschriftlichen Nachlass Schleiermachers nur eine ausformulierte Einleitung zum zweiten Band über die Apostelgeschichte erhalten, die Hermann Patsch ediert hat.[23]

Schleiermachers Lukasschrift von 1817 stellt einen Beitrag dar zur Frage nach Entstehung und Verhältnis der vier neutestamentlichen Evangelien. Im Raum standen zu Schleiermachers Zeit vor allem zwei konkurrierende Modelle: die sog. Urevangeliumshypothese von Johann Gottfried Eichhorn, also die Theorie, die Evangelien des Neuen Testaments stammten von einer ihnen allen gemeinsam zugrundeliegenden, aber verlorengegangenen Urfassung des Evangeliums ab, und die sog. Benutzungshypothese von Johann Leonhard Hug, wonach das Matthäusevangelium das älteste war, das zunächst von Markus und dann gemeinsam mit dem Markusevangelium von Lukas benutzt worden war. Schleiermachers Ansatz besteht darin, vor der Frage nach dem Verhältnis der neutestamentlichen Evangelien untereinander noch einmal eingehend die Frage danach zu stellen, was sich aus den *einzelnen* Evangelien an Indizien für ihr jeweiliges Entstehen gewinnen lässt. Eine solche Untersuchung nimmt er exemplarisch zunächst am Evangelium des Lukas vor. Sein Gesamtergebnis lautet, dass das Lukasevangelium nicht das durchgehende Werk eines selbständigen Autors, sondern der Evangelist Lukas „nur Sammler und Ordner"[24] ist. Was er sammelt und ordnet sind auf Augenzeugen zurückgehende Erzählungen oder Erzählgruppen, die Schleiermacher sich wohl als bereits verschriftet vorstellt; d. h. Schleiermacher verfährt hier überwiegend literarkritisch, noch nicht formgeschichtlich.

Textabschnitte stammen von Patsch); Hermann Patsch, Schleiermachers Berliner Exegetik, in *Schleiermacher Handbuch* (Tübingen: Mohr Siebeck, 2017), 327–340, hier: 329 f.
22 Vgl. Friedrich Daniel Ernst Schleiermacher, *Briefwechsel mit J. Chr. Gaß*, hg. v. Wilhelm Gaß (Berlin: Reimer, 1852), 140.
23 Friedrich Daniel Ernst Schleiermacher, *Einleitung in den geplanten zweiten Teil über die Schriften des Lukas (Über die Apostelgeschichte)*, hg. v. Hermann Patsch und Dirk Schmid, KGA I/8 (Berlin/New York: De Gruyter, 2001), 181–193.
24 Friedrich Daniel Ernst Schleiermacher, *Ueber die Schriften des Lukas: Ein kritischer Versuch*, hg. v. Hermann Patsch und Dirk Schmid, KGA I/8 (Berlin/New York: De Gruyter, 2001), 1–180, hier: 180, 15.

Schleiermachers Gesamtthese ist als sog. Fragmenten- oder Diegesenhypothese in die neutestamentliche Einleitungswissenschaft eingegangen. Man muss dabei allerdings auf Zweierlei hinweisen: Zum einen entspricht das nicht Schleiermachers eigenem Sprachgebrauch. Er selbst verwendet in der Lukasschrift überhaupt keine festumrissene Terminologie. Am ehesten noch könnte man den auch zeitgenössisch häufiger belegten Ausdruck Apomnemoneumata (Ἀπομνημονευματα) als charakteristisch hervorheben. Zum anderen und vor allem: Darin spricht sich nicht Schleiermachers Auffassung von den neutestamentlichen Evangelien überhaupt, sondern nur seine Theorie zum Lukasevangelium aus. Was die drei anderen Evangelien betrifft, hat Schleiermacher vielmehr höchst unterschiedliche Ansichten: Das *Johannesevangelium* ist der aus eigenen Erlebnissen und Erinnerungen gespeiste authentische Bericht eines Augen- und Ohrenzeugen, des Lieblingsjüngers Jesu. Beim *Markusevangelium* folgt Schleiermacher weitgehend der Hypothese, die Johann Jakob Griesbach gegen Ende des 18. Jahrhunderts vorgelegt hat: Es ist lediglich ein *Abstract* aus Matthäus- und Lukasevangelium. (Dies dürfte auch der Grund dafür sein, warum Schleiermacher nie Vorlesungen über das Markusevangelium gehalten hat.[25]) Dabei gesteht er später dem Evangelium eine gewisse charakteristische Eigentümlichkeit bei der Überarbeitung des Stoffes durchaus zu, eine Eigentümlichkeit freilich, die als „eine gewisse Uebertreibung in der Darstellung", als „eine Sucht, die Sachen mysteriös darzustellen", nicht eben positiv beurteilt wird.[26] Am meisten Kopfzerbrechen scheint ihm das *Matthäusevangelium* bereitet zu haben. Als er für das Sommersemester 1820 seine erste Vorlesung zum Matthäusevangelium ins Auge fasste, schrieb er in einem Brief, er hoffe dabei mit seinem „Urtheil über diese schwierige Schrift aufs Reine zu kommen".[27] Hier kann man gespannt sein, was eine zukünftige Edition des umfangreichen Vorlesungsmanuskripts Schleiermachers zum Matthäusevangelium und der vorhandenen Hörernachschriften zu Tage fördern wird. Den faktischen Endpunkt seiner Beschäftigung mit der Genese dieses Evangeliums markiert Schleiermachers letzte theologisch-fachwissenschaftliche Veröffentlichung überhaupt.

Damit komme ich zu den beiden Aufsätzen von 1832, die die Reihe von Schleiermachers neutestamentlichen Fachpublikationen beschließen. Erschienen sind sie in den „Theologischen Studien und Kritiken". 1828 begründet u. a. von den Schleiermacher nahestehenden Theologen Carl Immanuel Nitzsch, Carl Christian

---

25 Die für das Sommersemester 1813 angekündigte Vorlesung über die Evangelien nach Matthäus und Markus fiel im Gefolge des Kriegs gegen das Napoleonische Frankreich aus.
26 Schleiermacher, *Einleitung ins neue Testament*, SW I/8, 313.
27 Brief an Ludwig Blanc vom 17. Januar 1820, in *Schleiermacher als Mensch: Sein Werden und Wirken: Familien- und Freundesbriefe*, hg. v. Heinrich Meisner, Bd. 1–2 (Gotha: Perthes, 1922–1923), hier: Bd. 2, 311–313.

Ullmann und Friedrich Lücke, waren die „Theologischen Studien und Kritiken" über einhundert Jahre lang bis zu ihrer Einstellung im Kriegsjahr 1941 das prominente wissenschaftliche Organ einer um die Versöhnung von freier, kritischer Theologie und bleibender Kirchenverbundenheit bemühten Vermittlungstheologie – wenn man so will: ganz im Geist Schleiermachers.

Der erste Aufsatz – „Ueber Koloss. 1,15–20."[28] – markiert forschungsgeschichtlich einen Anfang. Mit ihm scheint dieser Textabschnitt zum ersten Mal überhaupt Gegenstand einer eigenständigen Untersuchung geworden zu sein; seitdem gehört er zu den klassischen Themen der Kolosserexegese. Schleiermacher ist der erste, der den streng parallelen Aufbau der Verse, „die entschiedene Zweigliedrigkeit unserer Stelle"[29] herausstellt und zum Anlass einer isolierenden Betrachtung nimmt. Den strengen Aufbau als Indiz für eine geprägte Form und damit für eine mögliche vorpaulinische Herkunft zu nehmen, ist ihm (noch) nicht in den Sinn gekommen. Hier hat die Forschung bald ganz andere Wege beschritten.[30] Schleiermachers eigene Auslegung des Textes lässt sich im Wesentlichen in folgenden Punkten zusammenfassen: Alle Aussagen von Kol 1,15–20 müssen von dem einen und ganzen Christus, dem Erlöser, gelten. Dazu gehört sein geschichtliches Menschsein. Dieser ganze Christus kann entsprechend keinen Anteil an der primordialen Erschaffung der Welt haben; die (dogmatische Lehre von der) Schöpfungsmittlerschaft Christi in Kol 1,15–17 kann also nur im Sinne einer causa finalis und der Ausdruck ‚Erstgeborener vor aller Kreatur' (Kol 1,15b) nicht als Zeitangabe, sondern als Bezeichnung der besonderen Würde des Erlösers verstanden werden. Ferner enthält Kol 1,16 keinerlei angelologische oder dämonologische Aussagen, sondern muss ganz wörtlich von staatlich-politischen und administrativen Instanzen genommen werden. Kol 1,19–20 schließlich handelt nicht von der Versöhnung zwischen Gott und Mensch, sondern von der Versöhnung von Juden und Heiden im Reich des Sohnes, wofür Schleiermacher auf Kol 1,21 und 1,13 als kontextuelle Belege hinter und vor dem Textabschnitt verweist. Insgesamt ist in Schleiermachers Ausführungen das Interesse gut erkennbar, denkbare mythische und supranatural Bezüge beim Verständnis dieses Textes möglichst fernzuhalten.

---

28 Vgl. zum Folgenden Patsch und Schmid, Einleitung der Bandherausgeber, KGA I/8, XXXIX–L (die Textabschnitte stammen von mir); Patsch, Schleiermachers Berliner Exegetik, 330–332.
29 Friedrich Daniel Ernst Schleiermacher, *Über Kolosser 1, 15–20*, hg. v. Hermann Patsch und Dirk Schmid, KGA I/8 (Berlin/New York: De Gruyter, 2001), 195–226, hier: 201,38.
30 Vgl. Hans Jakob Gabathuler, *Jesus Christus Haupt der Kirche – Haupt der Welt: Der Christushymnus Colosser 1, 15–20 in der theologischen Forschung der letzten 130 Jahre*, Abhandlungen zur Theologie des Alten und Neuen Testaments Bd. 45 (Zürich: Zwingli, 1965).

Mit dem zweiten Aufsatz „Ueber die Zeugnisse des Papias von unsern beiden ersten Evangelien"[31] greift Schleiermacher nach der Lukasschrift von 1817 die Frage nach der Entstehung der neutestamentlichen Evangelien wieder auf, indem er die bei Eusebius von Cäsarea aufbewahrten Fragmente des phrygischen Bischofs Papias aus dem 2. Jahrhundert einer kritischen Interpretation unterzieht, die zugleich wichtige Durchblicke auf seine Evangelientheorie gestattet. Das gegenüber der bis zu seiner Zeit gängigen Deutung Neue besteht darin, dass Schleiermacher das Zeugnis des Papias, Matthäus habe die Worte oder Reden (τὰ λόγια) Christi in hebräischer Sprache aufgeschrieben,[32] nicht als Aussage über unser vorliegendes neutestamentliches Matthäusevangelium versteht, sondern von dieser Notiz aus auf eine ursprüngliche Redensammlung des Apostels Matthäus schließt, die dem neutestamentlichen Evangelium *nach* Matthäus, wie die griechische Formulierung der Überschrift wörtlich besagt, nachträglich mit redaktionellen Verbindungsstücken und erzählenden Hinweisen auf Ort, Zeit und Umstände der Worte und Reden versehen, zu Grunde liegt. Bei der anschließend unternommenen Isolierung derjenigen Stücke aus dem Matthäusevangelium, die Bestandteil bereits der von Papias gemeinten Redensammlung des Apostels gewesen sein könnten, kommt Schleiermacher dem erstaunlich nahe, was später (und bis heute) der sog. Logienquelle Q zugeschrieben wird. Ebenso geht Schleiermacher bei dem, was Papias über die Schrift des Markus mitteilt,[33] davon aus, dass es sich dabei nicht um das neutestamentliche Markusevangelium handelt, sondern wiederum um eine vorhergehende Sammlung, in diesem Fall von Reden *und* Taten Christi, aufgezeichnet, wie Papias selbst berichtet, nicht von einem Apostel Markus, sondern einem gleichnamigen Begleiter und Dolmetscher des Petrus. Indem Schleiermacher die Aussagen des Papias nicht auf die vorliegenden Texte des Neuen Testaments bezieht, kann er diese Aussagen für bare Münze nehmen und ihnen wichtige Indizien für die Vorgeschichte der neutestamentlichen Evangelien abgewinnen, während sie andernfalls in Widerspruch zu heutigen Textbefunden und anderen frühchristlichen und altkirchlichen Zeugnissen geraten. Zur Klärung der Abhängigkeitsverhältnisse der heute vorliegenden neutestamentlichen Evangelien tragen die Zeugnisse des Papias nach Schleiermacher indes nichts bei.

Damit bin ich am Ende dieses Abschnitts. Vier neutestamentlich-fachwissenschaftliche Spezialveröffentlichungen – angesichts der großen Anzahl gedruckter Publikationen Schleiermachers und dem großen, geradezu epochalen Gewicht ei-

---

31 Vgl. zum Folgenden Patsch und Schmid, Einleitung der Bandherausgeber, KGA I/8, L–LIV (die Textabschnitte stammen von mir); Patsch, Schleiermachers Berliner Exegetik, 332–334.
32 Vgl. Eusebius von Cäsarea, Historica ecclesiastica III 39,16, ed. Henri de Valois (Mainz: Gerlach & Beckenstein, 1672), 113.
33 Vgl. Eusebius, Historica ecclesiastica III 39,15, ed. Valois, 112 f.

niger dieser anderen Werke – etwa der „Reden" oder der ‚Glaubenslehre' – mag das
zunächst nicht eben viel und bedeutend erscheinen für sein Gesamtwerk. Vielleicht
verändert sich der Eindruck etwas, wenn man auf die wissenschaftsbiographische
Stellung dieser Veröffentlichungen achtet: Sie markieren nämlich den *Beginn* und
das *Ende* von Schleiermachers im engeren Sinne *fachtheologischen* Publikationen.
Vor der Timotheusschrift von 1807 hat er die „Reden", die „Monologen", die
„Weihnachtsfeier" geschrieben – religiöse oder philosophische Kunstwerke; er hat
Predigten veröffentlicht, eigene und aus dem Englischen übersetzte; ist als Rezensent
philosophischer und schöner Literatur, als Übersetzer Platons oder mit kirchenpolitischen
Verlautbarungen hervorgetreten; hat mit den „Grundlinien einer
Kritik der bisherigen Sittenlehre" eine umfängliche philosophische Fachmonographie
verfasst – die erste *theologische* fachwissenschaftliche Publikation indes gilt
einer neutestamentlich-exegetischen Untersuchung, nämlich der Authentizität des
1. Timotheusbriefs. Und zwischen ihr und der folgenden exegetischen Lukasschrift
von 1817 liegt abermals nur eine einzige andere wissenschaftlich-theologische
Veröffentlichung: die – freilich kaum zu überschätzende – „Kurze Darstellung des
theologischen Studiums" von 1811. Die beiden exegetischen Aufsätze von 1832
schließlich stellen auf der anderen Seite die letzten wissenschaftlichen Beiträge
überhaupt dar, die Schleiermacher drucken ließ. Danach folgten lediglich noch
Predigtveröffentlichungen. So kann man pointiert sagen: Am Anfang und am Ende
von Schleiermachers theologisch-fachwissenschaftlicher Publikationstätigkeit steht
die neutestamentliche Exegese.

4 Die besonderen Herausforderungen der Exegese der neutestamentlichen Schriften

Als sprachliche Äußerungen stellen die neutestamentlichen Texte die Auslegung
ganz grundsätzlich vor dieselben allgemeinen Herausforderungen des Verstehens
von Rede, die nach Schleiermacher den Gegenstand der Hermeneutik überhaupt
ausmachen.[34] Diese allgemeinen hermeneutischen Herausforderungen kann ich als

---

34 Bekanntlich beschränkt Schleiermacher das Anwendungsgebiet der Hermeneutik weder auf
Texte des klassischen Altertums noch auf Heilige Schriften, weder auf schriftstellerische noch
fremdsprachliche Erzeugnisse, sondern weitet es auf alle sprachlichen Äußerungen aus, beschränkt
indes den Bereich des Sprachlichen auf das Worthafte, also das, was einen Bezug auf *Gedanken* hat.
Vgl. Friedrich Daniel Ernst Schleiermacher, *Über den Begriff der Hermeneutik: Erste Abhandlung*,
hg. v. Martin Rössler, KGA I/11 (Berlin/New York: De Gruyter, 2002), 599–621. Ausgeschlossen sind also
(nur) alle nonverbalen Äußerungen (Mienen, Gesten), also das, was nach Schleiermacher einen
Bezug auf *Gefühle* hat. Wenn man also von *Religions*– oder auch *Kulturhermeneutik* bei Schleier-

Problemhorizont hier nur abstrakt benennen, aber nicht weiter verfolgen. Klar ist für Schleiermacher jedenfalls, dass es neben der allgemeinen eine spezielle Hermeneutik Heiliger Schriften nicht geben kann. Das gilt selbstverständlich auch für die Schriften des Neuen Testaments. Eine neutestamentliche Spezialhermeneutik, von der Schleiermacher gleichwohl sprechen kann, ist für ihn denkbar nur als Näherbestimmung und spezifizierte Anwendung der allgemeinen hermeneutischen Regeln angesichts der besonderen und eigentümlichen Beschaffenheit dieser Texte, ihrer Sprache, ihrer Form und allgemeinen Verhältnisse und Umstände.[35]

Hier war nun Schleiermacher allerdings der Meinung, dass eine Hermeneutik der neutestamentlichen Texte vor besonderen und besonders *schwierigen* Herausforderungen steht. „Die Auslegung des Kanons gehört zu den schwierigsten", heißt es 1811 in der Erstausgabe der „Kurzen Darstellung"[36], nur etwas abgemildert in der zweiten Auflage 1830 die „neutestamentischen Schriften" seien „von besonders schwieriger Auslegung"[37]. Worin bestehen für Schleiermacher die besonderen Schwierigkeiten beim Verstehen dieser Texte? Was sind die besonderen Herausforderungen, vor denen die Auslegung dieser Texte steht? Ich zitiere zunächst schlicht, was Schleiermacher an den beiden parallelen Stellen der „Kurzen Darstellung" dazu weiter ausführt:

> Die Auslegung des Kanons gehört zu den schwierigsten, theils weil das Speculativreligiöse in dem unbestimmten Sprachgebrauch nicht nationaler Schriftsteller aus einer im Ganzen ungebildeten Sphäre sehr vielen Mißdeutungen ausgesetzt ist, theils weil die Umstände, welche den Gedankengang des Schriftstellers motivirten, uns häufig ganz unbekannt sind, und erst durch die Schriften selbst müssen errathen werden.[38]

Und:

> Die neutestamentischen Schriften sind sowol des inneren Gehaltes als der äußern Verhältnisse wegen von besonders schwieriger Auslegung. Das erste weil die Mittheilung eigenthümlicher sich erst entwickelnder religiöser Vorstellungen in der abweichenden Sprachbehandlung nicht

---

macher redet, entspricht das nicht oder allenfalls in strikter Beschränkung auf die sprachlich verfasste Ausdrucksdimension von Religion oder Kultur dem Sprachgebrauch bei Schleiermacher selbst – was wiederum nicht heißt, dass es *die Sache*, die die Interpreten meinen, nicht bei Schleiermacher gäbe. Hier wäre also zu achten auf die Unterscheidung von Schleiermachers eigenen *Systembegriffen* und *Deutebegriffen* seiner Interpreten. Vgl. Hans-Joachim Birkner, *Theologie und Philosophie: Einführung in Probleme der Schleiermacher-Interpretation*, Theologische Existenz Heute Bd. 178 (München: Kaiser, 1974), 19 f.

35 Vgl. Schleiermacher, *Kurze Darstellung des theologischen Studiums*, KGA I/6, 276,10–13; 376,17–19.
36 Schleiermacher, *Kurze Darstellung des theologischen Studiums*, KGA I/6, 275,14.
37 Schleiermacher, *Kurze Darstellung des theologischen Studiums*, KGA I/6, 375,23–25.
38 Schleiermacher, *Kurze Darstellung des theologischen Studiums*, KGA I/6, 275,14–19.

nationaler Schriftsteller zum großen Theil aus einer minder gebildeten Sphäre sehr leicht mißverstanden werden kann. Lezteres weil die Umstände und Verhältnisse, welche den Gedankengang modificiren, uns großentheils unbekannt sind, und erst aus den Schriften selbst müssen errathen werden.[39]

Mir geht es jetzt nicht um einen detaillierten Vergleich der beiden Formulierungen aus den beiden Auflagen der „Kurzen Darstellung", was ihnen beiden gemeinsam ist, wo ihre jeweiligen Besonderheiten und so die Unterschiede liegen; sondern mir geht es im Rahmen dieses Überblicks über Schleiermacher als Exegeten um eine vollständige Auflistung der verschiedenen Faktoren, die Schleiermacher hier als verantwortlich für die besondere Schwierigkeit, die neutestamentlichen Texte zu verstehen, namhaft macht. Grundsätzlich nennen beide Textfassungen zwei Hauptgründe für die besondere Schwierigkeit: die besonders hohe Anfälligkeit für Missverständnisse dieser Texte und die Tatsache, dass die diese Texte jeweils motivierenden Umstände nur aus diesen Texten selbst erschlossen werden können, uns also nicht schon vorher und von ihnen unabhängig bekannt sind. Aber in Schleiermachers dicht gedrängten Formulierungen steckt in Wahrheit eine ganze Reihe von verschiedenen Momenten. Wenn ich das richtig sehe – also meinerseits richtig verstehe –, kann man hier fünf Faktoren unterscheiden.

1. Stichwort *Nicht nationale Schriftsteller*. Die neutestamentlichen Texte sind in einer Sprache verfasst, die nicht die Muttersprache ihrer Verfasser war. Schleiermacher ging schon davon aus, dass die Jünger, dass auch Jesus selbst, Griechisch als allgemeine Verkehrssprache im hellenistischen Nahen Orient jedenfalls verstehen, wohl auch sprechen und vielleicht sogar schreiben konnten – aber als eine Zweit- und Fremdsprache. Ihre eigentliche Muttersprache war Aramäisch.[40] Inwiefern liegt darin ein besonderer Schwierigkeitsgrad begründet, solche Texte zu verstehen? Hier lässt sich Dreierlei imaginieren. Handelt es sich bei einem Text um eine nachträgliche griechische Übersetzung aus dem ursprünglich aramäisch Gesprochenen oder Geschriebenen, bietet der Akt der Übersetzung Gelegenheit zu allerlei Fehlleistungen, die mühsam erst auf dem Wege einer rekonstruierenden und emendierenden Rückübersetzung ausgeräumt werden müssten, eines Aktes, der seinerseits wiederum Gelegenheit zu neuen Fehlleistungen böte – ein Herd möglicher Missverständnisse und Ursache besonderer hermeneutischer Herausforderungen. Handelt es sich hingegen um ursprünglich bereits griechisch abgefasste Texte, so sind doch Benutzer einer Zweit- oder Fremdsprache möglicherweise

---

39 Schleiermacher, *Kurze Darstellung des theologischen Studiums*, KGA I/6, 375,23–376,6.
40 Vgl. Friedrich Daniel Ernst Schleiermacher, *Vorlesungen über die Theologische Enzyklopädie*, hg. v. Martin Rössler und Dirk Schmid, KGA II/2 (Berlin/Boston: De Gruyter, 2019), 149–153. 392–397; Schleiermacher, *Vorlesungen über das Leben Jesu*, KGA II/15, 107. 356 f.

nicht immer in der Lage, so genau, so nuanciert, so angemessen und unmissverständlich das, was sie meinen, zu formulieren wie ein native speaker. Sie begehen Fehler oder Ungeschicklichkeiten, gebrauchen falsche oder unpassende Wörter oder Wortformen, vertun sich beim Gebrauch von Tempora, Modi, Genera oder Relationen. Man kann schließlich drittens auch an ein ganz prinzipielles Spannungsproblem denken: Die neutestamentlichen Verfasser schreiben griechisch, aber denken aramäisch (hebräisch). Indes hat Schleiermacher dies als eine sozusagen psychologische Unmöglichkeit ausgeschlossen: Die neutestamentlichen Verfasser hätten „wie jeder Verständige [...] in der Sprache auch gedacht in welcher sie schrieben";[41] lediglich insofern „das Entwerfen oft in der Muttersprache geschieht, und schon im ersten Entwurf die Gedankenverknüpfung liegt", sei nicht an einen Gegensatz, aber wohl „an Vermischung des griechischen und hebräischen zu denken".[42] Aber Schleiermacher bezieht diese Überlegungen ganz offensichtlich ausschließlich auf den wirklichen *Akt* von Denken und Schreiben. Davon unbenommen könnte sehr wohl eine tieferliegende Prägung für eine Spannung verantwortlich sein, eine Spannung von Sprachform und Vorstellungsgehalt, die einander möglicherweise nicht oder nicht immer adäquat entsprechen. Bekanntlich war Schleiermacher ja der Ansicht, jede Sprache sei der „Inbegriff alles in ihr Denkbaren".[43] Hier könnten also ganz fundamental gelegte Verstehensprobleme und Missverständnisanfälligkeiten ihren Ursprung haben und für den, der einen Sinn dafür hat, in den Blick geraten. Man darf gespannt sein, ob sich davon etwas im exegetischen Umgang Schleiermachers mit den neutestamentlichen Texten im Rahmen seiner Vorlesungen wiederfinden wird, wenn diese Vorlesungen einmal veröffentlicht sein werden.

2. Stichwort *‚Ungebildete Sphäre'*. Die Verfasser der neutestamentlichen Texte gehörten nicht zu den Gebildeten ihrer Zeit. Jedenfalls „im Ganzen" bzw. „zum großen Theil";[44] denn *eine* Ausnahme würde Schleiermacher in einem gewissen Grad doch gelten lassen: Paulus.[45] Er hat, wie Schleiermacher aus Apostelgeschichte 22,3 schließt, zumindest eine gründliche rabbinische Bildung genossen.[46] Aber ansonsten gehören die neutestamentlichen Autoren (einschließlich der ihren Erzeugnissen möglicherweise zugrundeliegenden ursprünglichen Erzähler und Erstverschrifter) der *un*- oder doch *minder* gebildeten sozialen und kulturellen Sphäre

---

41 Schleiermacher, *Vorlesungen zur Hermeneutik und Kritik*, KGA II/4, 136,34–37; vgl. 242,27–35.
42 Schleiermacher, *Vorlesungen zur Hermeneutik und Kritik*, KGA II/4, 142,28–31.
43 Schleiermacher, *Vorlesungen zur Hermeneutik und Kritik*, KGA II/4, 75,6; vgl. 55,3–5.21–24.
44 Schleiermacher, *Kurze Darstellung des theologischen Studiums*, KGA I/6, 275,16; 376, 3.
45 Vgl. Schleiermacher, *Vorlesungen zur Hermeneutik und Kritik*, KGA II/4, 277,40–278,1.
46 Friedrich Daniel Ernst Schleiermacher, *Predigten 1822–23*, hg. v. Kirsten Maria Christine Kunz, KGA III/7 (Berlin/Boston: De Gruyter, 2012), 760,1–6; 411,27–34; u. ö.

an. Inwiefern liegt darin ein Grund besonderer Auslegungsschwierigkeit? Der eher Ungebildete drückt sich möglicherweise nicht so exakt und präzise aus, stellt nicht so differenziert und reflektiert dar, argumentiert nicht so stringent und konsistent wie ein Gebildeter und – vor allem – wie es dem Gegenstand eigentlich angemessen wäre. Hier drohen Gedankensprünge, sachliche oder logische Ungereimtheiten, Widersprüche, fehlende oder schiefe Unterscheidungen, die alle das Verstehen erheblich erschweren können.[47]

3. Stichwort ‚*Das Spekulativreligiöse*'. Geht es bei den ersten beiden genannten Faktoren um die Beschaffenheit der Verfasser, die für besondere Verstehensprobleme der neutestamentlichen Texte verantwortlich ist, so geht es nun um die Beschaffenheit des Gegenstandes, den Inhalt oder wesentlichen Gehalt dieser Texte. Und zwar zunächst noch nicht spezifiziert auf das eigentümlich Christliche dieses Gehalts, sondern ganz allgemein darauf, dass es sich dabei im Wesentlichen um *religiöse* Vorstellungen handelt oder das *Spekulativreligiöse*. Inwiefern ist dieser Gegenstand als solcher verantwortlich für eine besondere Auslegungsschwierigkeit solcher Texte, die diesen Gegenstand zum Inhalt haben? Einen Hinweis kann man sich durch zwei Bemerkungen aus Schleiermachers Manuskript zur Hermeneutik von 1809/10 geben lassen: „[…] zur Kenntniß der übersinnlichen Dinge kommt man nur durch Verständniß menschlicher Rede."[48] Und: „Bey allem, was nur Wahrnehmung wiedergeben soll, tritt der Redende zurück".[49] Damit ist das Problem umrissen, vor das religiöse Vorstellungen als Gegenstand von Texten den Interpreten stellen: Bei ihnen fehlt das bei sinnlich wahrnehmbaren Gegenständen gegenüber ihrer sprachlichen Darstellung selbständige Gegebensein, das dem Redenden qua ganz in der sinnlichen Präsenz seines Gegenstandes aufgehender Objektivität jenes subjektive Zurücktreten gestattet und seinem Interpreten ein gegenüber der Rede unabhängiges Kriterium seines Verstehens dieser Rede an die Hand gibt. Bei *übersinnlichen* Gegenständen hingegen, zu denen die religiösen ohne

---

[47] Es ist übrigens bemerkenswert, dass Schleiermacher an den von mir herangezogenen parallelen Textstellen aus der „Kurzen Darstellung" keine Anfälligkeit für Missdeutungen benennt, die in der Person des *Auslegenden* begründet sind. Hier könnte man fragen, ob nicht die beiden bisher genannten Punkte mutatis mutandis auch auf ihn anwendbar wären: Der Ausleger findet sich vor der Herausforderung, Texte zu verstehen, die in einer Sprache verfasst sind, die nicht seine Muttersprache ist – das Hilfsmittel dagegen liegt in seiner Gelehrsamkeit. Und wie die Ungebildetheit der Verfasser des Neuen Testament eine Quelle möglicher Missverständnisse ist, könnte auch eine gewisse Art der – religiösen oder theologischen – *Verbildetheit* des Auslegers zu einer solchen Quelle werden; andernorts hat Schleiermacher solche Phänomene durchaus im Blick (vgl. z.B. Schleiermacher, *Vorlesungen zur Hermeneutik und Kritik*, KGA II/4, 51,36–52,4; 152,22–34; Schleiermacher, *Über Kolosser 1, 15–20*, KGA I/8, bes. 204,21–31.
[48] Schleiermacher, *Vorlesungen zur Hermeneutik und Kritik*, KGA II/4, 74,1f.
[49] Schleiermacher, *Vorlesungen zur Hermeneutik und Kritik*, KGA II/4, 76,19f.

Zweifel gehören, kommt alles auf deren sprachliche – und d. h. für Schleiermacher immer: gedankliche – Präsentation an. Der in der sprachlichen Präsentation gemeinte Gegenstand steht daneben nicht noch einmal objektiv-äußerlich, sondern lediglich dem Redenden selbst subjektiv-innerlich zur Verfügung. D. h. der Interpret solcher Reden, die, wie die neutestamentlichen, wesentlich religiöse Vorstellungen, also Vorstellungen nicht-sinnlicher Gegenstände, enthalten, steht von vornherein vor der besonderen Herausforderung, dass alles auf das Verstehen der sprachlichen Präsentation, der Rede selber ankommt. Und dass er als zusätzliches ‚objektives' Kriterium auf nichts Anderes zurückgreifen kann als sein *eigenes* subjektives Gegebensein des Gegenstandes, ohne je sicher sein zu können, dass dies mit dem des Redenden identisch ist. Dass diese Relation von sprachlicher Präsentation und Gegenstand im Falle religiös-übersinnlicher Gehalte eine Quelle besonderer hermeneutischer Probleme und Anfälligkeiten für Missverständnisse ist, dürfte einleuchten.[50]

4. Stichwort ‚*Abweichende Sprachbehandlung/Unbestimmter Sprachgebrauch*'. Diese ganz grundsätzliche – wenn man so will: erkenntnistheoretische oder sprachphilosophische – Herausforderung beim Verstehen *religiöser Texte*, verschärft sich im Fall des Christentums noch dadurch, dass es sich bei seinen religiösen Vorstellungen um *neue*, im Urchristentum *sich erst entwickelnde* religiöse Vorstellungen handelt. Neue *Vorstellungen* „erfordern [...] auch eine neue *Sprache*".[51] Das Christentum ist für Schleiermacher in diesem Sinn ein *sprachbildendes Prinzip*.[52] Natürlich *erfinden* die Christen keine materialiter neue Sprache,[53] sie

---

[50] Vgl. auch Schleiermacher, *Vorlesungen über die Theologische Enzyklopädie*, KGA II/2, 156,1–16: „Der [scil. Inhalt des neutestamentlichen Kanons als Grund für die hermeneutische Schwierigkeit seiner Auslegung] ist der religiöse und zwar auf eine objective Weise auf eine doctrinale, wo es nun doch immer auf die Principien und wie bestimmte Gedanken und Ansichten aus diesen Principien her angesehen ankommt. Jede Rede ist so leichter, je mehr sie dem Sinnlichen nahe ist, und alles Religiöse und Speculative muß deshalb für die Auslegung das schwierigste seyn. Und hier ist wieder ein Unterschied zu machen. Wenn bloß von dem Subjectiven die Rede ist, von den religiösen Zuständen, wie sie im Menschen wechseln, dann sind diese auch unter der Bedingung einer Kenntniß des einzelnen Menschen leicht zu verstehen. Aber ein ganz anderes ist es, wo von den religiösen Begriffen und Principien die Rede ist, da ist die sinnliche Haltung ein minimum, wir haben außer der Rede dann nichts, was uns zu Hülfe kommen kann. Das gilt von allen Elementen der Rede die etwas Abstractes haben. Also schon des Inhalts wegen gehört der Canon zu den schwierigsten; denn das Speculativ religieuse ist noch schwerer als die wissenschaftliche Speculation."
[51] Schleiermacher, *Vorlesungen über die Theologische Enzyklopädie*, KGA II/2, 161,15 (Hervorhebung D.S.).
[52] Vgl. Schleiermacher, *Vorlesungen zur Hermeneutik und Kritik*, KGA II/4, 124,14 f; 205,38.40; 248,20; u. ö.
[53] Vgl. Schleiermacher, *Vorlesungen über die Theologische Enzyklopädie*, KGA II/2, 161,15 f.

„führen für ihre religiösen Begriffe keine neuen Wörter ein",[54] sondern rekurrieren auf die vorgegebene religiöse Sprache der biblischen, d. h. alttestamentlichen, und apokryphen, d. h. zwischentestamentlichen, Tradition.[55] Ihre neue Sprache besteht in einem neuen *Sprachgebrauch*, einer gegenüber der Tradition *abweichenden Sprachbehandlung*.[56] Vielleicht könnte man sagen: Das Christentum bildet keine neue Sprache, aber neue Begriffe, indem es alte anders gebraucht.[57] Dieser Sprachbildungsprozess nun ist im Neuen Testament *in the making*, erst im Werden – darin genau besteht die besondere hermeneutische Herausforderung dieser Texte. Die, soll das Christentum ein neues religiöses Prinzip sein, heuristisch zu unterstellende *Abweichung* im neutestamentlichen Sprachgebrauch bedeutet gegenüber der durch die Tradition vorgegebenen Bestimmtheit eine neue semantische *Unbestimmtheit*, die es erst durch mühsame Interpretationsprozesse in angemessene neue Bestimmtheit zu überführen gilt. Das macht die besonders große Schwierigkeit im richtigen Verständnis neutestamentlicher Texte aus.[58]

5. Stichwort ‚*Unbekannte Umstände und Verhältnisse*'. Wenn es stimmt, was neuere Hermeneutiker behaupten, nämlich, dass man einen Text nur dann verstehen kann, wenn man die *Frage* kennt, auf die er eine Antwort sein will,[59] dann befindet sich die Auslegung der neutestamentlichen Texte in der außerordentlich schwierigen Lage, häufig genau diese Fragen, die äußeren und inneren Umstände, die konkreten Lebensverhältnisse und -probleme, die ganz bestimmten religiösen, sittlichen oder lebenspraktischen Herausforderungen, auf die die Texte Antwort geben wollten, durch die sie hervorgerufen oder in ihren Ausführungen näherbestimmt wurden, nicht oder nicht genau zu kennen und in den allermeisten Fällen nicht woanders her kennenlernen zu können als aus denselben Texten, die sie erst noch verstehen will. In seiner Vorlesung über Theologische Enzyklopädie aus dem

---

54 Schleiermacher, *Vorlesungen zur Hermeneutik und Kritik*, KGA II/4, 138,18 f.
55 Vgl. Schleiermacher, *Vorlesungen zur Hermeneutik und Kritik*, KGA II/4, 138,18–20; u. ö.
56 Vgl. Schleiermacher, *Vorlesungen über die Theologische Enzyklopädie*, KGA II/2, 161,17; Schleiermacher, *Vorlesungen zur Hermeneutik und Kritik*, KGA II/4, 247,4–25; 248,14–24; u. ö.
57 Vgl. Schleiermacher, *Vorlesungen zur Hermeneutik und Kritik*, KGA II/4, 247,8–10.
58 Der Komplex der Sprachbildung steht bei Schleiermacher übrigens in einem sehr grundsätzlichen Zusammenhang: „alles Erkennen sprachbildend, alle Sprache Erkenntniß bildend", heißt es mal in seiner Philosophischen Ethik (Friedrich Daniel Ernst Schleiermacher, *Ethik (1812/13): Mit späteren Fassungen der Einleitung, Güterlehre und Pflichtenlehre*, hg. v. Hans-Joachim Birkner (Hamburg: Meiner, 1990), 31). Er verdiente es sowohl in dieser prinzipiellen Bedeutung als auch in seiner Tragweite für Schleiermachers konkrete Rekonstruktion kulturgeschichtlicher Entwicklungsprozesse (insbesondere Europas) gründlich und im Zusammenhang untersucht zu werden.
59 Vgl. Gadamer, *Wahrheit und Methode*, 375; Odo Marquard, Frage nach der Frage, auf die die Hermeneutik die Antwort ist, in Ders., *Abschied vom Prinzipiellen: Philosophische Studien* (Stuttgart: Reclam, 1981), 117–146, hier: 118.

Wintersemester 1816/17 hat Schleiermacher diese besondere hermeneutische Situation in seinen Erläuterungen zum hier von mir zugrunde gelegten Text aus der Erstauflage der „Kurzen Darstellung" mit einem Gespräch verglichen, bei dem wir als Zuhörer erst hinzutreten, nachdem es schon eine Zeit lang geführt worden ist:

> Wenn zwei Leute reden, ein dritter hört zu und ein vierter kommt hinzu wenn sie schon lange gesprochen haben, so wird es dem letzten am schwersten werden, die Rede zu verstehen. Vieles wird ihm unverständlich bleiben. Eine jede Rede und jede Schrift die bezieht sich immer schon auf eine frühere und wer das nicht weiß, der ist immer wie einer, der erst mitten in der Rede dazu kommt.[60]

Das, was den neutestamentlichen Texten situativ motivierend und modifizierend vorausliegt, sozusagen die Texte vor diesen Texten, aus ihnen selbst zu erschließen, um sie zu verstehen, sie, um erschließen zu können, aber schon verstanden haben zu müssen – darin liegt wahrhaftig eine Herausforderung, die zu bewältigen nur der fortgesetzten, immer aufs Neue unternommenen exegetischen Bemühung hermeneutischer Meister gelingen mag.

Dass dem Meistertheologen und -philologen Schleiermacher die neutestamentlichen Texte einer solchen beharrlichen Mühe sein wissenschaftliches Leben lang wert gewesen sind, wollte ich mit diesem Überblick über ihn als Exegeten zeigen. Diese Mühe kann freilich erst dann entsprechend gewürdigt werden, wenn auch Schleiermachers Vorlesungen zur Exegese der einzelnen Schriften des Neuen Testaments ediert worden sind. Sie stellen das handgreiflichste Zeugnis dieser beharrlich fortgesetzten Bemühung dar. Die Predigten, die in vierzehn Textbänden der Kritischen Gesamtausgabe abgeschlossen vorliegen, sind dafür gerade kein Ersatz. Die in ihnen enthaltene Applikation auf – für Schleiermacher –gegenwärtige Lebens- und Glaubenskontexte hängt vielmehr gleichsam in der Luft, solange wir ihr Fundament nicht kennen: das mit der exegetischen Auslegung im Wesentlichen identische *Verständnis* der neutestamentlichen Texte.

Bibliographie

Schriften von Friedrich Daniel Ernst Schleiermacher

Briefwechsel 1804–1806, hg. v. Andreas Arndt und Simon Gerber, KGA V/8, Berlin/New York: De Gruyter, 2008.
Briefwechsel mit J. Chr. Gaß, hg. v. Wilhelm Gaß. Berlin: Reimer, 1852.
Das Leben Jesu, hg. v. Karl August Rütenik, SW I/6. Berlin: Reimer, 1864.

---

[60] Schleiermacher, *Vorlesungen über die Theologische Enzyklopädie*, KGA II/2, 157,7–13.

Der christliche Glaube (1821–22), hg. v. Hermann Peiter, KGA I/7.1–2. Berlin/New York: De Gruyter, 1981.
Einleitung in den geplanten zweiten Teil über die Schriften des Lukas (Über die Apostelgeschichte), hg. v. Hermann Patsch und Dirk Schmid, KGA I/8, 181–193. Berlin/New York: De Gruyter, 2001.
Einleitung ins neue Testament, hg. v. Georg Wolde, SW I/8. Berlin: Reimer, 1845.
Ethik (1812/13): Mit späteren Fassungen der Einleitung, Güterlehre und Pflichtenlehre, hg. v. Hans-Joachim Birkner. Hamburg: Meiner, 1990.
Hermeneutik und Kritik, mit besonderer Beziehung auf das Neue Testament, hg. v. Friedrich Lücke, SW I/7. Berlin: Reimer, 1838.
Kurze Darstellung des theologischen Studiums (1811/1830), hg. v. Dirk Schmid, KGA I/6, 243–315. 317–446. Berlin/New York: De Gruyter, 1998.
Predigten 1822–23, hg. v. Kirsten Maria Christine Kunz, KGA III/7. Berlin/Boston: De Gruyter, 2012.
Schleiermacher als Mensch: Sein Werden und Wirken: Familien- und Freundesbriefe, hg. v. Heinrich Meisner, Bd. 1–2. Gotha: Perthes, 1922–1923.
Über den Begriff der Hermeneutik: Erste Abhandlung, hg. v. Martin Rössler, KGA I/11, 599–621. Berlin/New York: De Gruyter, 2002.
Über den Begriff der Hermeneutik: Zweite Abhandlung, hg. v. Martin Rössler, KGA I/11, 623–641. Berlin/New York: De Gruyter, 2002.
Ueber den sogenannten ersten Brief des Paulos an den Timotheos: Ein kritisches Sendschreiben an J. C. Gass, hg. v. Hermann Patsch, KGA I/5, 153–242. Berlin/New York: De Gruyter 1995.
Ueber die Schriften des Lukas: Ein kritischer Versuch, hg. v. Hermann Patsch und Dirk Schmid, KGA I/8, 1–180. Berlin/New York: De Gruyter, 2001.
Ueber die Zeugnisse des Papias von unsern beiden ersten Evangelien, hg. v. Hermann Patsch und Dirk Schmid, KGA I/8, 227–254. Berlin/New York: De Gruyter, 2001.
Über Kolosser 1, 15–20, hg. v. Hermann Patsch und Dirk Schmid, KGA I/8, 195–226. Berlin/New York: De Gruyter, 2001.
Vorlesungen über das Leben Jesu, hg. v. Walter Jaeschke, KGA II/15, 1–508. Berlin/Boston: De Gruyter, 2018.
Vorlesung über die Leidens- und Auferstehungsgeschichte, hg. v. Walter Jaeschke, KGA II/15, 509–653. Berlin/Boston: De Gruyter, 2018.
Vorlesungen über die Theologische Enzyklopädie, hg. v. Martin Rössler und Dirk Schmid, KGA II/2. Berlin/Boston: De Gruyter, 2019.
Vorlesungen zur Hermeneutik und Kritik, hg. v. Wolfgang Virmond unter Mitwirkung von Hermann Patsch, KGA II/4. Berlin/Boston: De Gruyter, 2012.

Weitere Literatur

Birkner, Hans-Joachim. *Theologie und Philosophie: Einführung in Probleme der Schleiermacher-Interpretation.* Theologische Existenz Heute Bd. 178. München: Kaiser, 1974.
Eusebius von Cäsarea, *Historica ecclesiastica*, ed. Henri de Valois. Mainz: Gerlach & Beckenstein, 1672.
Gabathuler, Hans Jakob. *Jesus Christus Haupt der Kirche – Haupt der Welt: Der Christushymnus Colosser 1, 15–20 in der theologischen Forschung der letzten 130 Jahre*, Abhandlungen zur Theologie des Alten und Neuen Testaments Bd. 45. Zürich: Zwingli, 1965.
Gadamer, Hans-Georg. *Wahrheit und Methode: Grundzüge einer philosophischen Hermeneutik*, Gesammelte Werke Bd. 1. Tübingen: Mohr Siebeck, 1990.

Marquard, Odo. Frage nach der Frage, auf die die Hermeneutik die Antwort ist. In Ders. *Abschied vom Prinzipiellen: Philosophische Studien*, 117–146. Stuttgart: Reclam, 1981.
Merkel, Helmut: Über den 1. Timotheusbrief. In *Schleiermacher Handbuch*, hg. v. Martin Ohst, 174–178. Tübingen: Mohr Siebeck, 2017.
Patsch, Hermann. Einleitung des Bandherausgebers. In *Schriften aus der Hallenser Zeit 1804–1807*, KGA I/5, VII–CXXXII. Berlin/New York: De Gruyter, 1995.
Patsch, Hermann. Schleiermachers Berliner Exegetik. In *Schleiermacher Handbuch*, hg. v. Martin Ohst, 327–340. Tübingen: Mohr Siebeck, 2017.
Patsch, Hermann und Schmid, Dirk. Einleitung der Bandherausgeber. In *Exegetische Schriften*, KGA I/8, VII–LVII. Berlin/New York: De Gruyter, 2001.
Rössler, Martin und Schmid, Dirk. Einleitung der Bandherausgeber. In *Vorlesungen über die Theologische Enzyklopädie*, KGA II/2, XVII–L. Berlin/Boston: De Gruyter, 2019.

Jörg Frey
Zwischen Modernität und Apologetik

Exegetische Bemerkungen zu Schleiermachers
Johannesvorlesungen

1 Schleiermacher und die Johannesforschung

Der Universalgelehrte und ‚Kirchenvater des 19. Jahrhunderts' Friedrich Schleiermacher (1768–1834)[1] hat nicht nur in der Geschichte der Hermeneutik, sondern auch in der Geschichte der neutestamentlichen Exegese einen festen Platz.[2] Seine Beiträge gelten als wichtige Anstöße zu einer modernen Betrachtung der Pastoralbriefe[3] und in der Untersuchung der lukanischen Schriften.[4] Im Blick auf die spätere Lösung der Synoptischen Frage wird er mit seiner von Lk 1,1 inspirierten

---

1 Der vorliegenden Kommentierung liegen die vorläufigen Transkriptionen der Vorlesungen Friedrich Schleiermachers aus dem Wintersemester 1820/21 zugrunde, die mir Dr. Dirk Schmid von der Kieler Schleiermacher-Forschungsstelle freundlicherweise zur Verfügung gestellt hat:
a) das zweispaltig Manuskript der Vorlesung der Fassung von 1820/21 aus dem Schleiermacher-Nachlass im Archiv der Berlin-Brandenburgischen Akademie der Wissenschaften (SN 8–2), Außenspalte zitiert *SN 8–2 A*, Innenspalte *SN 8–2 I*.
b) ein für die Vorlesung 1820/21 zusätzlich erstelltes Vorbereitungsmanuskript (SN 8–1), das nur die Einleitung und Teile von Joh 1 umfasst, zitiert *SN 8–1*.
c) die Hörernachschrift von Eduard Bonnell (Staatsbibliothek zu Berlin – Preußischer Kulturbesitz, Hdschr. 37), zitiert als *NS B*.
d) eine anonyme Nachschrift aus der Zentralbibliothek Zürich (Mscr. W. 56), zitiert als *NS Z*.
2 Dazu Hermann Patsch, Schleiermachers Berliner Exegetik, in *Schleiermacher Handbuch*, hg. v. Martin Ohst (Tübingen: Mohr Siebeck, 2017), 327–340; Hilger Weisweiler, *Schleiermachers Arbeiten zum Neuen Testament* (Diss. Bonn, 1972).
3 So mit seiner Schrift: Friedrich Daniel Ernst Schleiermacher, *Ueber den sogenannten ersten Brief des Paulos an den Timotheos. Ein kritisches Sendschreiben an J. C. Gass*, hg. v. Hermann Patsch, KGA I/5 (Berlin/New York: De Gruyter, 2011), 153–242, in der er aufgrund sprachlich-stilistischer Beobachtungen als erster die paulinische Authentizität des 1. Timotheusbriefs in Zweifel zog und diesen Brief als Pseudepigraphon ansah.
4 So in: Friedrich Daniel Ernst Schleiermacher, *Ueber die Schriften des Lukas. Ein kritischer Versuch. I. Theil*, hg. v. Hermann Patsch und Dirk Schmid, KGA I/8 (Berlin/New York: De Gruyter, 2011), 1–180, wo Schleiermacher für den Abschnitt ab Lk 9,51 den Begriff des „Reiseberichts" einführte (161). Dazu Reinhard von Bendemann, *Zwischen Doxa und Stauros: Eine exegetische Untersuchung der Texte des sogenannten Reiseberichts im Lukasevangelium*, BZNW 101 (Berlin/New York: De Gruyter, 2001), 1.

https://doi.org/10.1515/9783110746105-004

„Diegesenhypothese" zumindest stets als einer jener Vorläufer genannt,[5] deren Ideen gleichsam als Schrittsteine auf dem Weg zur späteren Klärung der Probleme gelten können.

Seine Ansichten zum Johannesevangelium haben in der neutestamentlichen Forschungsgeschichte hingegen keinen besonders guten Ruf. Publizistisch wirksam wurde dabei allerdings erst sein postum aus Vorlesungen veröffentlichtes Leben Jesu.[6] Die schlechterdings vernichtende Grabrede über Schleiermachers historische Präferenz für das Johannesevangelium und die daraus resultierende Sicht des Lebens Jesu hielt kein geringerer als Albert Schweitzer.[7] Nach dessen treffenden Worten ist Schleiermachers Leben Jesu „keine historische, sondern eine dialektische Leistung", und er fügt hinzu: „Nirgends wird so klar, dass der große Dialektiker eigentlich ein unhistorischer Kopf war, wie gerade in seiner Behandlung der Geschichte Jesu."[8] Schleiermachers Vorlesung sei kurz nach ihrer letzten Präsentation 1832 „durch Strauß aufs tote Geleise geschoben worden."[9] „Für die Fragen, welche das Leben-Jesu [von Strauß] von 1835 stellte, hatte Schleiermacher keine Antwort, und für die Wunden, die es schlug, keine Heilung. Als man das seine 1864 wie eine einbalsamierte Leiche ausstellte, hielt Strauß dem Werke des großen Theologen eine würdige und ergreifende Grabrede."[10] Umgekehrt ist auch der kritische Impetus des Werks von Strauß nicht ohne Schleiermacher zu begreifen, dessen Leben-Jesu-Vorlesung er bei einem Besuch in Berlin 1831/32 in einer Nachschrift kennengelernt hatte.[11] Strauß fühlte sich jedoch „beinahe in allen Punkten von denselben zurückgestoßen"[12], „weil Schleiermacher die Person Christi aus dem

---

[5] Siehe dazu Walter Schmithals, *Einleitung in die drei ersten Evangelien* (Berlin: De Gruyter, 1985), 67–75.

[6] Friedrich Daniel Ernst Schleiermacher, *Das Leben Jesu. Vorlesungen an der Universität zu Berlin im Jahr 1832 gehalten*, hg. v. Karl August Rütenik, SW I/6 (Berlin: Reimer, 1864).

[7] Schweitzer selbst verwendet die Metapher, sieht aber in David Friedrich Strauß denjenigen, der die Grabrede über Schleiermacher Leben Jesu hielt, s. Albert Schweitzer, *Geschichte der Leben-Jesu-Forschung* (9. Aufl. Tübingen: Mohr Siebeck, 1984 = Nachdruck der 2. Aufl. 1913), 101, unter Verweis auf David Friedrich Strauß, *Der Christus des Glaubens und der Jesus der Geschichte: Eine Kritik des Schleiermacherschen Lebens Jesu* (Berlin: Ducker, 1865).

[8] Schweitzer, *Geschichte der Leben-Jesu-Forschung*, 100.

[9] Gemeint ist das für die Evangelienkritik bahnbrechende Werk des jungen Tübinger Stiftsrepetenten David Friedrich Strauß, *Das Leben Jesu, kritisch bearbeitet* (2 Bde. Tübingen: Osiander, 1835/1836).

[10] Schweitzer, *Geschichte der Leben-Jesu-Forschung*, 101.

[11] Siehe dazu Werner Georg Kümmel, *Das Neue Testament: Geschichte der Erforschung seiner Probleme*, Orbis Academicus (Freiburg/München: Alber, 1958), 147.

[12] David Friedrich Strauß, *Streitschriften zur Vertheidigung meiner Schrift über das Leben Jesu und zur Charakteristik der gegenwärtigen Theologie 3* (Tübingen: Osiander,1837), 57–61.

christlichen Bewußtsein rekonstruierte, das vierte Evangelium bevorzugte und zahlreiche Ereignisse des Lebens Jesu ‚natürlich' erklärte."[13]

Natürlich darf man die Wirkung der Position Schleiermachers während des ganzen 19. Jahrhunderts auch in der Johannesexegese nicht unterschätzen. Immerhin war es das Gewicht seiner Theologie, das dazu beitrug, dass die Stimmen der historischen Kritik am Johannesevangelium noch lange unterdrückt werden konnten[14], und dass die von der Tübinger Schule Ferdinand Christian Baurs vertretene Spätdatierung der johanneischen Schriften[15] sich nur langsam und deutlich abgeschwächt durchsetzen konnte, während viele durchaus kritisch gesinnte Interpreten noch lange an der Authentizität des vierten Evangeliums und der Geschichtlichkeit seines Inhalts meinten festhalten zu können.[16] Erst gegen Ende des 19. Jahrhunderts kam es zu einer Klärung des Verhältnisses von Johannes und den Synoptikern und zu einem kritischen Konsensus, demzufolge Johannes aus der

---

13 Kümmel, *Das Neue Testament*, 147.
14 So insbesondere die bahnbrechende Arbeit von Karl Gottlieb Bretschneider, *Probabilia de evangelii et epistolarum Joannis, Apostoli, indole et origine* (Leipzig: Barth, 1820), die im Grunde alle Argumente gegen die Authentizität des vierten Evangeliums bereits enthielt. Zum Einfluss Schleiermachers auf die Zurückdrängung der kritischen Argumente s. Emil Schürer, *Ueber den gegenwärtigen Stand der johanneischen Frage. Vorträge der Theologischen Konferenz zu Gießen, gehalten am 20. Juli 1889*, 5. Folge (Gießen: J. Richer'sche Buchhandlung, 1889), wieder abgedruckt in *Johannes und sein Evangelium*, WdF 82, hg. v. Karl Heinrich Rengstorf (Darmstadt: Wissenschaftliche Buchgesellschaft, 1973), 1–27 (3); Kümmel, *Das Neue Testament*, 101–102 und 533; Walter Schmithals, *Johannesevangelium und Johannesbriefe: Forschungsgeschichte und Analyse*, BZNW 64 (Berlin/New York: De Gruyter, 1992), 58–59. Schleiermacher formulierte in seiner Vorlesung zur Einleitung in das Neue Testament (Friedrich Daniel Ernst Schleiermacher, *Einleitung in das Neue Testament*, hg. v. Georg Wolde [Berlin: Reimer, 1845], 340), es sei gut „daß die Sache einmal zur Sprache gebracht ist und alle Zweifelsgründe gegen das Johannesevangelium zusammengestellt sind [...] Aber daß unter diesen Einzelheiten irgend Etwas von solcher Erheblichkeit sei, daß man gegen den Totaleindruck des Ganzen die Aechtheit bezweifeln müßte, wird wohl Niemand mehr meinen."
15 Ferdinand Christian Baur datierte wie zuvor schon sein Schüler Albert Schwegler das Evangelium extrem spät, um 170 n.Chr., die Johannesbriefe sogar noch etwas später, weil nach der von ihm angewandten Methode der Tendenzkritik Johannes bereits die Versöhnung des urchristlichen Gegensatzes zwischen Judenchristentum und Paulinismus in der höheren Einheit der katholischen Kirche voraussetze und auch schon auf das Auftreten des (christlichen) Gnostizismus, den Montanismus und die Passastreite reagiere; s. dazu Ferdinand Christian Baur, *Kritische Untersuchungen über die kanonischen Evangelien* (Tübingen: Fues, 1847), 349ff; zur Johannesauslegung Baurs s. Jörg Frey, Ferdinand Christian Baur und die Johannesauslegung, in *Ferdinand Christian Baur und die Geschichte des frühen Christentums*, hg.v. Martin Bauspiess, Christoph Landmesser und David Lincicum, WUNT 333 (Tübingen: Mohr Siebeck, 2014), 227–258. Spätere Anhänger der Schule Baurs milderten diese radikale Spätdatierung dann auf ca. 130–140 ab, so Adolf Hilgenfeld und Theodor Keim, s. dazu Schürer, *Ueber den gegenwärtigen Stand der johanneischen Frage*, 7–11.
16 So etwa in Werken der 1850er und 1860er Jahre von Karl Hase, Eduard Reuß und Heinrich Ewald, s. dazu Schürer, *Ueber den gegenwärtigen Stand der johanneischen Frage*, 8f.

Leben-Jesu-Forschung ‚entlassen' war und als ein weithin theologisches Werk ohne eigenen Quellenwert für die Geschichte des irdischen Jesus gelesen wurde.[17] Hingegen versuchten bis zum Ende des 19. Jahrhunderts exegetische ‚Vermittlungstheologen' noch, das Bild des ‚Historischen Jesus' aus einer methodologisch unklaren Synthese synoptischer und johanneischer Elemente zu zeichnen.[18]

Mit seiner theologisch bzw. christologisch begründeten Bevorzugung des Johannesevangeliums fügt sich Schleiermacher in eine Reihe von Auslegern des idealistischen Zeitalters wie Hegel, Fichte und Schelling, die in ihrem „Johannismus" das vierte Evangelium gegenüber den anderen dreien philosophisch und theologisch präferierten.[19] Doch hält er über jene hinaus auch *historisch* daran fest, dass Johannes echter und ursprünglicher sei als die anderen drei Evangelien, eben „weil es von einem Augenzeugen stamme, der in Freundschaft an Jesus gebunden war [...] Johannes wollte ‚das Innere des Gemüts' seines ‚Busenfreunds' [...] schildern."[20] Schon in seinen Reden hatte Schleiermacher pathetisch und ganz assertorisch formuliert: „Wenn je ein Christ euch in das Heiligste seines Gemütes hineinblicken ließ: gewiß ist es dieses gewesen."[21] Johannes ist der Kronzeuge Jesu und sein Evangelium gibt nicht nur sein eigenes Bewusstsein wider, sondern letztlich das Bewusstsein Jesu. Insofern die Authentizität des vierten Evangeliums, als Werk des Jesusjüngers und Zebedäussohnes Johannes, Grundlage für diese Sicht ist, verbinden sich hier historische und theologisch-philosophische Aspekte, Historie und Idee. Es ist diese Dualität, ja dialektische Einheit, die seinen jüngeren Zeitgenossen Strauß nicht mehr überzeugte und die dann bei jenem in eine dualistische

---

17 Siehe dazu Jörg Frey, *Die johanneische Eschatologie: Ihre Probleme im Spiegel der Forschung seit Reimarus*, WUNT 96 (Tübingen: Mohr Siebeck, 1997), 37–39. Exemplarisch für diesen Konsens sind etwa die Einleitung von Jülicher (Adolf Jülicher, *Einleitung in das Neue Testament*, Tübingen: Mohr Siebeck, 1894) und die neutestamentliche Theologie von Holtzmann (Heinrich Julius Holtzmann, *Lehrbuch der neutestamentlichen Theologie*, 2. Bde. Freiburg/Leipzig: Mohr Siebeck, 1897).
18 In diesem Sinn etwa noch das Werk von Willibald Beyschlag, *Neutestamentliche Theologie* (2 Bde. Halle a.S.: Strien, 1891/1892); dazu Frey, *Die johanneische Eschatologie*, 39.
19 Siehe dazu Wilhelm A. Schulz, Das Johannesevangelium im deutschen Idealismus, *ZPhF* 18 (1964), 85–118; Giovanni Moretto, Angezogen und belehrt von Gott. Der Johannismus in Schleiermachers ‚Reden über die Religion', *ThZ* 37 (1981), 267–291; ders., Bewußtsein und Johannismus. Betrachtungen zur philosophischen Christologie Schleiermachers und Fichtes, in *Schleiermacher und die wissenschaftliche Kultur des Christentums*, hg. v. Günter Meckenstock (Berlin/New York: De Gruyter, 1991), 207–228. Zu Schleiermachers Johannismus s. auch Hermann Timm, *Die heilige Revolution: Das religiöse Totalitätskonzept der Frühromantik. Schleiermacher – Novalis – Friedrich Schlegel* (Frankfurt am Main: Syndikat, 1978), 62–73.
20 Giovanni Moretto, Bewußtsein und Johannismus, 211.
21 Friedrich Daniel Ernst Schleiermacher, *Über die Religion. Reden an die Gebildeten unter ihren Verächtern (1799)*, hg. v. Günter Meckenstock (Berlin: De Gruyter, 1998), 188.

Entgegensetzung verwandelt wurde, in der die Idee dann nicht mehr die geschichtlichen Sachverhalte beeinflussen konnte.

Wenn sich die Kieler Schleiermacher-Forschungsstelle nun die verdienstvolle Aufgabe stellt, Schleiermachers Berliner Vorlesungen zum Johannesevangelium der wissenschaftlichen Öffentlichkeit zugänglich zu machen, dann stellt sich natürlich die Frage, ob hier nicht noch einmal „eine einbalsamierte Leiche" ausgestellt werde.

In der Tat ist der exegetische Wert dieser Vorlesungen aus heutiger Sicht mehr als begrenzt. Die Forschung ist bei Johannes noch radikaler als bei den Synoptikern über die Sichtweise Schleiermachers und die zu seiner Zeit möglichen Einsichten hinweggegangen. Während die johanneische Authentizität, d.h. die Abfassung durch den Zebedaiden Johannes, noch bis in die Mitte des 20. Jahrhunderts vom Mainstream der katholischen Exegese vertreten wurde[22] und bis heute von konservativen und evangelikal-fundamentalistischen Auslegern verbissen verteidigt wird[23], bildet die historische Bevorzugung des vierten Evangeliums vor den anderen dreien (bzw. vor dem Markus-Evangelium) in den letzten Jahrzehnten eine Außenseiter-Position.[24] Allerdings dienen solche Arbeiten immer wieder jenen Autoren als Legitimation, die sich mit dem relativ geringen historischen Quellenwert des vierten Evangeliums[25] nicht abfinden wollen und revisionistisch gegen die „de-historicization" des Johannesevangeliums und die „de-Johannification" des Bildes des irdischen Jesus[26] argumentieren, um das Johannesevangelium bzw. möglichst viele Elemente aus demselben wieder stärker als historisch zuverlässig zu be-

---

22 So etwa die römisch-katholischen Kommentare von Marie-Joseph Lagrange, *Évangile selon Saint Jean*, Études Bibliques (3. Aufl. Paris: Gabalda, 1927), und Alfred Wikenhauser, *Das Evangelium nach Johannes*, RNT (Regensburg: Pustet, 1948); neuerdings noch z. B. Benedikt Schwank, *Evangelium nach Johannes. Erläutert für die Praxis* (St. Ottilien: EOS, 1998), und Robert Mercier, *L'Évangile „pour que vous croyez": Le quatrième évangile (selon Saint Jean)* (Montreal: Wilson & Lafleur, 2010). Unter den Protestanten s. den konservativen ‚Klassiker' Theodor Zahn, *Das Evangelium des Johannes*, KNT 4 (5./6. Aufl., Leipzig/Erlangen: Deichert, 1921; Nachdruck Wuppertal: Brockhaus, 1983), und auch noch Adolf Schlatter, *Der Evangelist Johannes: Wie er spricht, denkt und glaubt* (Stuttgart: Calwer, 1930).
23 So in Nordamerika Donald A. Carson, *The Gospel According to John* (Grand Rapids: Eerdmans, 1991), 40–81; Craig L. Blomberg, *The Historical Reliability of John's Gospel: Issues and Commentary* (Downers Grove: InterVarsity, 2002); im deutschen Sprachraum Armin Daniel Baum, *Einleitung in das Neue Testament: Evangelien und Apostelgeschichte* (Gießen: TVG Brunnen, 2017).
24 So in England John A. T. Robinson, *The Priority of John*, ed. J. F. Coakley (London: SCM Press, 1985), und in Deutschland Klaus Berger, *Im Anfang war Johannes: Datierung und Theologie des Evangeliums* (Stuttgart: Quell, 1997).
25 Dazu im Überblick Jörg Frey, Johannesevangelium, in *Jesus-Handbuch*, hg. v. Jens Schröter und Christine Jacobi (Tübingen: Mohr Siebeck, 2017), 137–145.
26 So Paul N. Anderson, *The Fourth Gospel and the Quest for Jesus: Modern Foundations Reconsidered*, LNTS 321 (New York: T&T Clark, 2006), 43–99.

trachten.²⁷ Im Horizont dieser Diskussionen könnte auch Schleiermacher mit seiner Argumentation zwar nicht als Gewährsmann, aber doch in methodologischer Nachbarschaft von dogmatisch motivierten Gegnern einer historisch-kritischen Durchleuchtung der Evangelienüberlieferungen erscheinen. In der Tat stehen manche seiner Argumente in den Vorlesungen den Argumenten jener heutigen Vertreter einer konservativen Re-Johanneisierung des Bildes Jesu und Re-Historisierung des vierten Evangeliums nahe.

Andererseits verdient es der Theologe und Exeget Schleiermacher natürlich, im Rahmen der Diskurse seiner Zeit gewürdigt zu werden, nicht nur aus der Perspektive der späteren Entwicklung der Exegese. Diese Phase der Johannesexegese ist eben jene *vor* David Friedrich Strauß und Ferdinand Christian Baur, eine Phase, in der das Verhältnis der Evangelien untereinander, auch der Synoptiker, noch nicht nach klaren methodischen Prinzipien erörtert wurde und in der gerade die ersten, teils noch recht unklaren Zweifel an der traditionellen Zuschreibung des Johannesevangeliums an einen Apostel geäußert worden waren. Die Versuche einer ‚natürlichen' Erklärung der wunderhaften Züge der Evangelien waren noch verbreitet und es ist kein Wunder, dass sich auch Schleiermacher noch an derartigen Erklärungsversuchen beteiligte. Sein Ort im Diskurs um die biblischen Texte ist mithin zwischen Rationalismus, Romantik und aufkommender historischer Kritik. Ihn darin wahrzunehmen und – gerade auch als philologisch gebildeten Exegeten – zu würdigen, wird erst durch die Edition der Johannesvorlesungen möglich. Zugleich geraten wir hier an die textliche Grundlage dessen, was in anderen Vorlesungen und Schriften oft ohne direkten Bezug auf die Texte zur Sprache kommt. Das Bild des Johannes-Evangelisten, das bereits in den frühen Reden durchschien, wird hier – vielleicht erst nachträglich – auf einer exegetisch reflektierten Grundlage präsentiert. Insofern dürfte der Wert der Edition vor allem für die historische Erforschung Schleiermachers und seines Denkens bedeutsam sein.

---

27 So neben Anderson, dessen These der „Interfluentiality" zwischen Markus und Johannes (*The Fourth Gospel and the Quest for Jesus*, 127) eine methodologisch wolkige Grundlage bildet, um dann nach Belieben aus der einen oder der anderen Quelle zu schöpfen, insbesondere Blomberg, der auch nicht davor zurückschreckt, im Leben Jesu zwei Tempelreinigungen, eine am Beginn und eine am Ende seines Wirkens, anzunehmen (Blomberg, *The Historical Reliability of John's Gospel*, 89–90). Zur Grundlagenkritik dieser Entwürfe s. Jörg Frey, *Theology and History in the Fourth Gospel* (Waco, Texas: Baylor University Press, 2018), 78–97.

2 Die Quellen

Die Quellenlage für die Vorlesungen ist komplex. Das im Schleiermacher-Nachlass im Archiv der Berlin-Brandenburgischen Akademie der Wissenschaften erhaltene Manuskript der Vorlesung von 1820/21 *Zum Evangel. Johannis* (SN 8–2) geht in Teilen wohl schon auf die frühere Vorlesung von 1812/13 zurück und wurde 1820 wohl durch ein zusätzliches, kurzes Vorbereitungsmanuskript *Zum Johannes* (SN 8–1) ergänzt. Dieses zweite Manuskript enthält Notizen zur inzwischen erschienenen Literatur, v. a. zur Arbeit Bretschneiders[28] und zu dem ebenfalls 1820 erschienen ersten Band des Johanneskommentars von Friedrich Lücke[29], deckt dabei aber nur die Einleitungsfragen und Teile aus Joh 1 ab, während Schleiermacher danach wohl mit dem schon vorhandenen Manuskript SN 8–2 weiterarbeitete. Beide Manuskripte sind bereits von dem Kieler Editorenteam mit zahlreichen Belegen der Verweise versehen, auf die ich im Folgenden dankbar zurückgreife. Von drei aus der Vorlesung von 1820/21 erhaltenen Hörernachschriften[30] standen mir in der Kieler Transkription von Dirk Schmid zwei zur Verfügung, nämlich die Nachschrift von Eduard Bonnell (Staatsbibliothek zu Berlin Preußischer Kulturbesitz, Hdschr. 37 = NS B) und eine anonyme Mitschrift aus der Zentralbibliothek Zürich (Mscr. W. 56 = NS Z).

Diese beiden Nachschriften zeigen, dass Schleiermacher in seinem Kolleg nur bis Joh 17 gelangt ist, die Passions- und Ostergeschichte also nicht mehr behandelt hat. Während die Hörermitschriften einen zusammenhängenden Text bieten, sind Schleiermachers eigene Vorarbeiten oft knappe Bemerkungen zu einzelnen griechischen Wörtern und Versen und zu diversen Auslegermeinungen, die die Grundlage zu einem freieren Vortrag boten. Einen definitiven oder gar autorisierten Text bieten sie jedoch nicht. Hingegen ist bei den Mitschriften auch mit Auslassungen, eigenen Zusätzen oder Missverständnissen zu rechnen. Die verfügbaren Quellen bieten mithin keine sichere Grundlage der Ausführungen Schleiermachers, gleichwohl lassen sich aus ihnen der Duktus und besondere Akzentuierungen entnehmen.

Im Blick auf die Differenzen der Nachschriften sei hier eine kleine quellenkritische Probe geboten. In der Einleitung der ersten Vorlesungsstunde sprach

---

[28] Karl Gottlieb Bretschneider, *Probabilia de evangelii et epistolarum Joannis, Apostoli, indole et origine* (Leipzig: Barth, 1820).
[29] Friedrich Lücke, *Commentar über die Schriften des Evangelisten Johannes*, Bd. 1 (Bonn: Weber, 1820).
[30] Von der Vorlesung des Wintersemesters 1812/13 sind derzeit keine Mitschriften bekannt (Auskunft von Dr. Dirk Schmid, per E-Mail am 5. Mai 2020).

Schleiermacher anhand des Zeugnisses von Joh 21,24 über den Autor. Eduard Bonnell schreibt (NS B, 3r):

> Nun hat man zwar dies Kapitel verdächtig zu machen gesucht, als sei es ein späterer Zusatz, aber die Farbe darin ist so übereinstimmend mit dem übrigen Theile des Evangeliums, so daß man annehmen muß, es sei entweder von Johannes selbst geschrieben, oder diese Erzählung durch ihn andern mitgetheilt, die es dann ganz in seinem Geiste aufgeschrieben hätten; so daß man es als ein ordentliches Zeugniß ansehen kann, daß dieses Evangelium von Johannes geschrieben sei.

Der unbekannte Hörer der Zürcher Mitschrift formuliert (NS Z, 2):

> Die Art, wie im Evangelium von Johannes geredet wird, bis Cap. XXI weiset bestimmt auf Johannes. Die Gründe gegen die Ächtheit dieses Capitels sind zwar nicht unbedeutend; allein die Ähnlichkeit der Farbe mit dem übrigen zeigt, daß es, wenn auch ein späterer Zusatz, doch aus dem Mund, ja der Hand des Johannes sey. Das Zeugniß am Ende hält man gewöhnlich für das Zeugniß des Ephesischen Ältesten. Auch als ganz unterschoben betrachtet ist es immer noch ein Zeugniß für einen Verfasser aus der Zeit der Anfeindung.

Das Manuskript Schleiermachers (SN 8–1) bietet dazu nichts. Er hat hier offenbar frei, ohne eine Manuskriptgrundlage vorgetragen, die Hörer haben das Gleiche in differierenden Nuancen wiedergegeben. Mit solchen Unsicherheiten ist bei der angegebenen Quellenlage zu rechnen.

3 Zum Charakter und Kontext der Johannes-Vorlesungen

Die Vorlesungen zeigen Schleiermacher als philologisch orientierten Exegeten. Sie sind im Vollsinn exegetische, nicht dogmatische oder philosophische Kollegs. Nach einer Einleitung, in der Schleiermacher 1820 auf die neueste, eben erschienene Literatur Bezug nimmt, wird der johanneische Text vom ausführlicher behandelten Prolog an durchgehend anhand des griechischen Textes kommentiert, wobei Schleiermacher zahlreiche philologische Details aufnimmt und auf einige Klassiker wie Chrysostomus und Luther, auf Annotationes-Werke von Hugo Grotius[31] und Johann Jakob Wettstein[32] und vor allem auf die gegen Ende des 18. und zu Beginn

---

31 Hugo Grotius, *Annotationes in quatuor Evangelia et Acta Apostolorum* (= ders., *Opera omnia theologica*, Bd. II/1, Amsterdam: *Blaeu*, 1679), 473–574.
32 Johann Jakob Wettstein, *Novum Testamentum Graecum* (2 Bde. Amsterdam: Dommerian, 1751/1752).

des 19. Jh.s erschienen Werke Bezug nimmt. Dazu zählen die Kommentare von Johann Salomo Semler[33] und Heinrich Eberhard Gottlob Paulus[34], die Einleitungen von Johann Christian Ernst Schmidt[35] und von Julius August Ludwig Wegscheider[36], die Werke von Samuel Friedrich Nathanael Morus[37], Karl Christian Tittmann[38] und Christian Gottlieb Kuinoel[39]. In den eigens für die Vorlesung 1820 geschriebenen zusätzlichen Passagen zur Einleitung nimmt Schleiermacher den kurz zuvor erschienenen ersten Band des Kommentars seines Schülers Friedrich Lücke auf und die ebenfalls ganz aktuelle Kritik an der Verfassertradition durch Bretschneider.

Die genannten Autoren sind – bis auf Bretschneider – durchweg Vertreter und Verteidiger der auch von Schleiermacher emphatisch vertretenen ‚Echtheit' des Johannesevangeliums. Die allerersten Kritiken der Verfassertradition, wie die Arbeit des Briten Edward Evanson, der das Evangelium auf einen Platonisten des 2. Jh.s zurückführen wollte[40], die von Georg Konrad Horst vorgetragene alexandrinische Verortung des Evangeliums[41], die von Jakob Christoph Rudolf Eckermann geäußerten, aber schnell wieder zurückgezogenen Erwägungen, dass Aufsätze des Apostels von einem Schüler zusammengefügt worden sein könnten[42], und weitere, noch recht unklare Ansätze einer Schichtentrennung[43] waren von anderen Autoren

---

[33] Johann Salomo Semler, *Paraphrasis Evangelii Iohannis* (2 Bde. Halle: Hemmerde, 1771/1772).
[34] Heinrich Eberhard Gottlob Paulus, *Philologisch-kritischer und historischer Commentar über das Evangelium des Johannes, Erste Hälfte* (Lübeck: Bohn, 1804).
[35] Johann Christian Ernst Schmidt, *Historisch-kritische Einleitung ins Neue Testament* (Gießen: Taschée, 1804).
[36] Julius August Ludwig Wegscheider, *Versuch einer vollständigen Einleitung in das Evangelium des Johannes* (Göttingen: Röwer, 1806).
[37] Samuel Friedrich Nathanael Morus, *Recitationes in Evangelium Joannis*, hg. v. Gottlieb Immanuel Dindorf, 2. Aufl. (Leipzig: Herrl, 1808).
[38] Karl Christian Tittmann: *Meletemata sacra, sive Commentarius in Evangelium Johannis* (Leipzig: Weidmann, 1816).
[39] Christian Gottlieb Kuinoel, *Commentarius in Libros Novi Testamenti Historicos, vol. 3: Evangelium Ioannis*, 2. Aufl. (Leipzig: Barth, 1817).
[40] Edward Evanson, *The Dissonance of the Four Generally Received Evangelists, and the Evidence of their Respective Authority examined* (Ipswich: George Jermyn, 1792), 219–254.
[41] Georg Konrad Horst, Läßt sich die Echtheit des Johanneischen Evangeliums aus hinlänglichen Gründen bezweifeln, und welches ist der wahrscheinliche Ursprung dieser Schrift? *MRW* 1 (1804), 47–118 (96–97).
[42] Jakob Christoph Rudolf Eckermann, Ueber die eigentlich sichern Gründe des Glaubens an die Hauptthatsachen der Geschichte Jesu, und über die wahrscheinliche Entstehung der Evangelien und der Apostelgeschichte. In ders., *Theologische Beiträge*, Bd. 5/2 (Altona 1796), 106–206; zur retractatio s. ders., *Erklärung aller dunkeln Stellen des Neuen Testaments*, Bd. 2 (Kiel: Akademische Buchhandlung, 1807).
[43] Hermann Heimart Cludius, *Uransichten des Christenthums nebst Untersuchungen über einige Bücher des neuen Testaments* (Altona: Hammerich, 1808), 50–89; Christian Friedrich von Ammon,

schnell zurückgewiesen worden, sodass Schleiermacher sie als widerlegt ansehen konnte. In dieser Linie ließ sich auch die Arbeit Bretschneiders, welche die Gründe für eine Kritik der Verfassertradition in bisher nicht gekannter Form zusammenführte, zunächst leicht als wenig überzeugend zurückdrängen. Eine Arbeit, die Schleiermacher interessanterweise nicht zu berücksichtigen scheint, ist die dem Johannesevangelium gewidmete Schrift Herders[44] und die von ihm unter Bezug auf neue avestische Quellen eröffnete religionsgeschichtliche Perspektive[45], die für Schleiermacher, falls er sie wahrgenommen hat, wohl zu weit von dem ‚Busenfreund' Jesu wegführte.

Es kann im Folgenden nicht darum gehen, die Interaktion Schleiermachers mit den Gelehrten seiner Zeit zu rekonstruieren. Ich kann lediglich im Durchgang durch die Vorlesung auf einige ausgewählte Punkte eingehen, an denen seine Positionierung und seine Argumentationsweise deutlich werden.

4 Exegetische Beobachtungen zum Vorlesungstext

4.1 Einleitungsfragen

In seiner Einleitung[46] bietet Schleiermacher seine Argumente für die Authentizität des Evangeliums und setzt sich mit Thesen der zeitgenössischen Forschung zum Charakter des Johannesevangeliums auseinander.

Nach einem Hinweis auf die große Wirkung der „eigenthümlichen Ideen dieses Buches" (NS Z, 1) nimmt Schleiermacher knapp zur einleitungswissenschaftlichen Diskussion Stellung, wobei er für die wesentlichen Informationen pauschal auf die aktuelle Einleitung von Johann Christian Ernst Schmidt verweist.[47] Zwar seien im

---

Programma, quo docetur Johannem, Evangelii auctorem, ab editore hujus libri fuisse diversum (Erlangen 1811), 16.
44 Johann Gottfried Herder, *Von Gottes Sohn, der Welt Heiland. Nach Johannes Evangelium. Nebst einer Regel der Zusammenstimmung unserer Evangelien aus ihrer Entstehung und Ordnung* (1797), in ders., *Sämmtliche Werke*, hg. v. Bernhard Suphan, Bd. 19 (Berlin: Weidmann, 1880), 253–424.
45 Johann Gottfried Herder, *Erläuterungen zum Neuen Testament aus einer neueröffneten morgenländischen Quelle* (1775), in ders., *Sämmtliche Werke*, hg. v. Bernhard Suphan, Bd. 7 (Berlin: Weidmann, 1884), 335–470.
46 Für diese liegen das in knappen Stichpunkten gestaltete Manuskript SN 8–1 und die ausgeführten Nachschriften vor.
47 Johann Christian Ernst Schmidt. *Historisch-kritische Einleitung ins Neue Testament* (Gießen: Tasché, 1804).

Evangelium kein Autor und kein Ort genannt und die christlichen Schriften, v. a. des 3. Jahrhunderts, seien wenig aussagekräftig. Doch hätten nach Schleiermacher „die innern Zeugnisse [...] bis jetzt die äußern hinlänglich ersetzt."[48] Da Celsus schon im 2. Jh. die Logoslehre voraussetze und Johannes das einzige Buch sei, das diese vortrage, müsse Johannes alt sein (NS B, 2v). Schleiermacher verweist auf die altkirchliche[49] Tradition, dass Johannes von seinen Schülern gebeten worden sei, sein Evangelium niederzuschreiben, doch fügt er in einer psychologisierenden Ausschmückung hinzu, er habe sich „lange geweigert, dies zu thun", aus dem „Bedenken, die Anzahl christlicher Werke zu vermehren, um dadurch nicht die Christen in den Zeiten der Verfolgung wehe zu thun" (NS B 2v). Das Werk sei wohl erst nach dem Tode Domitians (96 n.Chr.) geschrieben (NS B 3r). Erzählerische Details, die Übereinstimmungen mit 1 Joh und die bald erlangte Autorität des Evangeliums sprächen für die Abfassung durch einen Begleiter Christi. Joh 21 sei ungeachtet der Möglichkeit eines sekundären Nachtrags ein valides Zeugnis, dass „dieser" in Joh 21,24f. genannte Jünger, der „Jünger, den Jesus liebte", der Autor des Evangeliums sei.[50] Die 1820 eben erschienene Kritik Bretschneiders an der Verfassertradition wird relativ schnell zurückgewiesen mit dem Hinweis, dass die Gemeinden, denen das Buch übersandt wurde, den Namen des Autors wissen mussten, und dass bei fälschlich unter apostolischem Namen fabrizierten Büchern „der Betrug immer bald entdeckt" worden sei (NS Z, 2; vgl. NS B, 3v). Das Fazit zur Verfasserfrage ist lapidar: „Weil wir keine bestimmte Beweise gegen die Aechtheit des Johannes, und manche dafür haben, so kann uns nichts hindern dieses Evangelium dem Apostel zuzuschreiben" (NS B, 3v). Ähnliche Argumente hinsichtlich der Notwendigkeit eines ‚Beweises' für oder gegen die Kritik finden sich bis heute bei konservativen Apologeten in der Verteidigung der apostolischen Verfasserschaft neutestamentlicher Schriften.[51]

In Auseinandersetzung mit neueren Forschungsmeinungen legt Schleiermacher entscheidenden Wert darauf, dass der Zweck des Evangeliums kein dogmatischer, sondern ein historischer sei. Damit setzt sein ergänzendes Manuskript ein (SN 8–1, 1), d.h. er hat die vorausgehenden Überlegungen wahrscheinlich frei vorgetragen, aber genau diesen Punkt für die Vorlesung 1820/21 neu herausgearbeitet.[52]

---

48 NS Z, 1.
49 Clemens Alexandrinus, Hypotyposeis (bei Eusebius, Historia ecclesiastica VI 14,7).
50 Siehe dazu die exemplarischen Zitate aus den beiden Nachschriften o. Abschnitt 2.
51 Dabei bleibt meist ungeklärt, was in Fragen der Autorschaft als ‚Beweis' gelten kann. Das Argument dient damit strukturell letztlich nur dazu, die Möglichkeit einer konservativen Option offenzuhalten.
52 Offenbar hat er die vorausgehenden einleitungswissenschaftlichen Erwägungen frei vorgetragen.

Der unmittelbare Grund ist wohl, dass sein Schüler Friedrich Lücke in seinem Kommentar eine Alternative zwischen einem dogmatischen Zweck und einem rein geschichtlichen Interesse[53] gesehen hatte, und dass auch schon in der älteren Literatur mit der Annahme eines (aufgrund von Joh 20,31) lehrhaften oder gar eines (gegen Kerinth[54], Gnostiker[55] oder Johannesjünger[56] gerichteten) polemischen Zweckes des Evangeliums die Annahme der historischen Akkuratesse in Zweifel gezogen bzw. die historische Differenz zu den Synoptikern erklärt wurde. Dieser aus heutiger Sicht durchaus plausiblen Argumentation stellt sich Schleiermacher abwiegelnd entgegen. Die Paränese in Joh 20,31, die bereits an Christen gerichtet sei, stelle den historischen Zweck des Ganzen nicht in Frage. In der Zuschreibung eines didaktischen oder polemischen Zwecks werde dem Autor anachronistisch etwas unterstellt, das erst im späteren Gebrauch des Evangeliums zutage trete. Das Historische könne nicht einem anderen Zweck untergeordnet werden: Johannes wolle vielmehr „durch das Historische allein zum Ziele [...] gelangen" (NS B, 6r). Schleiermacher verwahrt sich auch dagegen, im Prolog den Schlüssel des Evangeliums zu sehen, da dessen Logoslehre im Evangelium nicht weiter vorkommt. Der Prolog sei „ganz etwas für sich", ja es sei sogar denkbar, dass er gar nicht von Johannes sei (NS 7, 5). Hingegen sei es gerade eine Überschätzung des Prologs, die das Evangelium als ein polemisches oder didaktisches Werk habe erscheinen lassen. Auf diese Weise versucht Schleiermacher, den galiläischen Jesusjünger von der philosophisch-theologischen Tiefe oder gar der ‚christlichen Gnosis', die manche Zeitgenossen auf den Gedanken gebracht hatte, hier müsse ein Platoniker oder zumindest ein Alexandriner am Werk sein, zu entlasten und ihn als einen reinen, nicht durch andere Absichten ‚getrübten' Vermittler historischer Informationen zu verteidigen.

Schließlich müht sich Schleiermacher, auch angesichts der unbestreitbaren Unterschiede zwischen den Synoptikern und Johannes, die historische Zuverlässigkeit des vierten Evangeliums zu verteidigen. Gegen Lücke kann er noch begründen, dass Johannes nicht notwendigerweise alles erzählen musste, was er wusste. Er konnte und musste auswählen. Johannes biete „mehr als die anderen ein

---

53 Friedrich Lücke, *Commentar über die Schriften des Evangelisten Johannes*, Bd. 1, 139 (den Hinweis verdanke ich der Arbeit der Kieler Arbeitsgruppe).
54 So Heinrich Eberhard Gottlob Paulus, *Historia Cerinthi, quatenus ad Iudaeognosticismum et Evangelii atque epistolarum Ioannis fata illustranda pertingit* (Jena: Göpferdt, 1795).
55 Eine antignostische Stoßrichtung hatte (im Anschluss an Irenäus) schon Johann David Michaelis vertreten, s. dessen *Einleitung in die göttlichen Schriften des Neuen Bundes*, 4. Aufl. (Göttingen: Vandenhoeck & Ruprecht, 1788), II, 1137; ähnlich auch Johann Salomo Semler, *Paraphrasis Evangelii Iohannis*, I, 24 (zu Joh 1,14).
56 Gegen eine (gnostische) Täufersekte gerichtet war das Evangelium nach Gottlob Christian Storr, *Ueber den Zweck der evangelischen Geschichte und der Briefe Johannis* (Tübingen: Heerbrandt, 1786).

Ganzes, ein Kunstwerk" (NS Z, 6). In diesem Zusammenhang greift Schleiermacher auf die zu seiner Zeit erwogenen Hypothesen zu den Quellen der Synoptiker zurück (ein Urevangelium, fragmentarische Sammlungen der mündlichen Tradition, gesammelte Bruchstücke aus früheren Schriften), bietet dann aber letztlich recht wolkige Argumente: Man solle „den Charakter unseres Evangeliums nicht durch zu crasse Vergleichungen mit den anderen bestimmen" (NS Z, 6). Johannes wolle diese weder ergänzen noch berichtigen.[57] Er müsse die „andern Evangelien gekannt und zugleich nicht gekannt haben" (NS Z, 7), d.h. Johannes kenne möglicherweise Vorstufen der synoptischen Evangelien – hier steht Schleiermachers eigene ‚Diegesenhypothese' im Hintergrund. Aber insgesamt bleibt die Argumentation an dieser Stelle diffus. Mithilfe einer Dialektik („gekannt und zugleich nicht gekannt") wird ein Nebel erzeugt, in dem dann letztlich alle Katzen gleich grau sind und Johannes doch als historisch behauptet werden kann. Wissenschaftlich muss eine solche Argumentationstaktik als unredlich gelten.

Gegen Bretschneiders historische Bevorzugung des synoptischen Jesusbildes wendet Schleiermacher eher postulierend als argumentierend ein, es wäre „schlimm, wenn der Christus des Johannes nicht derselbe hätte sein können, wie der Christus der 3 ersten" (NS Z, 7). Die Argumentation erfolgt hier eher nach dem Motto ‚dass nicht sein kann, was nicht sein darf'. Die Diskussion dreht sich v. a. um die Jesusreden und ihren ‚moralischen' Charakter. Auch hier will Schleiermacher dartun, dass zwischen den Reden Jesu bei den Synoptikern und bei Johannes keine Widersprüche bestehen. Die synoptischen Jesusreden – wie etwa die Bergpredigt – seien unmittelbar moralisch, aber man könne nicht sagen, dass der Inhalt der johanneischen Reden nicht moralisch sei, es sei eben „eine höhere Moral" (NS Z, 7; vgl. NS B, 9r). In seiner Dialektik greift Schleiermacher hier auf den alten Gegensatz von σωματικός und πνευματικός zurück[58], und damit auf Argumente der Harmonistik, wie sie spätestens seit Origenes[59] gebräuchlich sind. Auf einer höheren Ebene wird die Harmonie und damit die Wahrheit des Johannes postuliert – bei Schleiermacher

---

57 Damit werden schon die beiden Positionen aufgenommen, die später bei Hans Windisch, *Johannes und die Synoptiker: Wollte der vierte Evangelist die älteren Evangelien ergänzen oder ersetzen?*, UNT 12 (Leipzig: Hinrichs, 1926), als Forschungsfrage präsentiert werden.
58 SN 8–2, 4: „Alter Gegensaz von σωματικος und πνευματικος besonders auf die Reden da."
59 Origenes bemerkt in seinem Johanneskommentar (Commentarius in Iohannem X 2), dass ein genauer Vergleich der Evangelien entweder dazu führe, dass man überhaupt nicht mehr an ihre Zuverlässigkeit glaube oder sich nur noch an ein einziges Evangelium halte, wenn man nicht – wie Origenes – sein Verständnis der Evangelien ändere und die Wahrheit nicht mehr in den Buchstaben allein suche; s. dazu Helmut Merkel, *Die Widersprüche zwischen den Evangelien: Ihre polemische und apologetische Behandlung in der Alten Kirche bis Augustin*, WUNT 13 (Tübingen: Mohr Siebeck, 1971).

allerdings dezidiert auch als historische Wahrheit. Hier wird die Argumentation problematisch.[60]

Hinzu kommt die Beobachtung, dass „Johannes lauter Reden der einen Art, die andern lauter Reden der andern Art" (NS Z, 7; vgl. NS B, 9v) bieten. Schleiermachers Lösung ist, dass allein Johannes an den „höhern Vortrag Christi gewöhnt" war (NS B, 9v), während die anderen Evangelisten, die nicht Christi unmittelbare Begleiter waren, diese Reden nicht aufzeichnen konnten. Postuliert wird also, dass Jesus selbst in der Tat Reden im johanneischen Stil gehalten habe. Aus der dogmatischen Annahme, dass „beim Zusammenhang der göttlichen Offenbarung ein Gesetz der Stätigkeit [= Stetigkeit] statt finden muß" (NS B, 9v), ergibt sich bei Schleiermacher die Schlussfolgerung, „daß wenn Christus nicht solche Reden würde gehalten haben, die Entstehung des Christenthums sich nicht würde erklären lassen", weil es dann „den Jüngern an der inneren Kraft, dem Auftrage Christi zu folgen [...], gefehlt haben" würde (NS B, 9v). Faktisch wird also aus der späteren Entwicklung des Christentums postuliert, dass Jesus die johanneischen Reden gehalten haben muss, weil nur darin jene für die weitere Entwicklung notwendige innere Kraft enthalten sei. Man kann auch an dieser Stelle Albert Schweitzers Urteil nur zustimmen, dass hier „eigentlich ein unhistorischer Kopf" am Werk ist.[61]

Die Probleme vermehren sich noch, wenn Schleiermacher anschließend überlegt, wie die Reden Jesu möglicherweise aufgezeichnet wurden. Wären sie vom Evangelisten fingiert, nähme dies „dem Evangelium alle Autorität" (NS B, 10r); auch die Annahme einer nur fragmentarischen Erinnerung seitens des Evangelisten wäre „schlimm" (NS B, 10v). Das darf also nicht sein! Dass Johannes die Reden Jesu unmittelbar mitstenographiert hätte, sei aber auch unglaubhaft. Schleiermachers Lösung ist: Er will „dem Johannes weder Fiktion noch strenges Aufzeichnen zuschreiben" (NB B, 10v). „Er verließ sich auf sein Gedächtnis, das ja im höchsten Alter für sehr entfernte Gegenstände möglichst treu ist" (NB Z, 8). Der 90-jährige Apostel hat sich also historisch treu der tiefgründigen Reden Jesu erinnert, während die anderen Evangelisten als Nichtjünger für derartige Tiefe kein Verständnis hatten und daher die Reden Jesu flacher formulierten. Es ist klar, dass ein solches Argument in keinem exegetischen Proseminar akzeptabel wäre, und dass denen, die

---

60 Eine neuere Parallele zu dieser Argumentation liegt im Jesusbuch von Joseph Ratzinger vor: Joseph Ratzinger/Benedikt XVI., *Jesus von Nazareth. Erster Teil: Von der Taufe im Jordan bis zur Verklärung* (Freiburg: Herder, 2007), wo ebenfalls das Christusbild der Evangelien ohne klare Entscheidung nebeneinander als historisch gültig angesehen wird, was ihm letztlich den Vorwurf eines ungeklärten Geschichtsbegriffs eingetragen hat; s. dazu Jörg Frey, Der Christus der Evangelien als der „historische Jesus". Zum Jesus-Buch des Papstes, in *Der Papst aus Bayern. Protestantische Wahrnehmungen*, hg. v. Werner Thiede (Leipzig: Evangelische Verlagsanstalt, 2010), 118–120.
61 Schweitzer, *Geschichte der Leben-Jesu-Forschung*, 100.

heute ernsthaft solche Ideen vertreten, die wissenschaftliche Redlichkeit abgesprochen wird. Schleiermachers historisch-apologetische Logik kommt der heutiger Fundamentalisten bedenklich nahe.

4.2 Zum Prolog

Mit Beginn der Textauslegung ändert sich der Duktus der Darstellung. Nun stehen immer wieder präzise philologische Bemerkungen im Zentrum. Zum Prolog, der ja bei den Gelehrten vor Schleiermacher bereits viele dogmatische und spekulative Überlegungen stimuliert hatte, bietet Schleiermacher gründliche religionsgeschichtliche und philologische Erläuterungen.

Philologisch diskutiert Schleiermacher die Interpunktion von V. 3.4 und sogar die entlegene Lesart des Photinus von Sirmium, der ὁ λόγος vom Ende von V. 1 zu V. 2 zog.[62] Er erörtert den Sinn des artikellosen θεός in V. 1c, wo er aus sprachlichen Gründen keinen vom höchsten Gott unterschiedenen „deus secundarius" erkennen kann und tendenziell monistisch interpretiert, und er stellt den geschichtlichen Sinn des ἐγένετο in V. 3 heraus, das im Kontrast zum ἦν in V. 1 f. nicht „ist", sondern nur „wurde" heißen kann (SN 8–2 I,1). In 1,6–8 weist er eine polemische Wendung gegen Johannesjünger zurück (NS Z, 17). Zu σὰρξ ἐγένετο in 1,14 betont Schleiermacher, dass hier unbestimmt sei, ob der Logos „in einem fertigen Menschen" Fleisch wurde oder ob er nach antiken anthropologischen Modellen die Stelle der Vernunft oder der Seele eingenommen habe. Der Ausdruck könne jedoch keinesfalls heißen: „Er nahm die menschliche Natur an" (SN 8–2, 4 I). Darin zeigt sich die exegetische Vorsicht, eine Eintragung späterer dogmatischer Differenzierungen in den johanneischen Text zu vermeiden. Diese sind alle noch nicht im Horizont des Johannesevangeliums, und die Exegese des Textes ist – wie Schleiermacher immer wieder mit Recht betont – vor anachronistischen dogmatischen Eintragungen zu schützen.[63]

Der Logos sei bei Philo kein von Gott abgesondertes Wesen, sondern „das Bewußtsein Gottes" (NS B, 14v). Zwar wollte Johannes diese Vorstellungen wohl ins Verhältnis zum Christentum bringen, doch sei bei ihm die Tendenz nicht zu verkennen, „das ganze vom Hellenischen zu trennen, und immer mehr ins Jüdische hinüberzuspielen" (NS B, 15r). Unwahrscheinlich sei jedoch, dass sich Johannes hellenistische Vorstellungen tatsächlich angeeignet hätte, denn dann hätte eine

---

62 So nach Wettstein, *Novum Testamentum Graecum*, Bd. 1, 833.
63 Siehe auch NS Z, 24: „Wunderlich ist es immer, daß man unsere Trinitätslehre hier [sc. im Prolog] suchte, die nach so vielen Streitigkeiten erst zu Stande kam. Der eine Keim dazu liegt allerdings hier, aber nicht die ganze und ausgebildete Lehre."

„Umstimmung der Seele" erfolgen müssen (NS B, 15r). Er bleibt also – wie Schleiermacher ‚essentialistisch' feststellt – ein Palästiner, d. h. eine ursprünglich jüdische bzw. Christ gewordene Seele. Schleiermacher fügt das Argument der Bildung hinzu: Anders als es die Kritiker für den Autor des Prologs und seiner Logoslehre annehmen wollten, habe Johannes „keine gelehrte Bildung gehabt" (NS B, 15v). Schleiermacher bemerkt religionsgeschichtlich zutreffend, dass der Logos in der Gnosis unter den emanierten Wesen eine eher untergeordnete Stellung einnimmt. Die Logoslehre des Johannes ist also sicher nicht gnostisch. Hätte Johannes umgekehrt gegen die Gnosis polemisiert, wäre die Polemik, wie er richtig beobachtet, eine sehr unvollständige. Daher sei es wahrscheinlicher, dass er sie noch nicht kannte (NS B, 14r und 15r).

Wichtig ist für Schleiermacher die Bestimmung des Verhältnisses von Spekulativem und Geschichtlichem. Seine These ist, dass auch schon in Joh 1,1–5, wo ansonsten am ehesten spekulative bzw. kosmologische Ideen wahrgenommen werden, „das Speculative [...] als etwas Geschichtliches" auftrete (NS B, 16r), weil ἐν ἀρχῇ eine „Succession" impliziere und nicht wie bei Plato den letzten Urgrund bezeichne, und weil das πάντα δι' αὐτοῦ ἐγένετο auch die Kosmogonie in geschichtlicher Form zur Sprache bringe (NS Z, 13). Daher ist auch der Johannesprolog – ungeachtet der Frage, ob er vom Evangelisten stammt oder nicht – noch nahe an der als geschichtlich eingeordneten Grundhaltung des Evangeliums, wenngleich Schleiermacher am Ende zugestehen muss, dass im Prolog insgesamt schon der spekulative Charakter dominiert und das Geschichtliche nur „eine Nebenbedeutung" hat (NS B, 36r).

Eine andere Front, gegen die Schleiermacher hier argumentiert, ist die der dogmatischen Deutung des Prologs im Sinne der späteren Trinitätslehre. Der λόγος sei bei Johannes nicht hypostasiert, und man könne daher nicht annehmen, „es habe vor der Trinität eine Binität floriert" (NS Z, 14). Vielmehr sei der Hauptgedanke dieser Verse nur, „daß dasjenige was in Christus menschlich erschien, das Göttliche sey" (NS Z, 14). Schleiermacher interpretiert den Prolog also gegen die spätere dogmatische Vereinnahmung als eine vortrinitarische und auch nicht binitarische Auffassung. Seine Sicht der Dinge kommt eher einem Modalismus nahe.

Die in der Diskussion des 20. Jahrhunderts höchst umstrittene Frage, ab wann im Prolog vom irdisch erschienen Christus die Rede sei[64], beantwortet Schleier-

---

[64] Siehe zum Überblick über die Forschung Michael Theobald, *Die Fleischwerdung des Logos: Studien zum Verhältnis des Johannesevangeliums zum Corpus des Evangeliums und zu 1 Joh*, NTS N. F. 20 (Münster: Aschendorff, 1988), 54–161; weiter Jörg Frey, Heil und Geschichte im Johannesevangelium: Zum Problem der ‚Heilsgeschichte' und zum fundamentalen Geschichtsbezug des Heilsgeschehens im vierten Evangelium, in ders., *Die Herrlichkeit des Gekreuzigten: Studien zu den johanneischen Schriften 1*, hg. v. Juliane Schlegel, WUNT 307 (Tübingen: Mohr Siebeck, 2013), 619–622.

macher so, dass dies in V. 5 noch nicht der Fall sei – hier scheint er das prophetische Licht Johannes des Täufers zu vermuten –, sondern erst ab V. 9, wo er ἐρχόμενον εἰς τὸν κόσμον nicht auf πάντα ἄνθρωπον, sondern auf das Licht, d. h. das „Auftreten Christi als Mensch" (NS Z, 17) deutet. Das εἰς τὰ ἴδια in V. 11 sei eine Steigerung gegenüber ἐν τῷ κόσμῳ in V. 10. Dass hier das jüdische Volk gemeint sei, wehrt Schleiermacher jedoch ab: „Wie soll der göttliche λόγος dem Jüdischen Volk besonders angehören? Einem judaisierenden Christen könnten wir eine solche Ansicht zuschreiben, nicht dem Johannes" (NS Z, 18). Hier zeigt sich Schleiermachers Tendenz, Johannes, aber letztlich auch Christus und das Christentum, weit vom Judentum abzuheben. Zu V. 17 betont er explizit, Johannes wolle „den Gegensatz des Christlichen und Mosaischen darstellen" (NS B, 34r). Er ist damit einer der (vielen) Väter des exegetischen und theologischen Antijudaismus im neuzeitlichen Protestantismus.[65]

Mühe hat Schleiermacher auch mit Aussagen, die die Präexistenz Christi betreffen. Wenn V. 9 davon spricht, dass die Welt durch den Logos gemacht sei (vgl. Joh 1,3–4), bezieht er dies nicht auf die uranfängliche Schöpfung, sondern auf die Inkarnation: Dadurch, „daß der göttliche Logos Fleisch geworden", sei die Welt entstanden (NS B, 24v). Das ὅτι πρῶτός μου ἦν (V. 15) im Munde des Täufers sei rein auf den höheren Rang Christi zu beziehen, man müsse also dem Täufer nicht „die Meinung einer vorweltlichen Existenz Christi" beilegen (NS B, 32v). Der Täufer wird hier natürlich ganz in seinem historischen Rahmen verstanden. Er kann nur gesagt haben, was ihm als Juden zuzutrauen ist. Er ist nicht – wie die heutige Exegese meist annimmt – Sprachrohr der späteren Theologie des Evangelisten. Hier zeigt sich die Problematik der ‚historisierenden' Lektüre des Johannesevangeliums.[66]

---

[65] Siehe zur negativen Wahrnehmung des Judentums bei Semler, Schleiermacher und anderen Vätern der modernen Exegese Jörg Frey, Neutestamentliche Wissenschaft und antikes Judentum. Probleme – Wahrnehmungen – Perspektiven, *ZThK* 109 (2012), 447–450; ausführlich Anders Gerdmar, *Roots of Theological Anti-Semitism: German Biblical Interpretation and the Jews, from Herder and Semler to Kittel and Bultmann*, Studies in Jewish History and Culture 20 (Leiden: Brill, 2009); zu Schleiermacher dort 61–76.

[66] Siehe dazu auch die kritische Diskussion der Ansätze historisierender Autoren wie Theodor Zahn oder neueren Vertretern einer konservativ-historisierenden Lektüre bei Jörg Frey, Wege und Perspektiven der Interpretation des Johannesevangeliums. Überlegungen auf dem Weg zu einem Kommentar, in ders., *Die Herrlichkeit des Gekreuzigten: Studien zu den johanneischen Schriften 1*, hg. v. Juliane Schlegel, WUNT 307 (Tübingen: Mohr Siebeck, 2013) 3–41 (8–12); Jörg Frey, *Theology and History in the Fourth Gospel* (Waco, Texas: Baylor University Press, 2018), 81–84.

4.3 Einige ausgewählte Abschnitte aus der johanneischen Erzählung

Die Probleme der ‚historisierenden' Lektüre begegnen auch im weiteren Durchgang durch die johanneische Erzählung. Ich muss mich auf ausgewählte signifikante Passagen beschränken.

4.3.1 Die Taufe Jesu und die wegerklärten Begleiterscheinungen

Angesichts der unübersehbaren Differenzen zwischen der synoptischen und der johanneischen Täuferdarstellung muss Schleiermacher konjizieren, dass zwischen Joh 1,28 und 1,29 Jesus getauft wurde (SN 8–2, 9 I). Die Möglichkeit, dass Johannes aus bestimmten theologischen oder polemischen Gründen dieses Ereignis nicht erzählen will oder dass er ein Wissen darum zwar voraussetzt, das Ereignis jedoch erzählerisch ausspart, wird hier nicht erwogen, weil Schleiermacher ja keine eigenständigen theologischen oder polemischen Interessen des Evangelisten annehmen, sondern ihn nur als historisch getreuen Zeugen auffassen will.

Besonders auffällig windet sich Schleiermacher um den Sinn der Aussage von Joh 1,29, weil er dieses Wort als historisch akkurate Täuferaussage im gegebenen Kontext deuten will und nicht als eine Formulierung, in die nachösterliche Deutungen eingegangen sein könnten. Eine Anspielung auf das Passalamm oder auf die Opferlämmer aus Lev 4–5 oder den Sündenbock aus Lev 16 könnte erst nach Ostern gemacht werden, daher muss Schleiermacher einen Bezug auf diese alttestamentlichen Opfertiere vermeiden und den Sinn von „Lamm" als Beschreibung einer Eigenschaft, nämlich Sanftmut und Geduld, bestimmen, sodass „das Lamm Gottes" dann eben „der Geduldige Gottes" heiße (NS B, 42v). Auch die Rede vom „(Weg-) Tragen der Sünde" will Schleiermacher ohne einen Rückbezug auf Jes 53 und v. a. ohne einen Bezug auf den Tod Jesu deuten, auch wenn offen bleibt, wie das Wirken Jesu als solches auf Sünde bezogen ist. Schleiermacher paraphrasiert Joh 1,29 also wie folgt: „Er ist der Geduldige, Sanftmüthige, der aber doch so viel Kraft hat, die Sünde der Welt zu tragen." Dies sei nur „gleichsam eine Ahnung von seiner Bestimmung, aber das Sterben für die Sünde liegt in diesen Worten nicht" (NS B, 43r). Die Ahnung ist dem Täufer sozusagen ‚natürlich' zuzutrauen, eine nachösterliche Deutung des Wirkens und letztlich des Todes Jesu kann Schleiermacher hingegen nicht annehmen, denn dann wäre das Evangelium ja keine historisch akkurate Erinnerung mehr.

Noch mehr Mühe bereitet die kleine Erzählung des Täufers in Joh 1,31–34 insbesondere deshalb, weil Schleiermacher sie nicht auf dem Hintergrund der synoptischen Erzählung von der Taufe Jesu verstehen kann, sondern den johanneischen Text als die ursprünglichste Erzählung auffasst. Schwierigkeiten bereitet die Frage, wie ein Geist „wie eine Taube" gesehen werden könne. Der Täufer habe nicht eine konkrete Taube gesehen und das Kommen des Geistes als solches ist natürlich unsichtbar. Schleiermacher rekonstruiert historisch, dass Jesus wohl nach seiner Taufe zu lehren begonnen habe und dass der Täufer ihn an seiner Lehre als den vom göttlichen Geist erfüllten Messias habe erkennen können. Der Täufer habe also keine Vision gehabt, sondern nur den Eindruck wahrgenommen, den Christus auf ihn machte, und den stetig auf ihm ruhenden Geist durch das leibliche Bild der Taube eigenmächtig ausgeschmückt. „Der ganze Gedanke der Vision kann nur als ein Mißverständnis der Rede des Täufers entstanden sein" (SN 8–2, 11 I), das etwa bei den Täuferschülern aufgrund seines Zeugnisses eingedrungen sei. Die anderen Evangelisten hätten dann noch weitere Elemente eingefügt, wie etwa die Himmelsstimme, die nur eine Ausschmückung ist[67], oder Matthäus die Weigerung des Täufers, Jesus zu taufen. Man sieht hier die Mühe, die Schleiermacher hat, den Text so zu erklären, dass das Geistige die einzige Realität bleibt und materielle Vorgänge oder visionäre Erlebnisse möglichst ausgeschlossen bleiben. Was er gelten lassen kann, ist allein der Eindruck, den Christus nach seiner Taufe durch seine Lehre auf Johannes den Täufer machte. Der Ursprung der Missverständnisse wird beim Täufer lokalisiert, der sich das Geistige unangemessen leiblich vorstellte; darüber hinaus seien wohl bei seinen Jüngern „Zuthaten in die Erzählung gekommen" (NS B, 46r), wie etwa die Vision des Täufers oder die Himmelsstimme. Mit dieser kühnen Konstruktion einer nur geistigen Wirklichkeit kann Schleiermacher auch bei dieser in allen vier Evangelien erzählten Episode die Priorität des Johannesevangeliums festhalten. Vor allem aber ist das von ihm angenommene Geschehen von visionären oder unangemessen das Geistige verleiblichenden Aspekten befreit und so vermeintlich dem modernen religiösen Bewusstsein zugänglicher und vermittelbarer. Dass der Text durch diese modernisierende historische Konstruktion verfälscht wird, fällt dem genialen Hermeneuten dabei nicht auf.

4.3.2 Das Kanawunder und die bemühte Suche nach einer ‚natürlichen' Deutung

Andere Probleme begegnen bei der Behandlung des Weinwunders Joh 2,1–11, dessen Auslegung in Schleiermachers Vorlesung allerdings recht kurz geraten ist. Der erste historische Anstoß ist, dass Jesus zu einer Familienfeier mit den eben ge-

---

[67] SN 8–2 11 I, dort weiter: „denn Johannes hätte sie als weit deutlicheres Zeugniß nicht weglassen können."

wonnenen Jüngern geladen ist. Schleiermacher spekuliert hier frei, dass er mit den Jüngern schon vor der Reise nach Peräa zum Täufer verbunden war und dass er wohl „schon vor der Taufe in Synagogen gelehrt" habe, „nur ohne Messianischen Charakter" (NS Z, 35). Dass er mit der Annahme einer vorherigen Lehrtätigkeit Jesu die Bedeutung der Taufe als Berufungsgeschehen unterschätzt und dass er mit der Annahme einer schon länger bestehenden Jüngergruppe die historische Validität der johanneischen Jüngerberufung implizit infrage stellt[68], wird nicht weiter reflektiert.

Zunächst beschäftigt Schleiermacher die Kritik Bretschneiders[69], der die Erzählung als Beweis dafür ansah, dass das Evangelium nicht von einem Augenzeugen geschrieben sei, denn es sei unplausibel, dass Jesus seine Mutter so brüsk zurückwies (Joh 2,4) und dass sie ihm ein solches Wunder zutraute. Im Übrigen sei es Jesu unwürdig, mit dem Wunder dem Taumel der Gäste zu dienen.[70] Die Erzählung sei vielmehr erfunden, um zu zeigen, dass die Mutter Jesu seine Gottheit anerkannt habe. Gegenüber dieser Kritik fällt die Apologetik Schleiermacher sichtlich schwer. Er bietet keine klare eigene Antwort, sondern spielt nur Deutungsmöglichkeiten ein.

Die hart distanzierende Formulierung τί ἐμοὶ καὶ σοί (Joh 2,4) deutet Schleiermacher wie bereits manche älteren Ausleger vor ihm[71] abmildernd im Sinne von „Was geht das mich und dich an?" (NS B, 52v), so dass der Anstoß an Jesu Umgang

---

68 Auch die klassische Harmonistik hat sich nicht zu solchen Annahmen verleiten lassen. Seit der Alten Kirche wird die johanneische Erzählung gerne einer Zeit zugeordnet, in der Johannes der Täufer noch nicht im Gefängnis war (vgl. Joh 3,24), sodass dann die Ereignisse ab Mk 1,14 parr., die Jüngerberufung und das erste Wunder in Kafarnaum nach der johanneischen Jüngerberufung und dem ersten Wunder in Kana angesetzt werden. V. a. die abrupte Jüngerberufung der Synoptiker scheint plausibler, wenn diese Jünger Jesus schon vorher kennengelernt hätten. So in der Alten Kirche Epiphanius, Panarion 51,17,7–9, und Johannes Chrysostomus, Homiliae in Matthaeum 14, MPG 57, 218–219 (s. dazu Merkel, *Die Widersprüche zwischen den Evangelien*, 195); solche Überlegungen sind auch bei Schleiermachers Schüler Friedrich Lücke aufgenommen und begegnen dann wieder bei modernen Evangelikalen wie Craig L. Blomberg, *The Historical Reliability of John's Gospel*, 80, und Craig S. Keener, *The Gospel of John: A Commentary* (2 Bde. Peabody: Hendrickson, 2005), Bd. 1, 466.
69 Bretschneider, *Probabilia de evangelii et epistolarum Joannis, Apostoli, indole et origine*, 41; s. SN 8–2 17 A.
70 SN 8–2 17 A zitiert: „crapulae inservisse".
71 Zur altkirchlichen Auslegung s. Adolf Smitmans, *Das Weinwunder zu Kana. Die Auslegung von Jo 2,1–11 bei den Vätern und heute*, BGBE 6 (Tübingen: Mohr Siebeck, 1966); s. zur Auslegung ausführlich Jörg Frey, Das prototypische Zeichen (Joh 2:1–11). Eine Kommentar-Studie, in *The Opening of John's Narrative (John 1:19–2:22): Historical, Literary, and Theological Readings from the Colloquium Ioanneum in Ephesus*, hg. v. R. Alan Culpepper und Jörg Frey, WUNT 385 (Tübingen: Mohr Siebeck, 2017), 165–216.

mit seiner Mutter beseitigt ist.[72] Schleiermacher spielt mit der Möglichkeit, dass Jesus auch schon vorher Wunder getan hätte, von denen nur Johannes nichts wusste[73], so dass die Mutter doch auf eine solche Tat hoffen konnte. Er benennt aber zugleich die andere Möglichkeit, dass seine Mutter gar kein Wunder erwartete, sondern „daß er vielleicht zu irgend einem Fremden schicken" (NS B, 53v), d.h. das Problem des Weinmangels natürlich beheben würde. Es sei auch „nicht gesagt, dass alles Wasser zu Wein geworden, sondern bloß das dem Haushofmeister gebrachte" (NS Z, 36). Er erwägt weiter die Möglichkeit, dass in den Gefäßen nur Wein mit Wasser gemischt gewesen sei, „wie die Alten tranken" (NS Z, 36), sodass sich der Vorgang letztlich irgendwie natürlich erklären lasse. Und zu V. 7 bietet er in seinem Manuskript die Notiz: „ἕως ἄνω. Der Wein mußte also schon vorher hineinpracticirt gewesen sein" (SN 8–2, 18 I). Heißt das, dass Jesus sein Festgeschenk in einem mirakulösen Spiel präsentierte und den Wein in Gefäße geben ließ, die nachher mit Wasser aufgefüllt wurden?[74] Doch dann „müßten auch die Jünger nichts davon gewußt haben", wie Schleiermacher scheinbar zögernd bemerkt (NS B, 54v). So ganz befriedigt ihn die Erklärung der Episode als mirakulös inszeniertes Festgeschenk offenbar nicht. So muss Schleiermacher am Ende „die Sache als ein unaufgelöstes Räthsel" stehen lassen (NS B, 54v), aber es ist deutlich, dass er jede erdenkliche Möglichkeit zu einer natürlichen Erklärung des Geschehens erwägt.

Aus der Beobachtung, dass nur von Jesu Jüngern, nicht aber von den anderen Hochzeitsgästen gesagt wird, dass sie dann an ihn glaubten bzw. in ihrem Glauben bestärkt wurden, folgert Schleiermacher: „Johannes will gleich Anfangs andeuten, daß Wunder den rechten Glauben nicht hervorbringen, wo nicht schon ein Keim des Glaubens ist. Daher die Erzählung des unvollkommenen Erfolgs des Wunders. Worin zugleich der Grund, warum der Evangelist so wenige Wunder erzählt" (NS Z, 37). Damit ist ganz gegen den johanneischen Text die Reduktion des Wunders zur Marginalie auf die Spitze getrieben. Es wird recht gekünstelt nach einer natürlichen Erklärung gesucht, und seine argumentative Kraft wird – gegen die Intention von

---

72 Diese Deutung begegnet bereits bei altkirchlichen Auslegern wie Nonnus, Paraphrasis S. Evangelii Ioannei 2,21–22, oder Theodoret von Cyrus, Quaestiones et responsiones 136 (vgl. Smitmans, *Das Weinwunder zu Kana*, 110). Sie ist in Anbetracht der Verwendung der Wendung τί ἐμοὶ καὶ σοί in der LXX (Ri 11,12; 1 Kön 17,18; 2 Kön 3,1) und im NT (Mk 1,24; 5,7) philologisch unhaltbar. Es geht hier um eine Distanzierung, nicht um eine Gemeinsamkeit; s. Frey, Das prototypische Zeichen, 189f.
73 Vgl. NS B, 53v: „Johannes hat blos den Ort angeben wollen, wo er das erste Wunder verrichtet."
74 In diese Richtung geht die Auslegung bei Heinrich Eberhard Gottlob Paulus, die Schleiermacher referiert (NS B, 54v); s. Heinrich Eberhard Gottlob Paulus, *Philologisch-kritischer und historischer Commentar über das Evangelium des Johannes, Erste Hälfte* (Lübeck: Bohn, 1804), 150, der auch noch die Menge des Weins reduziert, indem er nur 2–3 Metreten insgesamt annehmen will und dies dann als angemessenes Hochzeitsgeschenk der Jesus-Gruppe wertet, die so den Mehrverbrauch an Wein zurückerstatten will.

V. 11 – als minimal angesehen, ja Johannes wird selbst in Anbetracht dessen zu einem Autor, der das Motiv der Wundererzählung nur wenig einsetzt. Von hier aus gehen die interpretatorischen Linien bis zu Rudolf Bultmann, der seinen Evangelisten als modernen protestantischen Worttheologen präsentiert, der die Wundergeschichten, die er aufnimmt, selbst schon nicht mehr glaubt und daher mit kritischen Bemerkungen gegen den Strich bürstet.[75] Dass der Text in solchen apologetisch motivierten Umdeutungen interpretatorisch entstellt wird, ist bei Bultmann hermeneutisch bewusst in Kauf genommen, hingegen bleibt bei Schleiermacher zumindest gegenüber den rationalistischen Lösungsvorschlägen, die er hier durchgehend erwägt, ein Unbehagen.

4.3.3 Die historische Aporie der Tempelreinigung

Eine der schon in der Alten Kirche bedachten historischen Differenzen zwischen Johannes und den Synoptikern ist die unterschiedliche Stellung der Tempelreinigung Jesu. Die heutige Exegese sieht, dass Johannes bestimmte Elemente aus der älteren Passionsüberlieferung aus dramaturgischen Gründen bereits früher im Evangelium erzählt, so neben der Tempelreinigung (Joh 2,13–22) v. a. auch den Todesbeschluss (Joh 11,46–54).[76] Da die Tempelaktion bei Markus letztlich den Grund für die Verhaftung Jesu bietet, ist die Stellung einer solchen Aktion am Ende des Wirkens Jesu historisch plausibel. Nur extrem konservative Autoren, die aus schrifthermeneutischen Gründen an der historischen Validität des vierten Evangeliums festhalten wollen, rechnen auch historisch mit der frühen Ansetzung dieser Aktion[77] oder erwägen – mit Blick auf die Synoptiker – gar die Möglichkeit zweier Tempelaktionen.[78]

---

75 Zu Bultmanns Konstruktion des Evangelisten s. Frey, *Die johanneische Eschatologie*, 123 und 141–142.
76 Siehe Jean Zumstein, *Das Evangelium nach Johannes*, KEK 2 (Göttingen: Vandenhoeck & Ruprecht, 2016), 661.
77 Eine Priorisierung der johanneischen Chronologie findet sich in der Alten Kirche bei Tatian in seinem Diatessaron (Tatian, Diat[ar] 32,1–6) und wohl auch bei Apollinaris von Laodicea (Frgm. 106 [bei Reuss, Matthäus-Kommentare, 36]), der meint, die Synoptiker hätten verschiedene Jerusalem-Reisen Jesu zusammengezogen. In der Neuzeit ist hier neben Schleiermacher auf Theodor Zahn, *Das Evangelium des Johannes*, 178–179, und John A. T. Robinson, *The Priority of John*, 127–131, hinzuweisen.
78 So in der Alten Kirche Johannes Chrysostomus (Homiliae in Ioannem 23; Homiliae in Matthaeum 67,1) und Augustinus (De consensu evangelistarum II 67), dann auch bei Thomas von Aquin (In Ioannem II,3), Martin Luther (in einer Predigt WA 46, 726–727, der aber die Frage für unwesentlich hält) und Johannes Calvin (In Ioannem 2,12). Auch bei neueren Evangelikalen wird diese Lösung gerne erwogen, s. etwa Leon Morris, *The Gospel according to John* (Grand Rapids: Eerdmans, 1971),

Schleiermacher argumentiert ganz in letzterer Linie. Es spreche „an und für sich nichts dagegen, daß dieselbe 2 Mahl geschehen sei; Christus fand wohl öfter Gelegenheit dazu" (NS Z, 38). Schleiermacher meint, wenn Johannes die anderen Evangelien gekannt hätte, dann hätte er andeuten müssen, dass die Darstellung der Synoptiker falsch sei oder dass die erste Tempelreinigung nicht gefruchtet habe (NS Z, 38). Umgekehrt sei bei den Synoptikern, die nicht von mehreren Aufenthalten Jesu in Jerusalem reden, sondern nur von einem letzten Aufenthalt, „alles von den früheren Aufenthalten dorten zusammengefaßt" (NS B, 55v). Jedenfalls will Schleiermacher damit festhalten, dass „Johannes gewiß die Erzählung am richtigsten gestellt" habe (NS Z, 38).

Dass Jesu Rede vom Abbrechen des Tempels nach den Synoptikern (Mt 26,59 par.) „eine Pseudomartyria" ist (NS B, 57v), bedeutet nicht, wie Bretschneider[79] meint, dass Jesus dies nie gesagt habe. Vielmehr versucht Schleiermacher mit einer gewagten philologischen Erklärung von ναός darzutun, dass Jesus „nicht vom Zerstören des Gebäudes, sondern des Jüdischen Cultus" rede, sodass man „nicht die Erklärung des Johannes für den uneigentlichen Sinn halten" könne (NS B, 57v). Schleiermacher verweist auf Joh 4,21, wonach „Jesus schon die Zerstörung des jüdischen Kultus lebhaft im Sinne hatte" (NS Z, 40). Damit lässt sich die johanneische Form des Tempelwortes (Joh 2,18) als die gegenüber den synoptischen Formen ursprüngliche behaupten. Schleiermacher greift also zum Mittel einer symbolischen Deutung, um den historischen Anstoß zu überwinden. Das Problem, dass im Text selbst ein anderer Bezug vorliegt, nicht auf den jüdischen Kult, sondern auf den „Tempel seines Leibes" (Joh 2,19), lässt seinen Versuch allerdings sehr gekünstelt und gewollt erscheinen. Die Methode des geistig-übertragenen Verständnisses und einer kombinatorischen Harmonistik gehören allerdings bis heute zum klassischen Repertoire konservativer Antikritik.

4.3.4 Das Nikodemusgespräch in historisierender Lektüre

Weitere Mittel der konservativ-apologetischen Argumentation historisierender Johanneslektüre finden sich in der Auslegung des Nikodemusgesprächs. Dass dieses Gespräch nach dem johanneischen Text ein Gespräch ohne Zeugen ist, hat Ausleger schon vielfach zu phantasievollen Eintragungen verleitet, denn ein Gespräch ohne Zeugen würde leicht als theologische Fiktion erscheinen. So postuliert auch

---

189–191, Nordamerika Donald A. Carson, *The Gospel According to John*, 177–178, und Craig L. Blomberg, *The Historical Reliability of John's Gospel*, 89–90.
79 Bretschneider, *Probabilia de evangelii et epistolarum Joannis, Apostoli, indole et origine*, 23–25; zitiert im Manuskript SN 8–2, 21 A.

Schleiermacher, „Christus sei nicht allein gewesen, denn die Schüler pflegten sich nicht von ihrem Lehrer zu trennen, und wir können also auch annehmen, daß Johannes zugegen gewesen."[80] Auch dieses Gespräch ist somit der Erinnerung des Apostels verdankt. Schleiermacher nimmt die Brüche im Dialog wahr, doch erklärt er diese durch Auslassung. Es fehlten Elemente des Gesprächs, die Johannes „noch im Gedächtnisse hatte", doch wollte er diese Verbindungen nicht einfügen (NS B, 60r).

Ein anderes Problem ist der Einwand, dass zur Zeit Jesu noch nicht von der christlichen Taufe und von der Wirksamkeit des erst nachösterlich gegebenen Geistes die Rede sein könne. Diesen Einwand, den Bretschneider ebenfalls formuliert[81], will Schleiermacher nicht gelten lassen, da Jesus ja „die lebendige geistige Quelle in sich selbst" „fühlte" (SN 8-2, 24 A). Die Frage, ob Nikodemus denn die Rede von der Neugeburt verstehen konnte, die viele spätere Ausleger nach alternativen Deutungen suchen ließ[82], beantwortet Schleiermacher durch die Auskunft, dass „der Übergang aus dem Heidenthum ins Judenthum immer so angesehen wurde" (NS B, 61v) und Nikodemus also „Wiedergeburt [...] bei den Proselyten kannte" (SN 8-2, 23 I). Ob diese Rekonstruktion des möglichen Wissensbestandes des historischen Nikodemus zeitgeschichtlich plausibel ist oder nicht, kann hier dahingestellt bleiben. Entscheidend ist, dass wenn das Gespräch als partielle, aber historisch korrekte Wiedergabe eines Gesprächs zu Jesu Lebzeiten erfasst wird, eben dieser Horizont als Verständnishorizont rekonstruiert wird, nicht der Horizont der späteren Gemeinde, in der die christliche Taufe als Eingangsritus fungierte.

Diese hermeneutische Vorgehensweise führt jedoch spätestens dort zu Problemen, wo in den johanneischen Reden nach heutiger Einsicht bereits der Tod Jesu

---

80 Solche Eintragungen begegnen auch bei neueren konservativen Autoren häufiger; s. Frédéric Godet, *Kommentar zu dem Evangelium des Johannes*, dt. Bearbeitung v. E. Reineck und C. Schmid (2 Bde., 4. Aufl., Hannover/Berlin: Meyer, 1903), 142; Bernhard Weiss, *Kritisch-exegetisches Handbuch über das Evangelium des Johannes*, 7. Aufl. (Göttingen: Vandenhoeck & Ruprecht, 1886), 127; und neuerdings Andreas J. Koestenberger, *John* (Grand Rapids: Baker, 2004), 117. Theodor Zahn, *Das Evangelium des Johannes*, 184–185, wollte einen Augenzeugenbericht des zum Jünger gewordenen Nikodemus annehmen. Friedrich Lücke, *Commentar über die Schriften des Evangelisten Johannes*, Bd. 1, 564, wollte gar annehmen, Jesus habe seinen Jüngern das Gespräch mitgeteilt, „vielleicht schon tags darauf".
81 Bretschneider, *Probabilia de evangelii et epistolarum Joannis, Apostoli, indole et origine*, 46.
82 Siehe die ausführliche Palette von Möglichkeiten bei Richard J. Bauckham, *Gospel of Glory: Major Themes in Johannine Theology* (Grand Rapids: Baker, 2015), 84–90; kritisch dazu Jörg Frey, Baptism in the Fourth Gospel, and Jesus and John as Baptizers: Historical and Theological Reflections on John 3:22–30, in *Expressions of the Johannine Kerygma in John 2:23–5:18: Historical, Literary, and Theological Readings from the Colloquium Ioanneum 2017 in Jerusalem*, hg. v. R. Alan Culpepper und Jörg Frey, WUNT 423 (Tübingen: Mohr Siebeck, 2019), 87–115 (95–96).

vorwegnehmend gedeutet wird. So will Schleiermacher die typologische Rede von der Moseschlange in Joh 3,14 dezidiert nicht auf den Tod Jesu bezogen wissen: „Unsre Stelle kann sich unmöglich auf den Tod beziehen, wenn Christus den Nikodemus vor Augen gehabt hat, denn es ist gar nicht möglich, daß Nicodemus an das Erhöhtwerden Christi am Kreuz denken konnte" (NS B, 66v). Vielmehr sei mit ὑψωθῆναι „die Entfernung von der Erde und Erhebung in den Himmel" gemeint (NS B, 67r). Auch diese Deutung ist eine notwendige Konsequenz des historisierenden Ansatzes, der nicht zugestehen kann, dass in den Worten Jesu im Johannesevangelium, selbst wenn dieses lange nach Jesu Tod niedergeschrieben wurde, Erkenntnisse mit anklingen, die noch nicht in der Zeit des Wirkens Jesu, sondern erst in nachösterlicher Zeit möglich waren. Um der historischen Akkuratesse willen wird damit ein wesentliches Charakteristikum des vierten Evangeliums, dessen Christusverständnis nach seinem eigenen Anspruch (Joh 2,21f; 12,16) erst der geistgewirkten Erinnerung der Jünger nach Ostern entsprungen ist[83], verfehlt.

4.4 Schluss: Zwischen Modernität und Apologetik

Zahlreiche weitere Beobachtungen ließen sich aus Schleiermachers Besprechung anderer Abschnitte des Johannesevangeliums zusammentragen, doch würde sich das Gesamtbild nicht wesentlich verändern.

Natürlich konnte es auch in der kritischen Besprechung der hier präsentierten Beispiele nicht darum gehen, den Gelehrten des frühen 19. Jahrhunderts an exegetischen Einsichten des 20. und 21. Jahrhunderts zu messen. Seine Apologie der johanneischen Verfassertradition erfolgte in einer Zeit, in der sich die historische Kritik erst langsam formierte und in der diese noch nicht die Kraft hatte, das Bild der zeitgenössischen Auslegung zum Kippen zu bringen. Schleiermacher hat durch sein Gewicht eher noch dazu beigetragen, dass der Durchbruch einer neuen Sichtweise auf das Johannesevangelium verzögert wurde. Anderseits ist es z. B. in Anbetracht der bemühten Versuche einer ‚natürlichen' Erklärung des Kanawunders nicht verwunderlich, dass ein junger Radikaler wie David Friedrich Strauß von solchen Überlegungen abgestoßen und zu einem ganz anderen Paradigma geführt wurde.

Zu würdigen ist zunächst die sehr gründliche und detaillierte philologische Arbeit. Hier zeigt sich Schleiermacher als philologischer Exeget, dessen gräzistische

---

[83] Dazu Jörg Frey, The Gospel of John as a Narrative Memory of Jesus. In *Memory and Memories in Early Christianity: Proceedings of the International Conference held at the Universities of Geneva and Lausanne (June 2–3, 2016)*, hg. v. Simon Butticaz und Enrico Norelli, WUNT 398 (Tübingen: Mohr Siebeck, 2018), 261–284.

Kenntnisse immer wieder zum Tragen kommen. Er diskutiert ausführlich textkritische Fragen, behandelt Eigenheiten der griechischen Sprache und Formulierung und erläutert Details der Semantik, und dies alles im kritischen Gespräch mit der zu seiner Zeit neuesten Literatur. Dies zeigt sich mehr noch in den knappen Bemerkungen der Manuskripte als in den ausgeführten Nachschriften der Hörer.

Voraussetzung und nie infrage gestellte Grundlage der Auslegung ist die Annahme der apostolischen Authentizität des Evangeliums und – damit verbunden – die Annahme seiner historischen Korrektheit. Dies verbindet sich mit dem Bild des johanneischen Autors, der dem irdischen Jesus in besonderer Innigkeit verbunden und somit quasi kongenialer Zeuge und Vermittler seiner Worte war. Die historischen Hilfsannahmen, die notwendig sind, um dieses Bild zu zeichnen und zu verteidigen, wie z. B. die Gegenwart des Johannes beim Nikodemusgespräch oder seine außerordentlich genaue Erinnerung auch nach einem Zeitabstand von fast 70 Jahren, erscheinen aus heutiger Sicht durchgehend problematisch.

Der Zeuge Johannes erscheint dabei im kategorialen Unterschied zu allen anderen Personen, von Johannes dem Täufer über seine Jünger bis zu den anderen Evangelisten, als derjenige, der zwar in menschlicher Weise und nicht durch supranaturalistische Inspiration, aber doch in einer besonderen Genialität und einzigartigen, fast divinatorischen Nähe zu Jesus den Sinn der Reden Jesu kongenial erfasst und getreu – ohne dogmatische oder polemische Nebenabsichten – wiedergibt. Letztlich ist somit auch dieser apostolische Zeuge in gewissen ‚übermenschlichen' Zügen gezeichnet.

Exegetisch zu Recht hält Schleiermacher immer wieder die Differenz zwischen dem johanneischen Text und späteren dogmatischen Aussagen fest, die nicht anachronistisch in die Auslegung eingetragen werden dürfen. Dies betrifft im Prolog die Trinitäts- und Zweinaturenlehre, weiter die Aussagen über Christi Präexistenz oder auch die prädestinatianischen Aussagen in Joh 6,44, wo Schleiermacher – zumal als Reformierter – das „Ziehen" Gottes dezidiert nicht calvinistisch im Sinne einer „Dordrechtische[n] Gewalt gegen das Menschliche Wollen" deutet, sondern darin „nur eine besondere Veranstaltung gegen die in der allgemeinen Lage und der herrschenden Stimmung liegenden Hindernisse" sehen will (SN 8–2, 62 I).

Zugleich ist auch Schleiermachers eigene Auslegung durch ‚anachronistische' Eintragungen eines modernen Verständnisses geprägt, die zur Intention des johanneischen Textes in deutlicher Spannung stehen. Dies zeigt sich in den Versuchen einer rationalistischen Wundererklärung oder im exegetischen Umgang mit ‚wunderhaften' Elementen im Zusammenhang mit der Taufe Jesu, wo nicht nur die Vision des Täufers und die Himmelsstimme, sondern auch das Bild der Taube von der ‚historischen' Ebene abgerückt und verschiedenen Akten des Missverstehens zugeschrieben werden. Als messianischer Geistträger ist Jesus nur durch den Eindruck seiner Lehre zu erkennen – diesen Eindruck bezeugt der Täufer – und dieser

Eindruck ist es dann auch, der den Busenfreund Johannes zum intimen Interpreten Jesu werden lassen konnte. Der hier erkennbaren Modernisierung des Bildes des Wirkens Jesu, das vor allem als menschlich und nicht übernatürlich oder mirakulös angesehen wird, eignet gewiss auch ein apologetischer Zug, der aber der historischen Apologetik hinsichtlich der Verfassertradition eigentümlich gegenübersteht.

Die Grenze der Auslegungen Schleiermachers zeigt sich immer dort, wo er sich – aufgrund der vorausgesetzten Authentizität und historischen Zuverlässigkeit der Wiedergabe auch der Reden Jesu – nicht dazu entschließen kann, Phänomene oder Probleme der späteren Gemeinde in den Worten Jesu oder seiner Zeitgenossen zu erkennen. Weder die christliche Taufe (in Joh 3,5) noch die Abgrenzung gegen pagane Gottesverständnisse (in Joh 17,3) können hinter den johanneischen Formulierungen akzeptiert werden, weil die Interpretation immer im historischen Kontext des irdischen Jesus und seiner Zeitgenossen erfolgen muss.

Im Umgang mit konkret historischen Problemen und vor allem in der Erklärung der Widersprüche zwischen der synoptischen und der johanneischen Darstellung des Wirkens Jesu bzw. seiner Reden findet sich bei Schleiermacher eine breite Verwertung des harmonistischen Argumentationsarsenals. Dazu gehören zunächst psychologisierende Eintragungen im Blick auf den Zeugen bzw. Erzähler wie z. B. der Feststellung zu Joh 18,5, dass Johannes vom Kuss des Judas nichts gesehen habe (SN 8–2, 126 I) und ihn deshalb nicht berichte oder die Bemerkung zu Joh 18,24, dass Johannes vergessen hätte zu erzählen, wie Jesus zu Kaiphas geführt wurde und dies dann hier nachgetragen hätte.[84] An anderen Stellen reklamiert Schleiermacher für Johannes ein ‚höheres', geistiges oder symbolisches Verständnis, z. B. in der Diskussion des stilistischen Verhältnisses zwischen den synoptischen und den johanneischen Jesusreden. Hinzu kommen zahlreiche, z.T. kühne historische Zusatzannahmen zur Sicherung der Plausibilität der johanneischen Darstellung, z. B. wenn Schleiermacher mit einer Verbindung zwischen Jesus und seinen Jüngern bereits vor der eigentlichen Berufung derselben rechnet, oder wenn er eine Anwesenheit der Jünger auch in Szenen postuliert, in denen Jesus eigentlich allein mit einer Person spricht. Schließlich findet sich auch das klassische Mittel der Kombinatorik, mit der z. B. zwei Tempelreinigungen oder Wunder vor dem in Joh 2 erzählten Kanawunder postuliert werden. Mit diesen argumentativen Mitteln steht Schleiermacher in einer Reihe mit konservativen Apologeten der historischen Zuverlässigkeit des Johannesevangeliums bis heute.

Die Vorlesungen zum Johannesevangelium zeigen, dass der Vater der neuzeitlichen protestantischen Theologie in vielen seiner exegetischen Argumente

---

[84] Interessanterweise ist in diesen beiden Fällen das Gewicht der synoptischen Szenen doch zu stark, als dass Schleiermacher die historische Validität dieser Aussagen bestreiten könnte.

immer noch ‚vormodern' ist, eine Figur im Übergang zwischen Rationalismus, Idealismus und historischer Kritik. Auch ist hier erkennbar, dass der Übergang zu einer methodisch geklärten Kritik in der Johannesauslegung später erfolgt ist als z. B. in der Synoptikerauslegung. Die Vorlesungen Schleiermachers helfen, den großen Gelehrten in diesen Diskursen zu verorten und nicht zuletzt die Grundlage präziser herauszuarbeiten, auf der Schleiermacher in nichtexegetischen Schriften vor und nach den Johannesvorlesungen argumentierte. Schon in den frühen Reden zeigt sich die Spur des Johannesverständnisses, das in diesen Vorlesungen breit begründet ist. Was dort jedoch bahnbrechend ‚modern' erscheinen konnte, wird hier mit dem Ballast einer historischen Apologetik präsentiert, die schon bald danach im Feuer der Kritik als obsolet erwiesen wurde.

Bibliographie

Schriften von Friedrich Daniel Ernst Schleiermacher

Das Leben Jesu. Vorlesungen an der Universität zu Berlin im Jahr 1832 gehalten, hg. v. Karl August Rütenik, SW I/6. Berlin: Reimer, 1864.
Einleitung ins neue Testament, hg. v. Georg Wolde, SW I/8. Berlin: Reimer, 1845.
Ueber den sogenannten ersten Brief des Paulos an den Timotheos. Ein kritisches Sendschreiben an J. C. Gass, hg. v. Hermann Patsch, KGA I/5, 153–242. Berlin/New York: De Gruyter, 2011.
Über die Religion. Reden an die Gebildeten unter ihren Verächtern (1799), hg. v. Günter Meckenstock. Berlin/New York: De Gruyter, 1998.
Ueber die Schriften des Lukas. Ein kritischer Versuch. I. Theil, hg. v. Hermann Patsch und Dirk Schmid, KGA I/8, 1–180. Berlin/New York: De Gruyter, 2011.
Zum Johannes. Archiv der Berlin-Brandenburgischen Akademie der Wissenschaften, Nachlass F. D. E. Schleiermacher, Nr. 8–1.
Zum Evangel. Johannis. Archiv der Berlin-Brandenburgischen Akademie der Wissenschaften, Nachlass F. D. E. Schleiermacher, Nr. 8–2.
Exegesis des Evangelium Johannis, Nachschrift Eduard Bonnell. Staatsbibliothek zu Berlin Preußischer Kulturbesitz, Handschrift 37.
[*Das Evangelium Johannis*], anonyme Nachschrift. Zentralbibliothek Zürich, Mscr. W. 56.

Weitere Literatur

Ammon, Christoph Friedrich von. *Programma, quo docetur Johannem, Evangelii auctorem, ab editore hujus libri fuisse diversum*. Erlangen, 1811.
Anderson, Paul N. *The Fourth Gospel and the Quest for Jesus: Modern Foundations Reconsidered*. LNTS 321. New York: T&T Clark, 2006.
Bauckham, Richard J. *Gospel of Glory: Major Themes in Johannine Theology*. Grand Rapids: Baker, 2015.

Baum, Armin Daniel. *Einleitung in das Neue Testament: Evangelien und Apostelgeschichte.* Gießen: TVG Brunnen, 2017.

Baur, Ferdinand Christian. *Kritische Untersuchungen über die kanonischen Evangelien.* Tübingen: Fues, 1847.

Bendemann, Reinhard von. *Zwischen Doxa und Stauros: Eine exegetische Untersuchung der Texte des sogenannten Reiseberichts im Lukasevangelium.* BZNW 101. Berlin/New York: De Gruyter, 2001.

Berger, Klaus. *Im Anfang war Johannes: Datierung und Theologie des Evangeliums.* Stuttgart: Quell, 1997.

Beyschlag, Willibald. *Neutestamentliche Theologie*, 2 Bde. Halle a. S.: Strien, 1891/1892.

Blomberg, Craig L. *The Historical Reliability of John's Gospel: Issues and Commentary.* Downers Grove: InterVarsity, 2002.

Bretschneider, Karl Gottlieb. *Probabilia de evangelii et epistolarum Joannis, Apostoli, indole et origine.* Leipzig: Barth, 1820.

Carson, Donald A. *The Gospel According to John.* Grand Rapids: Eerdmans, 1991.

Cludius, Hermann Heimart. *Uransichten des Christenthums nebst Untersuchungen über einige Bücher des neuen Testaments.* Altona: Hammerich, 1808.

Eckermann, Jakob Christoph Rudolf. Ueber die eigentlich sichern Gründe des Glaubens an die Hauptthatsachen der Geschichte Jesu, und über die wahrscheinliche Entstehung der Evangelien und der Apostelgeschichte. In ders., *Theologische Beiträge*, Bd. 5/2, 106–206. Altona: Hammerich, 1796.

Eckermann, Jakob Christoph Rudolf. *Erklärung aller dunkeln Stellen des Neuen Testaments.* Bd. 2. Kiel: Akademische Buchhandlung, 1807.

Evanson, Edward. *The Dissonance of the Four Generally Received Evangelists, and the Evidence of their Respective Authority examined.* Ipswich: George Jermyn, 1792.

Frey, Jörg. *Die johanneische Eschatologie: Ihre Probleme im Spiegel der Forschung seit Reimarus.* WUNT 96. Tübingen: Mohr Siebeck, 1997.

Frey, Jörg. Der Christus der Evangelien als der „historische Jesus". Zum Jesus-Buch des Papstes. In *Der Papst aus Bayern: Protestantische Wahrnehmungen*, hg. v. Werner Thiede, 111–129. Leipzig: Evangelische Verlagsanstalt, 2010.

Frey, Jörg. Neutestamentliche Wissenschaft und antikes Judentum. Probleme – Wahrnehmungen – Perspektiven, *ZThK* 109 (2012), 445–471.

Frey, Jörg. Wege und Perspektiven der Interpretation des Johannesevangeliums. Überlegungen auf dem Weg zu einem Kommentar. In ders., *Die Herrlichkeit des Gekreuzigten: Studien zu den johanneischen Schriften 1*, hg. v. Juliane Schlegel, 3–41. WUNT 307. Tübingen: Mohr Siebeck, 2013.

Frey, Jörg. Heil und Geschichte im Johannesevangelium: Zum Problem der ‚Heilsgeschichte' und zum fundamentalen Geschichtsbezug des Heilsgeschehens im vierten Evangelium. In ders., *Die Herrlichkeit des Gekreuzigten: Studien zu den johanneischen Schriften 1*, hg. v. Juliane Schlegel, 585–637. WUNT 307. Tübingen: Mohr Siebeck, 2013.

Frey, Jörg. Ferdinand Christian Baur und die Johannesauslegung. In *Ferdinand Christian Baur und die Geschichte des frühen Christentums*, hg. v. Martin Bauspiess, Christoph Landmesser und David Lincicum, 227–258. WUNT 333. Tübingen: Mohr Siebeck, 2014.

Frey, Jörg. Das prototypische Zeichen (Joh 2:1–11). Eine Kommentar-Studie. In *The Opening of John's Narrative (John 1:19–2:22): Historical, Literary, and Theological Readings from the Colloquium Ioanneum in Ephesus*, hg. v. R. Alan Culpepper und Jörg Frey, 165–216. WUNT 385. Tübingen: Mohr Siebeck, 2017.

Frey, Jörg. Johannesevangelium. In *Jesus-Handbuch*, hg. v. Jens Schröter und Christine Jacobi, 137–145. Tübingen: Mohr Siebeck, 2017.

Frey, Jörg. *Theology and History in the Fourth Gospel*. Waco, Texas: Baylor University Press, 2018.
Frey, Jörg. The Gospel of John as a Narrative Memory of Jesus. In *Memory and Memories in Early Christianity: Proceedings of the International Conference held at the Universities of Geneva and Lausanne (June 2–3, 2016)*, hg. v. Simon Butticaz und Enrico Norelli, 261–284. WUNT 398. Tübingen: Mohr Siebeck, 2018.
Frey, Jörg. Baptism in the Fourth Gospel, and Jesus and John as Baptizers: Historical and Theological Reflections on John 3:22–30. In *Expressions of the Johannine Kerygma in John 2:23–5:18: Historical, Literary, and Theological Readings from the Colloquium Ioanneum 2017 in Jerusalem*, hg. v. R. Alan Culpepper und Jörg Frey, 87–115. WUNT 423. Tübingen: Mohr Siebeck, 2019.
Gerdmar, Anders. *Roots of Theological Anti-Semitism: German Biblical Interpretation and the Jews, from Herder and Semler to Kittel and Bultmann*. Studies in Jewish History and Culture 20. Leiden: Brill, 2009.
Godet, Frédéric. *Kommentar zu dem Evangelium des Johannes*, dt. Bearbeitung v. E. Reineck und C. Schmid, 2 Bde., 4. Aufl., Hannover/Berlin: Meyer, 1903.
Grotius, Hugo. *Annotationes in quatuor Evangelia et Acta Apostolorum* (= ders., *Opera omnia theologica*, Bd. II/1), Amsterdam: Blaeu, 1679.
Herder, Johann Gottfried. *Erläuterungen zum Neuen Testament aus einer neueröffneten morgenländischen Quelle* (1775). In ders., *Sämmtliche Werke*, hg. v. Bernhard Suphan, Bd. 7, 335–470. Berlin: Weidmann, 1884.
Herder, Johann Gottfried. *Von Gottes Sohn, der Welt Heiland. Nach Johannes Evangelium. Nebst einer Regel der Zusammenstimmung unserer Evangelien aus ihrer Entstehung und Ordnung* (1797). In ders., *Sämmtliche Werke*, hg. v. Bernhard Suphan, Bd. 19, 253–424. Berlin: Weidmann, 1880.
Holtzmann, Heinrich Julius. *Lehrbuch der neutestamentlichen Theologie*, 2 Bde., Freiburg/Leipzig: Mohr Siebeck, 1897.
Horst, Georg Konrad. Läßt sich die Echtheit des Johanneischen Evangeliums aus hinlänglichen Gründen bezweifeln, und welches ist der wahrscheinliche Ursprung dieser Schrift? *MRW* 1 (1804), 47–118.
Jülicher, Adolf. *Einleitung in das Neue Testament*. Tübingen: Mohr Siebeck, 1894.
Keener, Craig S. *The Gospel of John: A Commentary*, 2 Bde. Peabody: Hendrickson, 2005.
Koestenberger, Andreas J. *John*. Grand Rapids: Baker, 2004.
Kuinoel, Christian Gottlieb. *Commentarius in Libros Novi Testamenti Historicos, vol. 3: Evangelium Ioannis*, 2. Aufl., Leipzig: Barth, 1817.
Kümmel, Werner Georg. *Das Neue Testament: Geschichte der Erforschung seiner Probleme*, Orbis Academicus. Freiburg/München: Alber, 1958.
Lagrange, Marie-Joseph. *Évangile selon Saint Jean*. Études Bibliques. 3. Aufl. Paris: Gabalda, 1927.
Lücke, Friedrich. *Commentar über die Schriften des Evangelisten Johannes*. Bd. 1. Bonn: Weber, 1820.
Mercier, Robert. *L'Évangile „pour que vous croyez": Le quatrième évangile (selon Saint Jean)*. Montreal: Wilson & Lafleur, 2010.
Merkel, Helmut. *Die Widersprüche zwischen den Evangelien: Ihre polemische und apologetische Behandlung in der Alten Kirche bis Augustin*. WUNT 13. Tübingen: Mohr Siebeck, 1971.
Michaelis, Johann David. *Einleitung in die göttlichen Schriften des Neuen Bundes*, 4. Aufl. Göttingen: Vandenhoeck & Ruprecht, 1788.
Moretto, Giovanni. Angezogen und belehrt von Gott. Der Johannismus in Schleiermachers ‚Reden über die Religion'. *ThZ* 37 (1981), 267–291.

Moretto, Giovanni. Bewußtsein und Johannismus. Betrachtungen zur philosophischen Christologie Schleiermachers und Fichtes. In *Schleiermacher und die wissenschaftliche Kultur des Christentums*, hg. v. Günter Meckenstock, 207–228. TBT 51. Berlin/New York: De Gruyter, 1991.
Morris, Leon. *The Gospel according to John*. Grand Rapids: Eerdmans, 1971.
Morus, Samuel Friedrich Nathanael. *Recitationes in Evangelium Joannis*, hg. v. Gottlieb Immanuel Dindorf, 2. Aufl. Leipzig: Herrl, 1808.
Patsch, Hermann. Schleiermachers Berliner Exegetik. In *Schleiermacher Handbuch*, hg. v. Martin Ohst, 327–340. Tübingen: Mohr Siebeck, 2017.
Paulus, Heinrich Eberhard Gottlob. *Historia Cerinthi, quatenus ad Iudaeognosticismum et Evangelii atque epistolarum Ioannis fata illustranda pertingit*. Jena: Göpferdt, 1795.
Paulus, Heinrich Eberhard Gottlob. *Philologisch-kritischer und historischer Commentar über das Evangelium des Johannes, Erste Hälfte*. Lübeck: Bohn, 1804.
Ratzinger, Joseph/Benedikt XVI. *Jesus von Nazareth. Erster Teil: Von der Taufe im Jordan bis zur Verklärung*. Freiburg: Herder, 2007.
Robinson, John A. T. *The Priority of John*, ed. J. F. Coakley. London: SCM Press, 1985.
Schlatter, Adolf. *Der Evangelist Johannes: Wie er spricht, denkt und glaubt*. Stuttgart: Calwer, 1930.
Schmidt, Johann Christian Ernst. *Historisch-kritische Einleitung ins Neue Testament*. Gießen: Tasché, 1804.
Schmithals, Walter. *Einleitung in die drei ersten Evangelien*. Berlin/New York: De Gruyter, 1985.
Schmithals, Walter. *Johannesevangelium und Johannesbriefe: Forschungsgeschichte und Analyse*. BZNW 64. Berlin/New York: De Gruyter, 1992.
Schulz, Wilhelm A. Das Johannesevangelium im deutschen Idealismus. *ZPhF* 18 (1964), 85–118.
Schürer, Emil. *Ueber den gegenwärtigen Stand der johanneischen Frage. Vorträge der Theologischen Konferenz zu Gießen, gehalten am 20. Juli 1889*, 5. Folge (Gießen: J. Richer'sche Buchhandlung, 1889), wieder abgedruckt in *Johannes und sein Evangelium*, hg. v. Karl Heinrich Rengstorf, 1–27. WdF 82. Darmstadt: Wissenschaftliche Buchgesellschaft, 1973.
Schwank, Benedikt. *Evangelium nach Johannes. Erläutert für die Praxis*. St. Ottilien: EOS, 1998.
Schweitzer, Albert. *Geschichte der Leben-Jesu-Forschung*. 9. Aufl. Tübingen: Mohr Siebeck, 1984 = Nachdruck der 2. Aufl. 1913.
Semler, Johann Salomo. *Paraphrasis Evangelii Iohannis*, 2 Bde. Halle: Hemmerde, 1771/1772.
Smitmans, Adolf. *Das Weinwunder zu Kana: Die Auslegung von Jo 2,1–11 bei den Vätern und heute*. BGBE 6. Tübingen: Mohr Siebeck, 1966.
Storr, Gottlob Christian. *Ueber den Zweck der evangelischen Geschichte und der Briefe Johannis*. Tübingen: Heerbrandt, 1786.
Strauß, David Friedrich. *Das Leben Jesu, kritisch bearbeitet*, 2 Bde. Tübingen: Osiander, 1835/1836.
Strauß, David Friedrich. *Streitschriften zur Vertheidigung meiner Schrift über das Leben Jesu und zur Charakteristik der gegenwärtigen Theologie 3*. Tübingen: Osiander, 1837.
Strauß, David Friedrich. *Der Christus des Glaubens und der Jesus der Geschichte: Eine Kritik des Schleiermacherschen Lebens Jesu*. Berlin: Ducker, 1865.
Theobald, Michael. *Die Fleischwerdung des Logos: Studien zum Verhältnis des Johannesprologs zum Corpus des Evangeliums und zu 1 Joh*. NTA N.F. 20. Münster: Aschendorff, 1988.
Timm, Hermann. *Die heilige Revolution: Das religiöse Totalitätskonzept der Frühromantik. Schleiermacher – Novalis – Friedrich Schlegel*. Frankfurt am Main: Syndikat, 1978.
Tittmann, Karl Christian. *Meletemata sacra, sive Commentarius in Evangelium Johannis*. Leipzig: Weidmann, 1816.

Wegscheider, Julius August Ludwig. *Versuch einer vollständigen Einleitung in das Evangelium des Johannes.* Göttingen: Röwer, 1806.
Weiss, Bernhard. *Kritisch-exegetisches Handbuch über das Evangelium des Johannes*, 7. Aufl. Göttingen: Vandenhoeck & Ruprecht, 1886.
Weisweiler, Hilger. *Schleiermachers Arbeiten zum Neuen Testament.* Diss. Bonn, 1972.
Wettstein, Johann Jakob. *Novum Testamentum Graecum.* 2 Bde. Amsterdam: Dommerian, 1751–1752.
Wikenhauser, Alfred. *Das Evangelium nach Johannes.* RNT. Regensburg: Pustet, 1948.
Windisch, Hans. *Johannes und die Synoptiker: Wollte der vierte Evangelist die älteren Evangelien ergänzen oder ersetzen?* UNT 12. Leipzig: Hinrichs, 1926.
Zahn, Theodor. *Das Evangelium des Johannes.* KNT 4. 5./6. Aufl. Leipzig/Erlangen: Deichert, 1921; Nachdruck Wuppertal: Brockhaus, 1983.
Zumstein, Jean. *Das Evangelium nach Johannes.* KEK 2. Göttingen: Vandenhoeck & Ruprecht, 2016.

Michael Pietsch
Schleiermacher als Schriftausleger

Die Vorlesungen zum Philipperbrief im Spiegel seiner biblischen Hermeneutik

In memoriam Günter Meckenstock

„Schleiermacher hat sich in seiner Prediger- und Professorentätigkeit vorzüglich als Bibelexeget verstanden."[1] Davon legen nicht nur seine über 1300 gehaltenen Predigten, deren weit überwiegende Zahl der Auslegung eines neutestamentlichen Bibelwortes gewidmet war, ein beredtes Zeugnis ab. Seit den Anfängen seiner akademischen Lehrtätigkeit hielt Schleiermacher regelmäßig exegetische Vorlesungen, denen er einzelne Schriften bzw. Schriftengruppen des Neuen Testaments zugrunde legte.[2] Diese hatte er zunächst als einen vollständigen Kurs konzipiert, der im Verlauf von zwei Jahren eine kursorische Lektüre sämtlicher neutestamentlichen Bücher sowie eine vertiefende statarische Behandlung einzelner Schriften bzw. Textpassagen umfassen sollte. Ihm wollte Schleiermacher eine *hermeneutica sacra* voranstellen, die er als Spezialfall einer allgemeinen Hermeneutik auf wissenschaftlicher Grundlage konzipierte.[3]

> Ich habe daher die Idee zu einem andern exegetischen Cursus gefaßt, auch in meinen encyclopaedischen Vorlesungen schon darauf angespielt und denke ihn Michaelis 1805 zu eröffnen. Den Anfang will ich mit der Hermeneutica sacra machen, die hier so gut als gar nicht gelehrt wird. Hierauf eine ganz cursorische Lection des Neuen Testaments in einem Jahre zu vollenden [...]. Hier würde ich nun alle WortKritik weglassen, vorzüglich auf die Anwendung der großen hermeneutischen Regeln sehn, und die Zuhörer an das Achtgeben auf den Zusammenhang im Ganzen, an das eigentliche Nachconstruiren des Buches zu gewöhnen suchen.

Anmerkung: Ich danke dem Freund und Kollegen Dirk Schmid (Lüneburg) für eine kritische Durchsicht des Manuskripts und wichtige Hinweise zur Text- und Überlieferungsgeschichte der Vorlesungsmanuskripte Schleiermachers.

1 Günter Meckenstock, Schleiermachers Bibelhermeneutik, in *Theorie der Interpretation vom Humanismus bis zur Romantik – Rechtswissenschaft, Philosophie, Theologie. Beiträge zu einem interdisziplinären Symposion in Tübingen, 29. September bis 1. Oktober 1999*, hg. v. Jan Schröder, Contubernium 58 (Stuttgart: Steiner, 2001), 251.
2 Vgl. Andreas Arndt und Wolfgang Virmond, *Schleiermachers Briefwechsel (Verzeichnis) nebst einer Liste seiner Vorlesungen*, SchlA 11 (Berlin/New York: De Gruyter, 1992), 293–330.
3 Vgl. Friedrich Daniel Ernst Schleiermacher, *Vorlesungen über Hermeneutik und Kritik*, hg. v. Wolfgang Virmond unter Mitwirkung von Hermann Patsch, KGA II/4 (Berlin/Boston: De Gruyter, 2012), XIX–XXII.

Dann würde ich im nächsten halben Jahre ein historisches und ein didaktisches Buch statarisch durchgehn, und dann im lezten sie selbst exegetische Uebungen anstellen lassen. [...] So dächte ich müßte sich, wer irgend das Zeug dazu hat, weit leichter zum selbständigen Interpreten bilden.[4]

Später hat Schleiermacher die streng kursorische Konzeption aufgegeben und in seinen Vorlesungen stattdessen nur einzelne neutestamentliche Schriften behandelt, deren Auswahl teilweise mit künftigen Publikationsvorhaben in Verbindung gestanden haben dürfte.[5]

---

4 Friedrich Daniel Ernst Schleiermacher, *Briefwechsel 1804–1806 (Briefe 1831–2172)*, hg. v. Andreas Arndt und Simon Gerber, KGA V/8 (Berlin/New York: De Gruyter, 2008), Nr. 1881,34–50. – Im Intelligenzblatt der Allgemeinen Literatur-Zeitung (Halle) war die Eröffnung des zweijährigen exegetischen Kurses für das Sommersemester 1806 angekündigt: „Ebenfalls einen zweijährigen exegetischen Cursus über das N[eue] T[estament] eröffnet Hr. Prof. Schleyermacher mit den *Paulinischen Briefen an die Thessalonicher, Corinther* und *Römer*" (zitiert nach Arndt und Virmond, *Schleiermachers Briefwechsel*, 301; Hervorhebungen im Original). Vorausgegangen war im Sommersemester 1805 eine öffentliche Vorlesung über den Brief des Paulus an die Galater: „[...] den exegetischen Cursus will ich diesmal nur erst ankündigen durch ein publicum. Bestimmt habe ich dazu den Brief an die Galater, weil sich das charakteristisch Paulinische so schön in der Kürze da findet, und auch manche schöne Schwierigkeit im Einzelnen, so daß er mir recht zu einem Uebungsstükk in der Interpretation gemacht zu sein scheint." (Schleiermacher, *Briefwechsel 1804–1806*, KGA V/8, Nr. 2026,55–60). Aufgrund der Schließung der Hallenser Universität durch Napoleon im Herbst 1806 hat Schleiermacher den exegetischen Kurs nicht wie geplant zu Ende führen können. Nach Eröffnung der neuen Universität in Berlin hat er sein Vorhaben in veränderter Gestalt wieder aufgenommen. Über sechs Semester hinweg kündigte Schleiermacher – beginnend mit den „Schriften des Lukas" im Wintersemester 1810/11 – exegetische Kollegien zu allen neutestamentlichen Büchern mit Ausnahme der Johannesoffenbarung an (vgl. Arndt und Virmond, *Schleiermachers Briefwechsel*, 305–308). Der Abschluss des Zyklus, die Vorlesung zu den „Evangelien des Matthäus und Marcus" im Sommersemester 1813, ist jedoch angesichts des weithin zum Erliegen gekommenen akademischen Betriebs (nicht nur) an der Berliner Universität im Gefolge der sogenannten „Freiheitskriege" gegen Napoleon ausgefallen. Ende März 1813 schreibt Schleiermacher an Alexander Graf zu Dohna-Schlobitten: „Für die Universität wird diesen Sommer wenig oder nichts zu thun sein, und diese Aussicht hat die ohnehin schon sehr große Lust für jezt lieber auf andere Art wirksam zu sein gewaltig erhöht." (Friedrich Daniel Ernst Schleiermacher, Briefwechsel 1811–1813 [Briefe 3561–3930], hg. v. Simon Gerber und Sarah Schmidt, KGA V/12 [Berlin/Boston: De Gruyter, 2019], Nr. 3838,99–102). Nur wenige Tage später, am 17. April, wiederholt er die zuvor geäußerte Vermutung: „Ich werde da Collegia wahrscheinlich gar nicht zu Stande kommen litterarisch so fleißig und dabei so häuslich genießend sein als möglich, da mir nichts andres vergönnt zu sein scheint." (Schleiermacher, Briefwechsel 1811–1813, KGA V/12, Nr. 3848,26–29).
5 Dies dürfte einerseits für die regelmäßigen Vorlesungen zum Corpus Paulinum gelten, zu dem Schleiermacher in Analogie zur Platonübersetzung eine kritische Textausgabe plante (vgl. Schleiermacher, *Vorlesungen über Hermeneutik und Kritik*, KGA II/4, XXXIII–XXXIV). In den einschlägigen Vorlesungsmanuskripten finden sich zahlreiche Bemerkungen und Vorarbeiten zu diesem Projekt. Die späteren Vorlesungen zur Apostelgeschichte (1822; 1825/26; 1833) andererseits stehen vermutlich

Obwohl fast die Hälfte seiner theologischen Vorlesungen exegetischen Themen gewidmet war, ist diese Seite seiner Wirksamkeit in der Schleiermacherforschung weithin unbekannt geblieben. Dies liegt vor allem daran, dass Schleiermachers exegetische Vorlesungen mit Ausnahme der Vorlesungen „Einleitung ins neue Testament" (SW I/8, Berlin 1845) und „Das Leben Jesu" (SW I/6, Berlin 1864) nicht in die Ausgabe seiner „Sämmtlichen Werke" aufgenommen wurden, obwohl sich zu ihnen nicht nur umfangreiche Manuskriptbestände im Nachlass Schleiermachers, sondern auch zahlreiche studentische Nachschriften erhalten haben.[6] Die kritische Edition dieser Materialien ist daher ein dringendes Desiderat und verspricht, weiterführende Einsichten nicht nur in die exegetische Werkstatt Schleiermachers, sondern auch in die Bedeutung der Bibelauslegung für sein theologisches Denken und seine kirchliche Praxis insgesamt zu geben.

Beide Aspekte sollen im Folgenden anhand ausgewählter Textbeispiele aus Schleiermachers Vorlesungen zum Brief des Paulus an die Philipper näher betrachtet werden. Im ersten Teil sollen dabei philologische und historische Fragestellungen im Vordergrund stehen; der zweite Teil fragt nach Wechselwirkungen zwischen Schleiermachers exegetischen Einsichten und ihrer religionstheologischen bzw. homiletischen Reflexion. Zuvor soll jedoch kurz an einige Grundlinien der Bibelhermeneutik Schleiermachers erinnert werden, die den Referenzrahmen für seine exegetische Praxis bilden.[7]

---

im Zusammenhang mit Schleiermachers Absicht, seinen Studien zum Lukasevangelium (*Ueber die Schriften des Lukas ein kritischer Versuch. Erster Theil* [Berlin: Reimer, 1817]) noch zwei weitere Bände hinzuzufügen, deren erster die Apostelgeschichte behandeln sollte. „Ich will jetzt, so bald ich kann, an die Bearbeitung der Apostelgeschichte gehen und wünsche sehr [...], sie vor Anfang des nächsten Semesters zu vollenden. Dann soll noch ein drittes Heft folgen, welches besonders untersuchen wird, wie viel oder wenig sich aus der Sprache über die Entstehung der Bücher entscheiden ließe; und das zusammen wird nun wol mein Hauptwerk in der biblischen Kritik bleiben." (Friedrich Daniel Ernst Schleiermacher, *Briefwechsel mit J. Chr. Gaß. Mit einer biographischen Vorrede*, hg. v. Wilhelm Gaß [Berlin: Reimer, 1852], 140). Dafür spricht nicht zuletzt der Umstand, dass Schleiermacher nach 1817 keine Vorlesungen zum Lukasevangelium mehr angekündigt hat, obwohl er zuvor stets beide Teile des lukanischen Doppelwerks gemeinsam behandelt hatte (vgl. Friedrich Daniel Ernst Schleiermacher, *Exegetische Schriften*, hg. v. Hermann Patsch und Dirk Schmid, KGA I/8 [Berlin/New York: De Gruyter, 2001], VIII–X).
6 Vgl. Meckenstock, Schleiermachers Bibelhermeneutik, 251.
7 „Er [sc. Schleiermacher] kam zu dem Studium des Paulus mit den in seiner Hermeneutik gefaßten Gesichtspunkten." (Wilhelm Dilthey, *Leben Schleiermachers. Erster Band: Zweiter Halbband (1803–1807)*, hg. v. Martin Redeker [Berlin: De Gruyter, ³1970], 137).

1 Schleiermachers Bibelhermeneutik

Schleiermacher hat die Hermeneutik des Neuen Testaments bekanntlich „als eine spezielle Anwendung und Modifikation der allgemeinen Regeln der Hermeneutik" konzipiert.[8] Die Hermeneutik selbst entwirft er als eine allgemeine Verstehenslehre.[9] Sie ist „die Kunst, sich in den Besitz aller Bedingungen des Verstehens zu setzen"[10], und kommt bei jeglicher Form sprachlicher Mitteilung zur Anwendung. Als Ziel des Verstehensprozesses formuliert er, „die Rede zuerst ebenso gut und dann besser zu verstehen als ihr Urheber".[11]

Dazu bedarf es zunächst des Versuchs seitens der Ausleger, sich mit dem Sprecher/Autor respektive dem Adressatenkreis einer Rede gleichzustellen. Dies erfordert einerseits eine vertraute Bekanntschaft mit der Sprachwelt der jeweiligen Rede, mit Blick auf das Neue Testament mithin des neutestamentlichen Griechisch, das vor allem durch das Koine-Griechisch und die Sprachgestalt der Septuaginta bestimmt ist. Andererseits muss der Interpret die zeitgenössische Vorstellungswelt kennen, die den Sprecher/Autor mit seinen primären Adressaten verbindet, m.a.W. das ‚kollektive Gedächtnis' einer Kultur oder Subkultur, im Falle der neutestamentlichen Schriften vor allem der jüdisch-hellenistische Kulturkreis.[12] Daher bedarf es einer umfangreichen historischen Konstruktionsleistung, um die individuelle Rede bzw. ein einzelnes neutestamentliches Buch in seinem sprachlichen und

---

8 Meckenstock, Schleiermachers Bibelhermeneutik, 255.
9 Vgl. zur Stellung und Funktion der Hermeneutik in Schleiermachers Wissenschaftssystematik Meckenstock, Schleiermachers Bibelhermeneutik, 252–254. Eine konzise Rekonstruktion von Schleiermachers allgemeiner Hermeneutik vor dem Hintergrund sprachphilosophischer Überlegungen hat jüngst Florian Priesemuth, *Grund und Grenze des Verstehens: Theologie und Hermeneutik im Anschluss an Friedrich Schleiermacher*, SchlA 32 (Berlin/Boston De Gruyter, 2020), 36–50, vorgelegt.
10 Schleiermacher, *Vorlesungen über Hermeneutik und Kritik*, KGA II/4, 73,14–15.
11 Schleiermacher, *Vorlesungen über Hermeneutik und Kritik*, KGA II/4, 128,33–34. Gemeint ist mit dieser formelhaften Wendung eine vollständige Rekonstruktion sämtlicher Entstehungsvoraussetzungen einer Aussage bzw. eines Gedankens (vgl. dazu Florian Priesemuth, Besserverstehen. Verstehen als Interpretieren, in *Verstehen und Interpretieren: Zum Basisvokabular von Hermeneutik und Interpretationstheorie*, hg. v. Andreas Mauz und Christiane Tietz, Hermeneutik und Interpretationstheorie 1 [Paderborn: Schöningh, 2020], 163–171).
12 Schleiermacher schränkt diesen Grundsatz bei der Auslegung des Neuen Testaments jedoch dahin ein, dass die Eigentümlichkeit der christlichen Begriffsbildung nicht einseitig aus der hellenistisch-jüdischen Gedankenwelt abgeleitet werden könne, sondern sich der Besonderheit der christlichen „Gemüthserregung" verdanke, die im Wirken Jesu von Nazareth ihren Ursprung besitze (vgl. Hermann Patsch, Hermeneutica sacra in zweiter Potenz? Schleiermachers exegetische Beispiele, in *Friedrich Schleiermachers Hermeneutik*, hg. v. Andreas Arndt und Jörg Dierken [Berlin/Boston: De Gruyter, 2016], 168–169).

gedanklichen Beziehungsgefüge zu verstehen. Denn „[m]an hat nur verstanden, was man in allen seinen Beziehungen und in seinem Zusammenhange nachconstruirt hat."[13]

Erst von hier aus ist es dem Interpreten schließlich möglich, eine Rede besser zu verstehen als ihr Urheber, indem er ihr „neue Beziehungen im gesamten Sprachkomplex und im gesamten Gedankenkomplex" zu erschließen vermag.[14] Gerade für das Verständnis des Neuen Testaments ist dabei neben der philologischen Kompetenz, die den wissenschaftlichen Ausgangspunkt des hermeneutischen Prozesses bildet, das *religiöse* Moment notwendig vorauszusetzen. Erst der christliche Gemeingeist erlaubt es dem Ausleger, sich den Verfassern der neutestamentlichen Schriften nicht nur sprachlich, sondern auch gedanklich gleichzustellen und ihre Rede besser zu verstehen als sie selbst.

> Religiöses Interesse und philologischer Geist müssen vereint sein. [...] Der von Christus ausgehende einheitsstiftende Lebensimpuls sei der hermeneutische Grundpunkt zum Verständnis des Neuen Testaments. Die Analogie des Glaubens sei die berechtigte Prämisse jeder Auslegung.[15]

Das hermeneutische Verfahren selbst wird von Schleiermacher vierfach untergliedert: Einerseits unterscheidet er zwischen einer komparativen und einer divinatorischen Verfahrensart, um das wechselseitige Verstehen des Einzelnen und des Ganzen zu beschreiben. „Das komparative Verfahren schließt vergleichend vom Ganzen auf das Einzelne und das divinatorische Verfahren entwirft aus dem Eindruck eines Einzelnen das Ganze."[16] Andererseits unterteilt er die Hermeneutik in zwei Interpretationsarten, die grammatische und die technische bzw. psychologische Interpretation. Die erstere richtet ihr Augenmerk auf das Verstehen der Schrift (bzw. Sprache), die zweite auf das Verstehen des Schriftstellers (bzw. Sprechers).[17] Beide bleiben stets aufeinander bezogen und bedienen sich jeweils beider Verfahrensweisen. Die grammatische Interpretation, die eine Rede in ihrem Sprachzusammenhang untersucht, ist dabei überwiegend komparativ, d.h. sprachvergleichend[18], angelegt. Die psychologische Interpretation hingegen, die auf die

---

13 Schleiermacher, *Vorlesungen über Hermeneutik und Kritik*, KGA II/4, 74,35–75,2; vgl. Priesemuth, *Grund und Grenze des Verstehens*, 41.
14 Meckenstock, Schleiermachers Bibelhermeneutik, 255.
15 Meckenstock, Schleiermachers Bibelhermeneutik, 255.
16 Priesemuth, *Grund und Grenze des Verstehens*, 39.
17 Vgl. Priesemuth, *Grund und Grenze des Verstehens*, 42–44.
18 Der Sprachvergleich bleibt bei Schleiermacher jedoch auf die jeweilige Einzelsprache beschränkt. Einem sprachübergreifenden Vergleich steht er ablehnend gegenüber (vgl. Priesemuth, *Grund und Grenze des Verstehens*, 44).

gedankliche Kompositionsstruktur einer Rede gerichtet ist, greift häufig auf das divinatorische Verfahren zurück, das auf der autonomen Produktivität des Auslegers beruht, die den gedanklichen Zusammenhang einer Rede intuitiv erfasst.

Die neutestamentlichen Schriften[19] gehören sämtlich der Sprachwelt des Griechischen, der *lingua franca* der neutestamentlichen Autoren und ihrer Erstadressaten, an. Die grammatische Interpretation des Neuen Testament kann daher allein aus dem Sprachgebiet des Griechischen erfolgen.[20] Um den Sinn einzelner Worte oder Wendungen zu bestimmen, bedarf es zum einen einer gründlichen Analyse ihrer syntagmatischen Beziehungen im vorliegenden Textgefüge und zum anderen einer komparatistischen Untersuchung des neutestamentlichen bzw. klassischen Sprachgebrauchs. Solche vergleichenden, philologisch-historischen Einzelstudien nehmen einen großen Teil von Schleiermachers exegetischen Betrachtungen ein, wie sie seine Vorlesungsmanuskripte dokumentieren. Die Kenntnis des neutestamentlichen Sprachschatzes wie des eigentümlichen „Stils" der einzelnen Schriftsteller[21] ist für ihn eine Grundvoraussetzung nicht nur einer gelehrten Interpretation des Neuen Testaments, sondern auch eines eigenverantwortlichen, kritischen Umgangs mit der kirchlichen Lehrbildung.

> Was die Exegese betrifft so möchte ich doch noch die ganze cursorische Lection vertheidigen. Erstlich schon als Uebung im cursorischen Lesen, ohne welches doch kein recht statarisches möglich ist. Dann auch um in der Dogmatik sich über die Beweisstellen orientiren zu können. Ferner allerdings um eine vollständige Anschauung von der Neutestamentischen Sprache zu bekommen, die man doch in jeder Sprache nur durch recht vieles und mannigfaltiges Lesen bekommt.[22]

Das psychologische Interpretationsverfahren rückt den individuellen Sprechakt, die literarische und gedankliche Komposition der neutestamentlichen Bücher in den Vordergrund des Interesses. Dabei wird die jeweilige Kompositions- bzw. Argu-

---

19 Vgl. zur Anwendung der allgemeinen Regeln der Auslegungskunst auf das Neue Testament bei Schleiermacher zuletzt Simon Gerber, Hermeneutik als Anleitung zur Auslegung des Neuen Testaments, in *Friedrich Schleiermachers Hermeneutik*, hg. v. Andreas Arndt und Jörg Dierken (Berlin/Boston: De Gruyter, 2016), 145–161, und Priesemuth, *Grund und Grenze des Verstehens*, 77–92.
20 „Jedem Theologen aber ist aus dem Gebiet der Sprachkunde zuzumuthen eine gründliche Kenntniß der griechischen vornehmlich prosaischen Sprache in ihren verschiedenen Entwicklungen, die Kenntniß beider alttestamentlichen Grundsprachen, und vermittelst derselben eine klare Anschauung vom Wesen und Umfang des neutestamentischen Hebraismus […]" (Friedrich Daniel Ernst Schleiermacher, *Kurze Darstellung des theologischen Studiums zum Behuf einleitender Vorlesungen (1811/1830)*, hg. v. Dirk Schmid [Berlin/New York: De Gruyter, 2002], 188,21–26).
21 Unter „Stil" versteht Schleiermacher die individuelle Eigenheit eines Menschen hinsichtlich seiner Sprache (vgl. Priesemuth, *Grund und Grenze des Verstehens*, 44).
22 Schleiermacher, *Briefwechsel 1804–1806*, KGA V/8, Nr. 1914,43–49.

mentationsstruktur als ein komplexes Gefüge von Haupt- und Nebengedanken rekonstruiert, das sich einerseits „aus der Anwendung der Ordnungsgesetze des Denkens auf den lebendigen keimhaften Grundgedanken" einer Schrift und andererseits „aus der mehr unwillkürlichen Wirksamkeit von Nebengedanken" konstituiert.[23] Um die *intentio auctoris* (bzw. *operis*) zu ermitteln, wie sie sich „in der Sprachbehandlung und im Aufnehmen und Ausschließen von Vorstellungen zeigt", bedarf es einer Kombination von komparatistischer und divinatorischer Methode.[24] Jene erschließt das Besondere vom Allgemeinen her, diese imaginiert das Einzelne aus der Individualität des Autors.

Eine grundlegende Schwierigkeit bei der psychologischen Auslegung des Neuen Testaments ergibt sich aus dem Umstand, dass über die neutestamentlichen Schriftsteller und das Verhältnis zu ihren Adressatenkreisen oft nur wenig bekannt ist. Das gilt in Sonderheit von den synoptischen Evangelien[25], betrifft aber mit Einschränkungen auch die neutestamentliche Briefliteratur. Mit Blick auf die Paulusexegese stehen zwar zusätzlich die Angaben der Apostelgeschichte zur Verfügung, die Nachrichten über das Leben und Wirken des Paulus bieten. In vielen Fällen bleibt die Auslegung aber auf die Briefe selbst angewiesen, um nähere Hinweise auf das Verhältnis des Autors zu seinen Adressaten zu gewinnen.[26]

Über ihren didaktischen Abfassungszweck hinaus, der entweder stärker Gesprächs- oder Lehrcharakter annehmen kann, eignet den neutestamentlichen Briefen auch eine rhetorische Disposition. „Das Didaktische will Erkänntnisse mittheilen, das Rhetorische will einen Entschluß hervorrufen sofern er in Handlung übergeht."[27] Die psychologische Interpretation muss versuchen, das Verhältnis zwischen didaktischer Mitteilung und rhetorischer Paränese genauer zu bestimmen, um die kompositorische Einheit der jeweiligen Schrift rekonstruieren zu können. Schließlich muss damit gerechnet werden, dass in die Komposition sowohl christliche als auch vorchristliche Einflüsse und Vorstellungen eingegangen sind, die sich unterschiedlich auf die gedankliche Kohärenz einer Rede auswirken können.[28]

---

23 Meckenstock, Schleiermachers Bibelhermeneutik, 258; vgl. Priesemuth, *Grund und Grenze des Verstehens*, 45.
24 Meckenstock, Schleiermachers Bibelhermeneutik, 258.
25 Vgl. Meckenstock, Schleiermachers Bibelhermeneutik, 258–259.
26 Vgl. zum Paulusbild in Schleiermachers Vorlesungen zur „Einleitung ins neue Testament" Priesemuth, *Grund und Grenze des Verstehens*, 83–86.
27 Schleiermacher, *Vorlesungen über Hermeneutik und Kritik*, KGA II/4, 926,15–17.
28 Vgl. Meckenstock, Schleiermachers Bibelhermeneutik, 259. Hier spielt für die Paulusexegese besonders dessen religiöse und kulturelle Verwurzelung im hellenistischen Judentum eine wichtige Rolle.

2 Schleiermachers Auslegung des Briefes an die Philipper

Schleiermacher hat erstmals im Wintersemester 1811/12 eine Vorlesung zum Philipperbrief gehalten, den er gemeinsam mit den übrigen sogenannten „Gefangenschaftsbriefen" des Paulus (Kol, Eph, Tim, Tit, Phlm)[29] ausgelegt hat. Er hat die Vorlesung mit Variationen später noch vier Mal wiederholt: im Wintersemester 1815/16 (einschließlich des Römerbriefes), 1818/19, 1824/25 und zuletzt im Sommer-

---

[29] Bereits für das Wintersemester 1806/07 hatte Schleiermacher eine Vorlesung über die paulinischen „Gefangenschaftsbriefe" und den Brief an die Hebräer an der Universität Halle angekündigt, die jedoch aufgrund der Schließung der Universität nicht zustande gekommen ist (vgl. Arndt und Virmond, *Schleiermachers Briefwechsel*, 302). – In der Ankündigung für das Wintersemester 1824/25 fehlen in der Reihe der „Gefangenschaftsbriefe" der erste Brief an Timotheus und der Brief an Titus (vgl. Arndt und Virmond, *Schleiermachers Briefwechsel*, 320). Aus einer erhaltenen Nachschrift (s. u. Anm. 32) ist jedoch – entgegen der Ankündigung im allgemeinen Vorlesungsverzeichnis (vgl. Arndt und Virmond, *Schleiermachers Briefwechsel*, 314) – zu entnehmen, dass Schleiermacher schon im Wintersemester 1818/19 auf eine Auslegung der beiden Schriften verzichtet hat. Da Schleiermacher die paulinische Herkunft des ersten Briefes an Timotheus bereits in seiner Hallenser Zeit mit überzeugenden Gründen bestritten hatte (vgl. Friedrich Daniel Ernst Schleiermacher, *Ueber den sogenannten ersten Brief des Paulos an den Timotheos. Ein kritisches Sendschreiben an J. C. Gass* [Berlin: Realschulbuchhandlung, 1807]), könnte vermutet werden, dass er ihn auch in den beiden früheren Vorlesungen aus dem Wintersemester 1811/12 und 1815/16 nicht behandelte. Allerdings existiert im Nachlass Schleiermachers ein undatiertes Manuskript unter dem Titel *Scholia ad S. Pauli, quae fertur, primam ad Timotheum epistolam* (SN 34), das formal alle Kennzeichen eines Vorlesungsmanuskripts trägt (sollte es noch der Hallenser Zeit angehören, könnte es in der Vorbereitung auf die Vorlesung von 1806/07 entstanden sein). Auch zum Titusbrief, über dessen Authentizität Schleiermachers Urteil – ähnlich wie beim zweiten Brief an Timotheus – bis zuletzt schwankend war (vgl. Friedrich Daniel Ernst Schleiermacher, *Einleitung ins neue Testament*, hg. v. Georg Wolde, SW I/8 [Berlin: Reimer, 1845], 172–176), gibt es ein Vorlesungsmanuskript im Nachlass Schleiermachers (Friedrich Daniel Ernst Schleiermacher, *Zum Brief an den Titus*. Archiv der Berlin-Brandenburgischen Akademie der Wissenschaften, Nachlass F. D. E. Schleiermacher, Nr. 39), das bisher keiner bestimmten Vorlesung zugeordnet werden kann. Interessant ist in diesem Zusammenhang, dass zwei Nachschriften (Hagenbach, Bonnell) der Vorlesung über die Briefe an die Thessalonicher und an die Galater aus dem Wintersemester 1822/23 übereinstimmend belegen, dass Schleiermacher bei dieser Gelegenheit auch den Brief an Titus ausgelegt hat. Drückt sich darin die Ansicht aus, dass der Brief an Titus, der keine Verbindung zu den in der Apostelgeschichte berichteten Ereignissen besitzt (vgl. Schleiermacher, *Einleitung ins neue Testament*, SW I/8, 129), einer früheren Phase der Wirksamkeit des Paulus zugewiesen werden müsse als die „Gefangenschaftsbriefe"? Einer gemeinschaftlichen Behandlung der sogenannten Pastoralbriefe (1–2Tim, Tit) gegenüber blieb Schleiermacher bis zuletzt jedenfalls skeptisch (vgl. Schleiermacher, *Einleitung ins neue Testament*, SW I/8, 172–173).

semester 1832 (nur Kol, Eph, Phil).³⁰ Im Nachlass Schleiermachers, der im Archiv der Berlin-Brandenburgischen Akademie der Wissenschaften in Berlin aufbewahrt wird, findet sich unter der Nachlassnummer SN 26 ein handschriftliches Manuskript Schleiermachers mit dem Titel *An die Philipper*, das er vermutlich für die Vorlesung des Wintersemesters 1818/19 angefertigt und auch der Vorlesung des Wintersemesters 1824/25 zugrunde gelegt hat.³¹ Die folgenden Ausführungen beziehen sich auf dieses Manuskript, zu dem ergänzend die Nachschrift zur Vorlesung aus dem Wintersemester 1818/19 von Christian August Bahnsen herangezogen wird.³²

2.1 Die Geschichte des Textes

Die Aufgabe der niederen Kritik ist für Schleiermacher vorrangig die Konstitution eines verlässlichen griechischen Textes, der als Grundlage der weiteren Interpretation dienen kann. „Die definitive Aufgabe der niederen Kritik, die ursprüngliche Schreibung überall möglichst genau und auf die überzeugendste Weise auszumitteln, ist auf dem Gebiet der exegetischen Theologie ganz dieselbe wie anderwärts."³³

---

30 Vgl. Arndt und Virmond, *Schleiermachers Briefwechsel*, 311, 314, 320, 328.
31 Friedrich Daniel Ernst Schleiermacher, *An die Philipper*, Archiv der Berlin-Brandenburgischen Akademie der Wissenschaften, Nachlass F. D. E. Schleiermacher, Nr. 26 (= SN 26). Vgl. die handschriftlichen Randnotizen Schleiermachers auf dem ersten Blatt: „angefangen 1818 19ten October geschlossen 9ten November" bzw. „1824 angefangen den 19ten October beendigt den 8ten November". Ob Schleiermacher das Manuskript auch für die Vorlesung des Sommersemesters 1832 benutzt hat, geht aus dem Text nicht eindeutig hervor. – Unter der Nachlassnummer SN 27 findet sich ein weiteres Vorlesungsmanuskript Schleiermachers zum Brief an die Philipper (*Epistola ad Philippenses*) mit der Randnotiz „Angefangen den 19ten October 1818" auf der ersten Seite, dessen Verhältnis zu SN 26 bisher noch nicht abschließend geklärt werden konnte.
32 Christian August Bahnsen (1797–1864) studierte Evangelische Theologie in Kiel und Berlin. Laut Eintrag im „Album Civium Universitatis Litterariae Berolinensis" (Nr. 508) war er vom 17. Oktober 1818 bis zum 13. August 1819 an der Berliner Universität immatrikuliert (vgl. Peter Bahl und Wolfgang Ribbe [Hg.], *Die Matrikel der Friedrich-Wilhelms-Universität zu Berlin 1810–1850. Teil 1: Die Matrikel für das 1. bis 23. Rektoratsjahr [1810–1833]*, EVHKB 86/1 [Berlin/New York: De Gruyter, 2010], 121). Nach dem Theologischen Examen in Schleswig (1821) war Bahnsen zunächst als Lehrer an der Flensburger Gelehrtenschule tätig. Im Jahr 1829 wurde er zum Direktor und Professor am Schullehrerseminar in Tondern ernannt (seit 1858 in Eckernförde). Die Nachschrift, die in der Universitäts- und Forschungsbibliothek Erfurt/Gotha (Archiv Stammler 0002) aufbewahrt wird, trägt den Titel *Exegese mehrerer Briefe des Apostels Paulus von D. Schleiermacher* und umfasst 102 Seiten. Die Auslegung des Briefes an die Philipper findet sich auf den Seiten 3–34 des Manuskripts.
33 Schleiermacher, *Kurze Darstellung des theologischen Studiums*, 184,10–13; zum wechselseitigen Verhältnis von Hermeneutik und Kritik bei Schleiermacher vgl. Priesemuth, *Grund und Grenze des Verstehens*, 46–49.

Als „Virtuose" auf dem Gebiet der biblischen Kritik hat sich Schleiermacher der Geschichte des Textes der neutestamentlichen Schriften intensiv gewidmet und bereits früh als Seitenstück zu seiner Platonübersetzung den Gedanken an eine kritische Edition des Neuen Testaments bzw. der Paulusbriefe verfolgt. In einem Schreiben an seinen früheren Jenaer Verleger Karl Friedrich Ernst Frommann vom 8. Oktober 1808 greift er eine Äußerung Josias Friedrich Christian Löfflers in dessen Rezension zu Schleiermachers Schrift „Ueber den sogenannten ersten Brief des Paulos an den Timotheos" (Berlin 1807)[34] auf:

> Auch seine [sc. Löfflers] Aufmunterung zur Herausgabe des heiligen Paulus soll nicht verloren sein; ich habe mir wenigstens vorgenommen dazu vorzuarbeiten, ob ich aber je bis zu dem Gefühl kommen werde daß meine Kräfte dem Werke genügen, dafür will ich nicht einstehen.[35]

Zwar sollten sich die Vorbehalte hinsichtlich der Durchführung des Vorhabens bestätigen, doch finden sich im handschriftlichen Nachlass Schleiermachers teils ausführliche Vorarbeiten und Entwürfe zum ersten Brief an die Korinther (SN 17/1), zum Galaterbrief (SN 22–23), zu den beiden Briefen an die Thessalonicher (SN 32) sowie der Entwurf eines Titelblatts: „Divi Pauli quae exstant. Denuo recensuit et commentario instruxit D. F. Schleiermacher" (SN 32, 1). Darüber hinaus hat Schleiermacher die Vorbereitung seiner exegetischen Kollegien genutzt, um zahlreiche textkritische Beobachtungen zu notieren, die zur Vorbereitung der geplanten Ausgabe dienten.

Ein Beispiel dafür kann bei der Auslegung von Phil 3,9–10 beobachtet werden. Schleiermacher setzt sich hier mit verschiedenen Vorschlägen zur Interpretation

---

34 Vgl. *Magazin für Prediger*, hg. v. J. F. C. Löffler, Bd. 4,1 (1808), 49–68. Schleiermacher hatte in seiner Schrift selbst auf das Desiderat einer kritischen Ausgabe der paulinischen Briefe hingewiesen: „Allein es wird wol eine Zeit kommen wo Paulos wenigstens sich sein Recht nehmen wird; nur muß noch Manches vorhergehen, vornehmlich eine ordentliche Ausgabe der Paulinischen Schriften, durch welche auch sein Sprachgebrauch erst wird genau bestimmt werden können, und manches festgesezt worauf ich jezt, weil es wol nur in einem solchen Zusammenhange recht anschaulich heraustreten kann, lieber gar nicht erst hingewiesen habe." (Friedrich Daniel Ernst Schleiermacher, *Schriften aus der Hallenser Zeit 1804–1807*, hg. v. Hermann Patsch, KGA I/5 [Berlin/New York: De Gruyter, 1995], 239,23–29.) Diese Andeutung nimmt der Rezensent auf, wenn er abschließend schreibt: „Wer könnte ihn [sc. den Gedanken an eine Ausgabe der Paulusbriefe] besser ausführen, als Herr Schleiermacher selbst? […] Warum sollte er [sc. Paulus], der sich so unabhängig von fremder Autorität erhielt, nicht auch unabhängig von den übrigen Schriften der Kirche bearbeitet werden? Mit einer solchen Ausgabe würde, nachdem die Kritik die Lesarten und andere Nachrichten gesammelt hat, die eigentliche kritische und exegetische Behandlung des Apostels anheben." (*Magazin für Prediger*, 68).
35 Friedrich Daniel Ernst Schleiermacher, *Briefwechsel 1808 (Briefe 2598–3020)*, hg. v. Simon Gerber und Sarah Schmidt, KGA V/10 (Berlin/Boston: De Gruyter 2015), Nr. 2861,11–14.

der syntaktischen Struktur der Satzperioden bzw. zur Korrektur des überlieferten Wortlauts auseinander. Ausgangspunkt ist der schwierige syntaktische Bezug des Genitivs τοῦ γνῶναι αὐτόν (V. 10).

> Die allgemeinste Erklärung ist das τοῦ γνῶναι p. v 10 in καὶ ἵνα γνῶ aufzulösen und als das dritte Glied zu ινα κερδησω und ἵνα εὑρεθῶ anzusehn. Allein nicht zu rechnen daß das γνῶναι eigentlich schon dem κερδῆσαι zum Grunde liegen muß: so kommt es doch bei der δύναμις τῆς ἀναστάσεως und κοινωνια των παθηματων nicht auf das γινώσκειν an sondern auf das ἔχειν. [...] Dazu kommt noch v 9 vorher daß das επι τῇ πίστει für sich allein überflüßig zu sein scheint und man nicht begreift wie der kahle Zusaz entstanden ist. Alle diese Schwierigkeiten werden gehoben wenn man sich entschließt ἐπὶ τῇ πίστει τοῦ γνῶναι αὐτὸν mit einander zu verbinden und καὶ τὴν δύναμιν mit dem frühern ἀλλὰ τὴν zu verbinden. [...] <u>διὰ πίστεως</u> ist nun dem ἐκ νόμου entgegengesezt und τὴν ἐκ θεοῦ dem ἐμὴν und so hinge ἐπὶ τῇ πιστει über; nur mit τοῦ γνῶναι verbunden entsteht eine Erklärung des δια πιστεως daraus „die Gott ertheilt unter der Bedingung des Glaubens der ihn anerkennt". Analogie genug ist zwischen den Formeln πιστις τοῦ ὀνόματος und πιστις τοῦ γνῶναι doch darf die Erklärung in der Ausgabe nur mit Behutsamkeit vorgeschlagen werden.[36]

Die an sich selbst gerichtete Mahnung zur Behutsamkeit erklärt sich aus dem Umstand, dass diese Lesart gewisse sprachliche Härten in Kauf nehmen muss:

> [...] einmal ist πιστις τοῦ γνῶναι eine Verbindung die sonst nicht vorkommt indem der Genitiv nach πιστις immer objectiv zu sein pflegt, und man doch nicht sagen kann „Glauben an das Erkennen", sondern den Genitiv hier erklärend nehmen müßte „der Glaube welcher ihn anerkennt". Die zweite Härte ist die daß man αὐτὸν von καὶ τὴν trennen muß. Jene wird etwas gemildert durch die Beziehung auf das obige υπερεχον της γνωσεως [sc. in V. 8]. Diese aber wird begreiflich wenn man sich die Worte ἐπὶ τῇ πίστει τοῦ γνῶναι αὐτὸν als einen in Gedanken erst später während des Dictirens entstandenen Zusaz denkt, um dessentwillen Paulus das nicht

---

[36] Schleiermacher, *An die Philipper*, SN 26, 23–24. Am Rand notiert Schleiermacher weitere Gewährsleute für seinen Vorschlag, das Komma statt hinter πίστει (V. 9) hinter αὐτὸν (V. 10) zu setzen: „Diese Interpunction schlägt auch schon Griesbach vor nach Chrysostomus Theodoret Theophylact" (SN 26, 23). – Eine ähnliche Lösung des syntaktischen Problems findet sich noch bei Paul Ewald, *Der Brief des Paulus an die Philipper*, vierte, durchgesehene und vermehrte Auflage besorgt von Gustav Wohlenberg, KNT 11 (Leipzig/Erlangen: Deichert, 1923), 176–177. Die gegenteilige Auffassung vertritt Ernst Lohmeyer, *Die Briefe an die Philipper, an die Kolosser und an Philemon*, KEK 9 (Göttingen: Vandenhoeck & Ruprecht, ⁸1930), 137 Anm. 2: „Daher besteht auch zwischen διὰ πίστεως Χριστοῦ und ἐπὶ τῇ πίστει ein feiner Unterschied. Jene Wendung sieht den Glauben als ein Tun Gottes an dem Einzelnen, diese als das Beschenktwerden des Einzelnen mit diesem Wunder; jene sieht ihn rein sub specie dei et Christi, diese auch sub specie animae. Das wird durch nichts deutlicher als dadurch, daß der einheitliche Ausdruck διὰ πίστεως Χριστοῦ in den doppelten ἐκ θεοῦ ... ἐπὶ τῇ πίστει zerlegt wird." Auch Ulrich B. Müller, *Der Brief des Paulus an die Philipper*, ThHKNT 11/1 (Leipzig: Evangelische Verlagsanstalt, 1993), 158–159, bevorzugt die Unterordnung der Infinitivkonstruktion unter „den voranstehenden Finalsatz mit ἵνα" (159). Beiden Autoren ist jedoch das Ringen mit der schwierigen syntaktischen Konstruktion deutlich anzumerken.

ändern wollte was er schon beschlossen hatte so schreiben zu lassen. Allein ich will mir beide Härten lieber gefallen lassen als die Schwierigkeiten welche die gewöhnliche Erklärung darbietet.³⁷

Die Argumentation illustriert die hermeneutische Regel, dass bei jeder Auslegung grammatische und psychologische, komparatistische und divinatorische Interpretationsverfahren wechselseitig aufeinander bezogen werden müssen. Neben eine vergleichende sprachliche Analyse des Abschnitts tritt hier der Versuch, die gedankliche Komposition gewissermaßen „von innen heraus" als Gefüge von Haupt- und Nebengedanken zu rekonstruieren. Dieses hermeneutische Verfahren hat Schleiermacher bereits bei seiner kritischen Arbeit an den platonischen Dialogen zur Anwendung gebracht.³⁸ „Paulus zog ihn [sc. Schleiermacher] besonders an als ein Schriftsteller, welcher die Anwendung der an Platon ausgebildeten Methode forderte. Hier erkannte er eine Aufgabe seiner Auslegungskunst, welche ebenso bedeutend als die Wiederherstellung Platons war."³⁹ Gerade die strukturelle Affinität, die zwischen dem Werk Platons und dem Corpus Paulinum besteht, fordert eine vergleichende Analyse zwischen Schleiermachers Platonstudien und seiner Arbeit an einer kritischen Ausgabe der Paulusbriefe heraus, von der weiterführende Einsichten in die wechselseitigen Beziehungen zwischen beiden Arbeitsfeldern erwartet werden können. Dazu bietet die Edition der Vorlesungsmanuskripte zu den paulinischen Briefen reiches, bisher weitgehend unzugängliches Material.

2.2 Der „Christushymnus" in Phil 2,6–11

Bei seiner Auslegung von Phil 2,6–11, in der Schleiermacher sich vor allem kritisch gegenüber einer dogmatischen Lesart des Abschnitts äußert, die hier einen Hinweis

---

37 Schleiermacher, *An die Philipper*, SN 26, 23–24. Am Rand findet sich die Bemerkung: „Die zweite Härte wird vollkommen dadurch gerechtfertigt, daß γνωναι την δυναμιν und γνωναι την κοινωνιαν beides eigentlich nichts sagen will" (24).
38 Vgl. zur Platonauslegung Schleiermachers zuletzt Lutz Käppel, Schleiermachers Hermeneutik zwischen zeitgenössischer Philologie und „Phaidros"-Lektüre, in *Schleiermacher-Tag 2005, Nachrichten der Akademie der Wissenschaften zu Göttingen 4*, hg. v. Günter Meckenstock (Göttingen: Vandenhoeck & Ruprecht, 2006), 231–240; Gunter Scholz, Platonforschung und hermeneutische Reflexion bei Schleiermacher, in *Argumenta in Dialogos Platonis, Bd. 2: Platoninterpretation und ihre Hermeneutik vom 19. bis zum 21. Jahrhundert*, hg. v. Michael Erler und Ada Neschke-Hentschke, BHR 32 (Basel: Schwabe, 2012), 81–101; Theo Hermans, Schleiermacher and Plato: Hermeneutics and Translation, in *Friedrich Schleiermacher and the Question of Translation*, hg. v. Larissa Cercel und Adriana Serban, SchlA 25 (Berlin/Boston: De Gruyter, 2015), 77–106; Priesemuth, *Grund und Grenze des Verstehens*, 64–76.
39 Dilthey, *Leben Schleiermachers*, 137.

auf die Präexistenz Christi erkennen will, fügt er zum Abschluss eine Anmerkung hinzu, in der er die Vermutung begründet, dass Paulus diese „hymnische" Passage aus der frühchristlichen Traditionsbildung übernommen habe. Neben stilistischen Beobachtungen führt er dafür vor allem die Inkohärenz der gedanklichen Komposition an, die das Stück als Fremdkörper in seinem argumentativen Kontext erweise.

> Wenn man bedenkt 1.) wie sehr diese ganze Stelle ihrem Tone nach sich von dem vorigen und folgenden unterscheidet (das Paulinische εκένωσε und das paulinisch gebildete ὑπερύψωσε können diesen Eindruk wol nicht entkräften), 2.) wie der Zusammenhang dadurch unterbrochen wird indem Paulus nach dieser Stelle in eine allgemeine Ermahnung übergeht aus welcher er hernach erst v 14 flgd. die Fortsezung der einzelnen entwikelt, 3.) wie von dem ὑπερύψωσε gar keine Anwendung gemacht wird, und 4.) wie die Hauptsache nämlich daß Christus sich entäußert hat um das Reich Gottes zu stiften eigentlich fehlt: so kann man sich des Gefühls nicht erwehren daß diese Stelle nicht im Zusammenhang mit dem übrigen entstanden, sondern daß es eine hymnische Anführung ist, welche Paulus weiter ausdehnte als sein Zwek erforderte und eben darüber den Faden etwas verlor.[40]

Diese Beobachtung ist vor allem deshalb von besonderem Interesse, weil in der zeitgenössischen exegetischen Diskussion zwar die syntaktischen und argumentativen Spannungen gesehen, die paulinische Herkunft des „Hymnus" jedoch nicht in Zweifel gezogen wurde. Erst mehr als ein Jahrhundert später begründete Ernst Lohmeyer in seiner einflussreichen Studie „Kyrios Jesus. Eine Untersuchung zu Phil. 2,5–11" (erneut) den vorpaulinischen Charakter des „Christusliedes" und führte dafür zum Teil ganz ähnliche Argumente an.

> Mit der Erkenntnis, daß dieser Abschnitt ein Stück urchristlicher Psalmdichtung darstellt, erhebt sich eine Fülle weiterer Fragen. Die erste, ob dieses Gedicht aus Anlaß des Philipperbriefes, in dem es steht, von Paulus niedergeschrieben ist, läßt sich leicht beantworten. *Es tritt in einem Relativsatz auf, es geht über den paränetischen Zusammenhang nicht nur weit hinaus, sondern ist auch nur lose mit ihm verknüpft.* [...] Deshalb ist auf diese erste Frage nur zu antworten, daß es vor Abfassung des Philipperbriefes konzipiert und geformt ist. Ist es dann überhaupt von Paulus geschaffen? Wohl sind sonst hymnische Stücke aus paulinischen Briefen bekannt. Aber selbst das hohe Lied der Liebe, das seiner dichterischen Form wie seinen einleitenden Worten nach an erster Stelle steht, zeigt nicht die Strenge der strophischen Bildung und die bis ins Feinste durchgeführte Gliederung, die dieses Gedicht besitzt. *Wird es schon aus dieser allgemeinen Beobachtung zweifelhaft, daß Paulus der Dichter ist, so macht es der Sprachgebrauch gewiß.* Dieses Lied zeigt eine Fülle einzigartiger Wendungen. Allen voran steht der Ausdruck: ἁρπαγμὸν ἡγεῖσθαι; andere Wörter sind in einem Sinn gebraucht, den sie sonst bei Paulus nirgends haben wie κενοῦν, ταπεινοῦν, ὑπερυψοῦν, μορφή, σχῆμα. [...] Zu diesen sprachlichen Kriterien gesellt sich endlich ein sachliches: Der Ausdruck θανάτου δὲ σταυροῦ

---

[40] Schleiermacher, *An die Philipper*, SN 26, 14.

ist formell und sachlich nur als ein paulinischer Kommentar zu einem gegebenen μέχρι θανάτου zu begreifen [...]. Aus allen diesen Momenten wird der Schluß notwendig, daß dieses Gedicht eine fremde, von Paulus erst übernommene Schöpfung darstellt; es ist eine Art überlieferten urchristlichen Chorals.[41]

Lohmeyers Untersuchung zielte zwar auf ein ganz anderes Interesse ab, nämlich auf die Anfänge der Verwendung des Titels κύριος in der frühchristlichen Traditionsbildung und dessen hermeneutische Erschließungskraft für die neutestamentliche Christologie, wofür ihm der „Philipperhymnus" als Basistext diente. Aber es ist trotzdem bemerkenswert, dass sich in Schleiermachers Vorlesung bereits eine vergleichbare Argumentation für die vorpaulinische Herkunft des Stückes in Phil 2,6–11 findet, die bisher gänzlich unbemerkt geblieben ist. Dies ist nicht nur ein weiterer Beleg für den innovativen Beitrag Schleiermachers zum zeitgenössischen exegetischen Diskurs, sondern unterstreicht darüber hinaus, dass seine exegetischen Vorlesungen eine wichtige Quelle für die Geschichte der Auslegung des Neuen Testaments darstellen, die eine vertiefte Beschäftigung verdienen.

Exkurs: Der historische Ort des Philipperbriefes

Das Selbstzeugnis des Philipperbriefes setzt voraus, dass Paulus sich in Gefangenschaft befindet (vgl. Phil 1,7.17). Strittig ist unter den zeitgenössischen Auslegern jedoch der Ort der Gefangenschaft und mit ihm die zeitliche Ansetzung des Briefes. In der Regel wird seine Abfassung mit der römischen Gefangenschaft des Paulus in Verbindung gebracht, von der in der Apostelgeschichte berichtet wird (vgl. Apg 28,17–31). Diese „gemeine Meinung" setzt Schleiermacher noch in einer Predigt über Phil 1,1–11 vom 8. Juni 1817 unhinterfragt voraus: „Uebrigens schrieb er [sc. Paulus] diesen Brief aus dem Gefängniß zu Rom, worin er wahrscheinlich starb."[42] In der

---

41 Ernst Lohmeyer, *Kyrios Jesus. Eine Untersuchung zu Phil. 2,5–11*, Sitzungsberichte der Heidelberger Akademie der Wissenschaften. Philosophisch-historische Klasse, Jahrgang 1927/28, 4. Abhandlung (Heidelberg: Winter, 1928), 7–8 (Hervorhebungen M.P.). – Die vorpaulinische Herkunft des Abschnitts hat jüngst Ralph Brucker, *„Christushymnen" oder „epideiktische Passagen"? Studien zum Stilwechsel im Neuen Testament und seiner Umwelt*, FRLANT 176 (Göttingen: Vandenhoeck & Ruprecht, 1997), 304–319, unter Hinweis auf die antike Rhetoriklehre mit bedenkenswerten Argumenten in Frage gestellt.
42 Friedrich Daniel Ernst Schleiermacher, *Predigten 1816–1819*, hg. v. Katja Kretschmar unter Mitwirkung von Michael Pietsch, KGA III/5 (Berlin/Boston: De Gruyter, 2014), 153,19–20. Die Predigt bildet den Anfang einer Homilienreihe über den Philipperbrief, die Schleiermacher vom 8. Juni 1817 bis zum 1. Februar 1818 an der Berliner Dreifaltigkeitskirche gehalten hat (vgl. Schleiermacher, *Predigten 1816–1819*, LXXXI–LXXXIII).

Einleitung zu seiner Auslegung des Philipperbriefes in der Vorlesung des Wintersemesters 1818/19 stellt er knapp zwei Jahre später die *opinio communis* hingegen in Frage, weil aus den Angaben des Briefes selbst keine eindeutigen Schlüsse gezogen werden könnten.

> Gefangen war Paulus als er schrieb. Ort ist nicht deutlich; Rom nicht genannt, reale Gefangenschaft aus den Strafen zu vermuthen. Oeder Corinth[43] unhaltbar; beruht nur auf dem Mißverstand als ob der Brief bald nach der Bekehrung geschrieben wäre. Mehr für sich Paulus in Caesarea.[44] Die gemeine Meinung für Rom. Zwischen beiden nur aus den Indiciis zu entscheiden die sich im Briefe selbst finden. Die Vergleichung der Angaben mit denen in den übrigen römischen Briefen entscheidet gar nichts, weder Anwesenheit des Timotheus und Nichterwähnung des Lukas noch hoffnungslose Stimmung so lange über die einfache oder doppelte römische Gefangenschaft nicht entschieden ist.[45]

Schleiermacher kommt in der Einleitung einerseits seiner hermeneutischen Forderung nach, dass „jede Auslegung mit einer allgemeinen Übersicht des auszulegenden Werks beginnen [muss], wobei dessen Einheit und die Hauptzüge seiner Komposition aufgefaßt werden."[46] Andererseits illustriert die Diskussion über Zeit und Ort der Abfassung des Briefes das hermeneutische Prinzip, dass „Ganzes und Einzelnes [...] jeweils durch wachsende Kenntnis des anderen besser verstanden [werden]. Ganzes und Einzelnes erläutern und korrigieren sich wechselseitig."[47] Diesem Grundsatz entsprechend kommt Schleiermacher am Ende seiner Auslegung nochmals auf das Problem der Entstehungszeit des Philipperbriefes zurück.

> Aus den in dem Briefe selbst enthaltenen Andeutungen kann die Frage über Zeit und Ort zwar gegen Oeder, aber nicht der Streit zwischen Paulus und der gemeinen Meinung entschieden

---

43 Vgl. Georg Ludwig Oeder, Observatio exegetico-critica de tempore et loco scriptarum epistolarum Pauli, Apostoli, ad Philippenses et Corinthios, in *Auserlesene Theologische Bibliothec 58* (Leipzig, 1731), 985–999.

44 Vgl. Heinrich Eberhard Gottlob Paulus, Commentatio de tempore scriptae prioris ad Timotheum atque ad Philippenses epistolae Paulinae, in *Dies memoriae Iesu Christi ad vivos redeuntes sacros solemniter indicit Academia Ienensis* (Jena: Göpferdt, 1799), 1–18.

45 Schleiermacher, *An die Philipper*, SN 26, 2.

46 Meckenstock, Schleiermachers Bibelhermeneutik, 258; vgl. Priesemuth, *Grund und Grenze des Verstehens*, 254. – „Der Gang im Allgemeinen ist so: Die Einheit des Ganzen wird aufgefaßt und dann gesehn wie sich die einzelnen Massen im Großen dazu verhalten. [...]. Hat man die erste allgemeine Anschauung gewonnen: so geht man damit weiter ins Detail. [...] Die Art der Ausführung bestätigt oder berichtigt die erste Anschauung der Individualität und so ins Genauere weiter." (Schleiermacher, *Vorlesungen über Hermeneutik und Kritik*, KGA II/4, 59,3–13).

47 Meckenstock, Schleiermachers Bibelhermeneutik, 258; vgl. Priesemuth, *Grund und Grenze des Verstehens*, 39–42.

werden. [...] Die Ungewißheit als eine erkannte ist also das beste was wir davontragen können.⁴⁸

Bleibt Schleiermacher in der Frage nach Ort und Zeit des Philipperbriefes zwischen Rom und Cäsarea zunächst noch unschlüssig, neigt sich seine Haltung je länger desto mehr der Annahme einer früheren Abfassungszeit des Briefes zu. Dies bestätigt seine summarische Behandlung des Themas in seiner Vorlesung zur „Einleitung ins neue Testament", die er im Wintersemester 1831/32 gehalten hat.

> Es genügt nicht, wenn Paulus seine Gefangenschaft im Allgemeinen erwähnt, denn es folgt noch nicht daraus, daß es die römische gewesen sei. Daher hat man selbst vom Philipperbrief die Hypothese aufgestellt, daß er in der Gefangenschaft Pauli zu Cäsarea geschrieben sei. [...] *Es ist überhaupt viel Raum für eine andere Gefangenschaft des Paulus.* 2.Cor. 11,23 ff. führt er viele Thatsachen an, bei denen er zwar nicht ausdrücklich Gefangenschaften nennt, aber die solche voraussetzen. [...] Im Philipperbrief wird also Rom nicht, sondern nur eine οἰκία τοῦ Καίσαρος erwähnt, und in jedem kaiserlichen Palast auch in der Provinz war auch ein kaiserliches Hauswesen [...]; nimmt man dazu, daß viele Merkmale darin sind, die wie im ersten Briefe an die Thessalonicher darauf deuten, daß er nicht lange nach der ersten Gründung der Gemeinde geschrieben sei, so hat man Ursache zu glauben, daß Paulus nur erst einmal in Philippi gewesen sei [...]. *So könnte es also wohl sein, daß er aus einer frühern Gefangenschaft wäre.*⁴⁹

Hier ist deutlich zu erkennen, dass Schleiermacher sich von der „gemeinen Meinung", die den Brief an die Philipper in die Zeit der römischen Gefangenschaft des Apostels datiert, vorsichtig absetzt. Stattdessen ist eine gewisse Sympathie für die Vermutung, der Brief sei bereits in früherer Zeit abgefasst worden, spürbar. Korinth wird nicht mehr genannt; die Argumentation läuft darauf hinaus, dass die situationsbezogenen Aussagen des Briefes auf verschiedene Stationen in der *vita Pauli* bezogen werden können (also auch nicht zwingend auf Cäsarea verweisen) und dass er häufiger in Gefangenschaft geraten sein könnte, als aus den Angaben der Apostelgeschichte erschlossen werden kann.⁵⁰

---

48 Schleiermacher, *An die Philipper*, SN 26, 36.
49 Schleiermacher, *Einleitung ins neue Testament*, SW I/8, 160–161 (Hervorhebung M.P.). Wie schwankend Schleiermachers Urteil in dieser Frage bis in die späten Jahre gewesen ist, belegt das Vorlesungsmanuskript zur „Einleitung ins Neue Testament" (SN 1), das er seiner ersten Vorlesung über diesen Gegenstand im Sommersemester 1829 zugrunde gelegt hat: „Da in Korinth keine Gefangenschaft stattgefunden hat so ist auf Oeders Hypothese nichts zu geben. Soll es aber die römische sein so wäre eine Erwähnung der zweiten und dritten Anwesenheit fast unvermeidlich. Diese kann man nun 4,16 finden. Nur von Korinth kommend war Paulus eher in Thessalonich als Philippi [korrigiert aus: Korinth] und sie müßten ihm also entgegengeschikt haben welches indeß keine Schwierigkeit macht." (SN 1, 31–32).
50 In der jüngeren Forschung hat sich an diese Beobachtungen die Hypothese einer Gefangenschaft des Paulus in Ephesus angeschlossen, die den biographischen Anknüpfungspunkt für den Brief an

An diesem Beispiel kann sehr schön veranschaulicht werden, wie intensiv sich Schleiermacher mit der zeitgenössischen exegetischen Debatte auseinandersetzt und dass er in der Lage war, sein eigenes Urteil immer wieder selbstkritisch zu überprüfen und gegebenenfalls zu korrigieren. Das Geschäft der wissenschaftlichen Auslegung des Neuen Testaments bleibt wie die Aufgabe des Verstehens selbst immer unabgeschlossen.

3 Der „Philipperhymnus" und die Christologie in Schleiermachers „Glaubenslehre"

Es war bereits angeklungen, dass Schleiermacher sich in der Auslegung von Phil 2,6–11 besonders mit dem dogmatischen Lehrstück von den zwei entgegengesetzten Zuständen Christi auseinandersetzt, worauf er später in der „Glaubenslehre" wieder zu sprechen kommt. Dabei zeigt sich eine interessante Verknüpfung und wechselseitige Beeinflussung zwischen exegetischer und dogmatischer Theologie im Denken Schleiermachers, die durch das Material der Vorlesungsmanuskripte auf breiterer Basis untersucht werden kann. Im kritischen Gespräch mit der altkirchlichen und zeitgenössischen Exegese betont Schleiermacher, dass die Aussagen des „Christushymnus" in Phil 2,6–11 keinen Bezug auf ein präexistentes Sein Christi erkennen lassen, sondern paränetische Funktion besitzen.

> [...] Die alten beziehn es [sc. μορφῇ θεοῦ (V. 6)] auf Christi Sein vor seiner Menschwerdung. Dagegen ist an und für sich nichts zu sagen wenn es nur paßt. Man muß aber festhalten daß die ταπεινοφροσυνη der Hauptbegriff ist, wie man aus dem εταπεινωσεν sieht. Dies ist nun das correlat zu ἐκένωσε indem lezteres nur der negative Ausdruk davon ist in Bezug auf das vorige. Steht nun εκενωσε von der Entäußerung der Gottheit beim Menschwerden: so ist das Sterben was als Gipfel hier steht ein frostiger Antiklimax. Dagegen ist es Gipfel wenn die Rede nur ist vom geselligen Verhältniß, von dem was man um Anderer willen thun und leiden kann. Also müssen wir v 6 auch nicht auf jenseit der Menschwerdung beziehn. [...] Man muß nicht damit anfangen μορφη θεου aus μορφη δουλου zu erklären denn niemand macht in solchem Fall das erste nach dem zweiten. Also mit εικων θεου. Darin liegt auch die Herrschaft. Er war da die

---

die Philipper biete (vgl. Joachim Gnilka, *Der Philipperbrief*, HThKNT 10,3 [Freiburg: Herder, 1968], 19–24). – Bahnsen hat die Diskussion über den Abfassungsort der paulinischen „Gefangenschaftsbriefe" (im Nachgang zu Schleiermachers Überlegungen?) in einer seiner beiden Abhandlungen zum Ersten Theologischen Examen aufgenommen: „Die Briefe an die Epheser, Kolosser und an den Philemon sind von Paulus, nicht während seiner Gefangenschaft in Rom, sondern höchst wahrscheinlich in Cäsarea geschrieben – eine historisch-kritische Abhandlung" (vgl. *Schleswig-Holstein-Lauenburgsche Provinzialberichte 1821, Sechstes Heft*, hg. v. Georg Peter Petersen [Kiel: Königliche Schulbuchdruckerei, 1821], 156).

> Herrschaft in sich tragend, im wirklichen Besiz der messianischen Würde, aber, wiewol er diese besaß – οὐχ ἁρπαγμὸν ἡγήσατο. [...] Also: er eilte nicht gottähnlich behandelt zu werden, ließ sich die ganze Dauer des Erniedrigungszustandes gefallen und wartete seine Erhöhung ab.[51]

Dieses Verständnis des Abschnitts setzt er wenige Jahre später in seiner Dogmatik „Der christliche Glaube nach den Grundsätzen der evangelischen Kirche im Zusammenhange dargestellt" (Berlin 1821/22) voraus, wenn er im Zusammenhang der christologischen Lehrbildung die Vorstellung von den zwei entgegengesetzten Zuständen Christi nicht zuletzt unter Hinweis auf den *rhetorischen Charakter* der Passage in Phil 2,6–11 zurückweist.

> Mit der Lehre von der Mittheilung der Eigenschaften hängt auf das genaueste zusammen die von zwei entgegengesezten Zuständen Christi einem der Erniedrigung und einem der Erhöhung. Denn dieser Gegensaz kann die Einheit der Person nicht treffen. Sofern wir uns eine höhere Entwicklung der Menschheit nach diesem Leben denken, und in dieser Christum uns vorangehend [...]: so giebt es freilich eine Erhöhung Christi aber keine Erniedrigung, als welche ein höhergewesensein voraussezt; die Person Christi kann aber nicht höher gewesen sein als sie überhaupt war, und sie wurde erst bei der Menschwerdung. [...] Biblisch hat diese Lehre da Christus selbst auch da, wo er von der Herrlichkeit redet, welche er beim Vater gehabt, seinen irdischen Zustand nie als eine Erniedrigung darstellt, welches auch mit andern Aussprüchen von ihm schwer möchte zu vereinigen sein, kein anderes Fundament als eine Stelle von streitiger Auslegung [sc. Phil 2,6–9], deren im ganzen Zusammenhang betrachtet rhetorisirender Charakter es nicht rathsam macht, einen darin vorkommenden Gegensaz didaktisch zu fixiren.[52]

Wer Phil 2,6 ff. zur Begründung einer präexistenten Hoheitsstellung Christi heranzieht, missachtet den paränetischen Zusammenhang, in dem dieser Passus in der Gedankenführung des Paulus steht. Der Abschnitt hat keinen didaktischen, d.h. lehrhaften, Charakter, sondern führt das Verhalten Christi als Vorbild für die Adressaten des Briefes an (vgl. Phil 2,1–18).[53] Dies entspricht ganz der exegetischen Argumentation Schleiermachers in seiner Vorlesung drei Jahre zuvor, und der gleiche Grundgedanke kehrt in einer Predigt Schleiermachers über Phil 2,5–11 wieder, die er am 9. Juni 1822 im Rahmen einer Homilienreihe zum Philipperbrief in der Berliner Dreifaltigkeitskirche gehalten hat.

---

51 Schleiermacher, *An die Philipper*, SN 26, 11–12.
52 Friedrich Daniel Ernst Schleiermacher, *Der christliche Glaube nach den Grundsätzen der evangelischen Kirche im Zusammenhange dargestellt (1821/22). Teilband 2*, hg. v. Hermann Peiter, KGA I/7,2 (Berlin/New York: De Gruyter, 1980), 59,4–60,3.
53 Siehe oben S. 77.

> M. a. F. Große und herrliche Worte über unsern Erlöser redet der Apostel hier, […] über deren bestimmte Bedeutung aber im Einzelnen von je her die Meinungen verschieden gewesen sind, […] wie es denn in der Natur der Sache liegt, daß es deren mehrere giebt, wo wir ganz in den Sinn der heiligen Schriftsteller nicht einzudringen vermögen. *Aber laßt uns nicht vergessen, der Apostel redet hier vorzüglich doch in der Beziehung, daß er die Christen auffordert, so gesinnt zu sein wie Jesus Christus auch war.* Denn dies stellt er voran, und darauf folgt die herrliche Schilderung des Erlösers, die wir gelesen haben. […] Was es nun heiße, daß der Erlöser in göttlicher Gestalt gewesen sei, das können wir uns wohl leicht vergegenwärtigen, wenn wir nur denken an die Worte eines andern Apostels, nämlich des Apostels Johannes in dem Anfange seines Evangeliums, wo er von Jesu sagt, wir hätten in ihm gesehen die Herrlichkeit des eingebornen Sohnes vom Vater voller Gnade und Wahrheit. […] und das war es, daß er in göttlicher Gestalt war, daß sich in ihm das Ebenbild des göttlichen Wesens und der Abglanz der göttlichen Herrlichkeit offenbarte […]. Daß der Erlöser so die Offenbarung des göttlichen Wesens war, das ist es, was der Apostel hier so ausdrückt, er war in göttlicher Gestalt.[54]

Schleiermacher nimmt hier homiletisch die rhetorische, d. h. paränetische, Eigenart der paulinischen Argumentation auf und interpretiert die göttliche Gestalt Christi in Phil 2,6 vom Prolog des Johannesevangeliums her als Aussage über dessen irdische Erscheinung, wie er es zuvor bereits in seiner Vorlesung über den Philipperbrief (noch ohne Bezugnahme auf Joh 1) und in seinen christologischen Überlegungen in der „Glaubenslehre" getan hatte. Exegetische, dogmatische und homiletische Reflexion greifen bei ihm ineinander und bilden eine organische Einheit. Dabei ist die Beobachtung aufschlussreich, dass die exegetische Analyse des Philipperbriefes zwar die argumentative Grundlage für die dogmatischen und homiletischen Überlegungen bietet, deren Durchführung jedoch selbst von bestimmten theologischen Grundentscheidungen mitbestimmt wird.

Pointiert formuliert ist Schleiermacher einerseits als Theologe in stärkerem Maße Schriftausleger, als es bisweilen angenommen wird, andererseits ist er als Schriftausleger immer schon Theologe. Beides ist im Grundsatz keine völlig neue Erkenntnis; die künftige Arbeit an den exegetischen Vorlesungsmanuskripten könnte jedoch den Blick für die reziproke und organische Arbeits- und Denkweise Schleiermachers weiter schärfen und neue Verknüpfungen offenlegen.

---

[54] Friedrich Daniel Ernst Schleiermacher, *Predigten 1822–1823*, hg. v. Kirsten Maria Christine Kunz, KGA III/7 (Berlin/Boston: De Gruyter, 2012), 192,14–194,14 (Hervorhebung M.P.).

4 Schleiermachers Philipperhomilien

„Schleiermachers Predigten sind ein Ertrag seiner Bibelhermeneutik."[55] Am Beispiel der Predigt über Phil 2,5–11 war bereits davon die Rede gewesen, dass seine exegetischen Beobachtungen nicht nur für die dogmatische Theologie, sondern auch für die homiletische Praxis des reformierten Predigers an der Berliner Dreifaltigkeitskirche maßgebende Bedeutung besaßen. Der zweite Gesichtspunkt soll abschließend an einem weiteren Beispiel aus Schleiermachers Philipperhomilien der Jahre 1822 bis 1823 kurz illustriert werden.[56] Dabei ist nicht zuletzt auf die homiletische Adaption der exegetischen Einsichten gesondert zu achten. In seiner Auslegung der Schlussverse der Paränese in Phil 3,17–21 spricht sich Schleiermacher in seiner Vorlesung von 1818/19 entschieden gegen ein eschatologisches Verständnis der paulinischen Körpermetaphorik in V. 21 aus.

> μετασχηματίσει p. Wie Paulus hier an die Verwandlung des Leibes so bestimmt erinnren sollte begreife ich nicht. Als Trost bei seinen körperlichen Mißhandlungen oder gar wegen persönlicher Unansehnlichkeit, mit Heinrichs, kann ich es nicht nehmen.[57] Storr bezieht es auf v 19 was mir auch sehr gezwungen vorkommt.[58] [...] Ein viel besserer Zusammenhang entsteht mir wenn ich das Ganze auf den Zustand der Kirche beziehe indem die gegenwärtige ihm ταπείνωσις ist. [...] Auch das ὑποτάξαι paßt nur in diesem Sinne wobei feindliche Gewalten vorausgesetzt werden. [...] συμμορφον τω σωματι της p. Man könnte sagen hier sei nun erst von seinem Leibe die Rede. Aber ich finde es recht gut daß er die Kirche seinen mystischen Leib, seinem persönlichen verklärten ähnlich machen wird.[59]

---

55 Priesemuth, *Grund und Grenze des Verstehens*, 88.
56 Die komplexe Überlieferungslage zu Schleiermachers Homilienreihe über den Philipperbrief, die er vom 13. Januar 1822 bis zum 16. März 1823 jeweils im Frühgottesdienst an der Dreifaltigkeitskirche gehalten hat, ist von der Herausgeberin Kirsten Kunz detailliert aufgearbeitet worden (vgl. Schleiermacher, *Predigten 1822–1823*, KGA III/7, L–LXIV).
57 Vgl. Johann Heinrich Heinrichs, *Epistolas Paulli ad Philippenses et Colossenses*. Novum Testamentum Graece, perpetua annotatione illustratum, Bd. 7/2 (Göttingen: Dieterich, 1803), 107–108: „Facilius intelligeretur, quomodo P. ad haec de corpore suo proferenda delabi potuerit, si minus formosum corpus Paullo fuisse sumimus, unde et quomodo Sophistae eum verba facientem irridere potuerint Corinthi, Athenis, alibi, appareret clarius: sed et fine hoc, quod probari nequit, bonus sensus exsistitit, quo contenditur, corpus nostrum iam [...] supra omnem corruptionem elatum iri [...], in quo et ipso magnum solatium videbat contra miserias, quibus, ut verberibus, insultationibus, vinculis etc. deprimi hac in terra corpus suum indignabatur."
58 Vgl. Gottlob Christian Storr, In epistolam Paulli ad Philippenses. Dissertatio exegetica (1783), in ders., *Opuscula academica ad interpretationem librorum sacrorum pertinentia*, Bd. 1 (Tübingen: Cotta, 1797), 350–351 Anm. r.
59 Schleiermacher, *An die Philipper*, SN 26, 28–29. Zum letzten Satz hält Schleiermacher in einer Randbemerkung fest: „Auch das ὑποταξαι gewinnt bei ead. Erklärung. Soll die Kirche verklärt werden so müssen alle Feinde überwunden sein" (29).

Die ekklesiologische Interpretation der Stelle nimmt er in seiner Predigt über Phil 3,17–21 vom 5. Januar 1823 wieder auf. Der paulinische Gedanke der (eschatologischen) Verklärung des irdischen Leibes wird von Schleiermacher homiletisch auf den gegenwärtigen Zustand der christlichen Kirche bezogen und auf diese Weise aus der Zukunft in die (unabgeschlossene) Gegenwart transponiert. Wie die Verklärung des Leibes Christi als Aufhebung des Gegensatzes zwischen seiner sinnlichen Natur und dem göttlichen Geist in ihm aufgefasst werden müsse, ereigne sich die Verklärung der christlichen Kirche im Modus der geistigen Gegenwart Christi in ihr, die allen Widerspruch gegen Gott überwindet und sie ihm immer ähnlicher macht.

> Wenn der Apostel hier [sc. Phil 3,21] redet von unserem nichtigen Leibe, was meint er damit anders als eben diese schwache, sinnliche Natur des Menschen, die sonst in der Schrift durch den Ausdruck Fleisch bezeichnet wird, und dem Geist entgegengesetzt ist? [...] Diese schwache sinnliche Natur meint der Apostel, weil in ihr der Grund liegt von der Feindschaft des Menschen gegen das Kreuz Christi [...]. Nun sagt er „wir warten von dort des Heilandes Jesu Christi, der unsern nichtigen Leib verklären wird, daß er ähnlich werde seinem verklärten Leibe, nach der Wirkung, womit er kann alle Dinge ihm unterthänig machen." Was aber ist das Wesentliche von dem verklärten Leibe des Herrn? Unstreitig dies, daß in ihm kein Streit war zwischen seiner sinnlichen Natur und dem göttlichen Geist in ihm [...]. Und das, m. g. F., müssen wir uns denken als das Wesentliche der Verklärung [...]. *Ist dies, so müssen wir auch sagen, diese herrliche Erscheinung Christi ist nicht etwas, was auf äußere Art und in der Zukunft und dann plötzlich und auf einmal kommt, sondern sie hängt zusammen mit der unmittelbaren geistigen Gegenwart seiner selbst, die er seinen Jüngern und der Gesamtheit seiner Jünger in der christlichen Kirche bis in Ewigkeit verheißen hat* [...]. Überall wo wir in seiner Gemeinschaft und Gnade zunehmen, da dies nur durch seine Kraft geschehen kann, ist er uns erschienen und gegenwärtig; und jeder solcher Augenblick unseres Lebens ist ein Schritt mehr zu unserer Verklärung. [...] Und so ist das das Wesen unserer Verklärung und unserer Ähnlichkeit mit seinem verklärten Leibe, daß wir ihm dann ganz und vollkommen unterthänig sind; und so ist das gänzliche Ersterben der Feindschaft in uns gegen das Kreuz Christi erst mit jener Verklärung gegeben, wo wir dem Herrn ganz unterthänig sein werden.[60]

Die homiletische Anwendung stellt den Gedanken der Feindschaft gegen Christus und ihre Überwindung in den Mittelpunkt der Betrachtung und bezieht beides auf die angeredete Gemeinde. Der innere Widerstand gegen die Wirksamkeit Christi in der Kirche ist nicht auf bestimmte Gruppen zu beschränken, sondern betrifft jede und jeden.[61] Die eschatologische Hoffnung des Apostels wird von Schleiermacher

---

60 Schleiermacher, *Predigten 1822–1823*, KGA III/7, 550,21–551,18 (Hervorhebung M.P.).
61 Im Vorlesungsmanuskript heißt es zu den „Feinden des Kreuzes" (V. 18): „ἐχθροὶ τοῦ σταυροῦ sind am meisten die Juden, *aber der Zusammenhang deutet offenbar auf solche die in der christlichen Gemeine sind. Also entweder* ψευδαπόστολοι *oder Judaisirende. Der Ausdruck kann auch von den lezten gebraucht werden in einer stark accentuirten Rede. Da Paulus glaubt daß der Tod Christi auch*

ekklesiologisch übersetzt und als Trostwort für die Angesprochenen reformuliert: Die Verklärung unseres „nichtigen Leibes" hat mit der geistigen Gegenwart Christi in der Kirche bereits begonnen und setzt sich in ihr fort bis zur vollständigen Überwindung des Gegensatzes zwischen der sinnlichen Natur und dem göttlichen Geist im Menschen. Das ekklesiologische Gesamtverständnis des Abschnitts, das Schleiermacher bereits in seiner Vorlesung herausgestellt hatte, bestimmt die homiletische Applikation, die Schleiermacher in seiner Predigt verfolgt.

Damit ist die Exegese als Grundlage der Predigt und diese als Zielpunkt der Schriftauslegung bestimmt. Beide sind aufeinander bezogen, fallen aber nicht zusammen und „haben ihre jeweils spezifischen Aufgaben".[62] Schleiermachers hermeneutische Praxis zwischen Kathedervortrag und Kanzelrede präziser zu beschreiben und für eine moderne Homiletik auszuwerten, könnte für künftige Forschungen ein lohnender Gegenstand sein.

5 Ausblick

Schleiermachers theologisches Denken ist sehr viel stärker von seiner Bibelauslegung her bestimmt, als es die religionstheoretischen Überlegungen in den „Reden über die Religion" bzw. der „Glaubenslehre" vermuten lassen. Die Auslegung des Neuen Testament nimmt nicht nur zeitlich einen breiten Raum in seiner akademischen und kirchlichen Praxis ein, sie ist auch für seine dogmatische und homiletische Reflexion von großem Gewicht. Daraus folgt nicht, dass Schleiermachers theologisches System allein von seiner exegetischen Praxis her rekonstruiert werden könnte, wie schon aus der wechselseitigen Interdependenz dogmatischer und exegetischer Überlegungen erhellt, die in seiner Auslegung des Philipperbriefes immer wieder hervortritt. Aber Schleiermachers Arbeit als Schriftausleger sollte von der künftigen Forschung stärker beachtet werden, als dies bislang geschehen ist. Ein solcher Perspektivwechsel könnte nicht nur das Ineinander von Exegese, Dogmatik und Homiletik im Werk Schleiermachers präziser beschreiben, sondern darüber hinaus – etwa mittels der Korrelation von Paulusexegese und Platon-

---

den Christen aus den Juden das Recht gab dem Gesez zu sterben *so sind alle die noch auf das Gesez dringen Feinde des Kreuzes*" (Schleiermacher, *An die Philipper*, SN 26, 27; Hervorhebung M.P.).

62 Priesemuth, *Grund und Grenze des Verstehens*, 91. Priesemuth formuliert als hermeneutische Maxime der homiletischen Arbeit Schleiermachers „die Analogie zwischen den ersten Lesern der neutestamentlichen Texte und der gegenwärtigen Gemeinde" (90). Dies spiegelt sich auch im Paulusbild der Philipperhomilien der Jahre 1817/18 wider: „Paulus wird in Schleiermachers Auslegungen zum Vorbild des christlichen Lebens im Sinne der Heiligung. Die Predigten sollen ihre Hörer erbauen und zu eben solchem Leben in der Heiligung motivieren" (91).

interpretation – interdisziplinäre Perspektiven für eine text- und kulturhermeneutische Praxis der Gegenwart generieren. Das bislang weithin unveröffentlichte Material der exegetischen Vorlesungen Schleiermachers bietet dafür vielfältige Ansatzpunkte, auch wenn diese im vorliegenden Beitrag nur schlaglichtartig und stark verkürzt vorgestellt werden konnten.

Bibliographie

Schriften von Friedrich Daniel Ernst Schleiermacher

Briefwechsel 1804–1806 (Briefe 1831–2172), hg. v. Andreas Arndt und Simon Gerber, KGA V/8. Berlin/New York: De Gruyter, 2008.
Briefwechsel 1808 (Briefe 2598–3020), hg. v. Simon Gerber und Sarah Schmidt, KGA V/10. Berlin/Boston: De Gruyter, 2015.
Briefwechsel 1811–1813 (Briefe 3561–3930), hg. v. Simon Gerber und Sarah Schmidt, KGA V/12. Berlin/Boston: De Gruyter, 2019.
Briefwechsel mit J[oachim] Chr[istian] Gaß. Mit einer biographischen Vorrede, hg. v. Wilhelm Gaß. Berlin: Reimer, 1852.
Das Leben Jesu. Vorlesungen an der Universität zu Berlin im Jahr 1832 gehalten, hg. v. Karl August Rütenik, SW I/6. Berlin: Reimer, 1864.
Der christliche Glaube nach den Grundsätzen der evangelischen Kirche im Zusammenhange dargestellt (1821/22). Teilband 2, hg. v. Hermann Peiter, KGA I/7,2. Berlin/New York: De Gruyter, 1980.
Einleitung ins neue Testament, hg. v. Georg Wolde, SW I/8. Berlin: Reimer, 1845.
Exegetische Schriften, hg. v. Hermann Patsch und Dirk Schmid, KGA I/8. Berlin/New York: De Gruyter, 2001.
Kurze Darstellung des theologischen Studiums zum Behuf einleitender Vorlesungen (1811/1830), hg. v. Dirk Schmid. Berlin/New York: De Gruyter, 2002.
Predigten 1816–1819, hg. v. Katja Kretschmar unter Mitwirkung von Michael Pietsch, KGA III/5. Berlin/Boston: De Gruyter, 2014.
Predigten 1822–1823, hg. v. Kirsten Maria Christine Kunz, KGA III/7. Berlin/Boston: De Gruyter, 2012.
Schriften aus der Hallenser Zeit 1804–1807, hg. v. Hermann Patsch, KGA I/5. Berlin/New York: De Gruyter, 1995.
Ueber den sogenannten ersten Brief des Paulos an den Timotheos. Ein kritisches Sendschreiben an J. C. Gass. Berlin: Realschulbuchhandlung, 1807.
Ueber die Schriften des Lukas ein kritischer Versuch. Erster Theil. Berlin: Reimer, 1817.
Vorlesungen zur Hermeneutik und Kritik, hg. v. Wolfgang Virmond unter Mitwirkung von Hermann Patsch, KGA II/4. Berlin/Boston: De Gruyter, 2012.

Einleitung ins Neue Testament. Archiv der Berlin-Brandenburgischen Akademie der Wissenschaften, Nachlass F. D. E. Schleiermacher, Nr. 1 (= SN 1).
Η ΠΡΟΣ ΚΟΡΙΝΘΙΟΥΣ ΕΠΙΣΤΟΛΗ ΠΡΩΤΗ. Archiv der Berlin-Brandenburgischen Akademie der Wissenschaften, Nachlass F. D. E. Schleiermacher, Nr. 17/1 (= SN 17/1).
Η ΠΡΟΣ ΓΑΛΑΤΑΣ ΕΠΙΣΤΟΛΗ. Archiv der Berlin-Brandenburgischen Akademie der Wissenschaften, Nachlass F. D. E. Schleiermacher, Nr. 22 (= SN 22).

ΠΑΥΛΟΥ ΤΟΥ ΑΠΟΣΤΟΛΟΥ Η ΠΡΟΣ ΓΑΛΑΤΑΣ ΕΠΙΣΤΟΛΗ. Archiv der Berlin-Brandenburgischen Akademie der Wissenschaften, Nachlass F. D. E. Schleiermacher, Nr. 23 (= SN 23).
An die Philipper. Archiv der Berlin-Brandenburgischen Akademie der Wissenschaften, Nachlass F. D. E. Schleiermacher, Nr. 26 (= SN 26).
Epistola ad Philippenses, Archiv der Berlin-Brandenburgischen Akademie der Wissenschaften, Nachlass F. D. E. Schleiermacher, Nr. 27 (= SN 27).
ΠΑΥΛΟΥ ΤΟΥ ΑΠΟΣΤΟΛΟΥ Η ΠΡΟΣ ΘΕΣΣΑΛΟΝΙΚΕΙΣ ΕΠΙΣΤΟΛΗ ΠΡΩΤΗ / ΠΑΥΛΟΥ ΤΟΥ ΑΠΟΣΤΟΛΟΥ Η ΠΡΟΣ ΘΕΣΣΑΛΟΝΙΚΕΙΣ ΕΠΙΣΤΟΛΗ ΔΕΥΤΕΡΑ. Archiv der Berlin-Brandenburgischen Akademie der Wissenschaften, Nachlass F. D. E. Schleiermacher, Nr. 32 (= SN 32).
Scholia ad S. Pauli, quae fertur, primam ad Timotheum epistolam. Archiv der Berlin-Brandenburgischen Akademie der Wissenschaften, Nachlass F. D. E. Schleiermacher, Nr. 34 (= SN 34).
Zum Brief an den Titus. Archiv der Berlin-Brandenburgischen Akademie der Wissenschaften, Nachlass F. D. E. Schleiermacher, Nr. 39 (= SN 39).
Exegese mehrerer Briefe des Apostels Paulus von D. Schleiermacher, Nachschrift Christian August Bahnsen. Universitäts- und Forschungsbibliothek Erfurt/Gotha, Archiv Stammler, Nr. 0002.

Weitere Literatur

Arndt, Andreas und Wolfgang Virmond. *Schleiermachers Briefwechsel (Verzeichnis) nebst einer Liste seiner Vorlesungen.* SchlA 11. Berlin/New York: De Gruyter, 1992.
Bahl, Peter und Wolfgang Ribbe, Hg. *Die Matrikel der Friedrich-Wilhelms-Universität zu Berlin 1810–1850. Teil 1: Die Matrikel für das 1. bis 23. Rektoratsjahr (1810–1833).* EVHKB 86/1. Berlin/New York: De Gruyter, 2010.
Brucker, Ralph. „Christushymnen" oder „epideiktische Passagen"? Studien zum Stilwechsel im Neuen Testament und seiner Umwelt. FRLANT 176. Göttingen: Vandenhoeck & Ruprecht, 1997.
Dilthey, Wilhelm. *Leben Schleiermachers. Erster Band: Zweiter Halbband (1803–1807)*, hg. v. Martin Redeker. Berlin: De Gruyter, ³1970.
Ewald, Paul. *Der Brief des Paulus an die Philipper*, vierte, durchgesehene und vermehrte Auflage, besorgt von Gustav Wohlenberg. KNT 11. Leipzig/Erlangen: Deichert, 1923.
Gerber, Simon. Hermeneutik als Anleitung zur Auslegung des Neuen Testaments. In *Friedrich Schleiermachers Hermeneutik*, hg. v. Andreas Arndt und Jörg Dierken, 145–161. Berlin/Boston: De Gruyter, 2016.
Gnilka, Joachim. *Der Philipperbrief.* HThKNT 10,3. Freiburg: Herder, 1968.
Heinrichs, Johann Heinrich. *Epistolas Paulli ad Philippenses et Colossenses.* Novum Testamentum Graece, perpetua annotatione illustratum, Bd. 7/2. Göttingen: Dieterich, 1803.
Hermans, Theo. Schleiermacher and Plato. Hermeneutics and Translation. In *Friedrich Schleiermacher and the Question of Translation*, hg. v. Larissa Cercel und Adriana Serban, 77–106. SchlA 25. Berlin/Boston: De Gruyter, 2015.
Käppel, Lutz. Schleiermachers Hermeneutik zwischen zeitgenössischer Philologie und „Phaidros"-Lektüre. In *Schleiermacher-Tag 2005*, hg. v. Günter Meckenstock, 231–240. Nachrichten der Akademie der Wissenschaften zu Göttingen 4. Göttingen: Vandenhoeck & Ruprecht, 2006.
Lohmeyer, Ernst. *Kyrios Jesus. Eine Untersuchung zu Phil. 2,5–11.* Sitzungsberichte der Heidelberger Akademie der Wissenschaften. Philosophisch-historische Klasse, Jahrgang 1927/28, 4. Abhandlung. Heidelberg: Winter, 1928.

Lohmeyer, Ernst. *Die Briefe an die Philipper, an die Kolosser und an Philemon*. KEK 9. Göttingen: Vandenhoeck & Ruprecht, ⁸1930.
Magazin für Prediger, hg. v. J. F. C. Löffler. Bd. 4,1 (1808), 49–68.
Meckenstock, Günter. Schleiermachers Bibelhermeneutik. In *Theorie der Interpretation vom Humanismus bis zur Romantik – Rechtswissenschaft, Philosophie, Theologie. Beiträge zu einem interdisziplinären Symposion in Tübingen, 29. September bis 1. Oktober 1999*, hg. v. Jan Schröder, 249–263. Contubernium 58. Stuttgart: Steiner, 2001.
Müller, Ulrich B. *Der Brief des Paulus an die Philipper*. ThHKNT 11/1. Leipzig: Evangelische Verlagsanstalt, 1993.
Oeder, Georg Ludwig. Observatio exegetico-critica de tempore et loco scriptarum epistolarum Pauli, Apostoli, ad Philippenses et Corinthios. In *Auserlesene Theologische Bibliothec 58*. Leipzig 1731, 985–999.
Patsch, Hermann. Hermeneutica sacra in zweiter Potenz? Schleiermachers exegetische Beispiele. In *Friedrich Schleiermachers Hermeneutik: Interpretationen und Perspektiven*, hg. v. Andreas Arndt und Jörg Dierken, 163–176. Berlin/Boston: De Gruyter, 2016.
Paulus, Heinrich Eberhard Gottlob. Commentatio de tempore scriptae prioris ad Timotheum atque ad Philippenses epistolae Paulinae. In *Dies memoriae Iesu Christi ad vivos redeuntes sacros solemniter indicit Academia Ienensis*, 1–18. Jena: Göpferdt, 1799.
Priesemuth, Florian. Besserverstehen. Verstehen als Interpretieren. In *Verstehen und Interpretieren: Zum Basisvokabular von Hermeneutik und Interpretationstheorie*, hg. v. Andreas Mauz und Christiane Tietz, 163–171. Hermeneutik und Interpretationstheorie 1. Paderborn: Schöningh, 2020.
Priesemuth, Florian. *Grund und Grenze des Verstehens: Theologie und Hermeneutik im Anschluss an Friedrich Schleiermacher*. SchlA 32. Berlin/Boston: De Gruyter, 2020.
Schleswig-Holstein-Lauenburgsche Provinzialberichte 1821, Sechstes Heft, hg. v. Georg Peter Petersen. Kiel: Königliche Schulbuchdruckerei, 1821.
Scholz, Gunter. Platonforschung und hermeneutische Reflexion bei Schleiermacher. In *Argumenta in Dialogos Platonis, Bd. 2: Platoninterpretation und ihre Hermeneutik vom 19. bis zum 21. Jahrhundert*, hg. v. Michael Erler und Ada Neschke-Hentschke, 81–101. BHR 32. Basel: Schwabe, 2012.
Storr, Gottlob Christian. In epistolam Paulli ad Philippenses. Dissertatio exegetica (1783). In ders., *Opuscula academica ad interpretationem librorum sacrorum pertinentia, Bd. 1*, 301–367. Tübingen: Cotta, 1797.

Marco Stallmann
Impuls und Aneignung

Forschungsfragen zu Schleiermachers exegetischen Vorlesungen in kirchenhistorischer Perspektive

Die kritische Edition der exegetischen Vorlesungen verspricht eine wichtige Lücke in der Schleiermacherforschung auszufüllen: Denn nicht zuletzt aufgrund der Editionsdesiderate in der ersten Ausgabe der *Sämmtlichen Werke* „ist Schleiermachers Wirken als Exeget [bisher] unterbelichtet geblieben".[1] Inwiefern sich Untersuchungen dieses neu erschlossenen Quellenmaterials auch in kirchenhistorischer Perspektive als aufschlussreich erweisen könnten, wird im Folgenden überprüft. Dabei werden Schleiermachers exegetische Vorlesungen in seine Berliner Vorlesungs- und Publikationstätigkeit eingeordnet, wobei die dort entwickelte Geschichtsauffassung im Mittelpunkt stehen soll. Vier Aspekte sollen zur Sprache kommen, die dann jeweils in weitere Unterpunkte zerfallen: erstens der Begriff des Organischen und die allmähliche Aufwertung christlicher Offenbarung, zweitens die damit einhergehende teleologische Zuspitzung, drittens das Interesse an der Bedeutung der Kirchenleitung und viertens die Implikationen für Schleiermachers materiale Kirchengeschichtsdarstellung. Es bedarf keiner Erläuterung, dass es sich dabei nur um Textbeobachtungen handeln kann, die keinen Anspruch auf Abgeschlossenheit haben, hoffentlich aber zum konstruktiven Weiterdenken anregen.

Anmerkung: Vortrag gehalten auf dem Workshop der Schleiermacher-Forschungsstelle an der Theologischen Fakultät der Christian-Albrechts-Universität zu Kiel am 12./13. März 2020. Der Beitrag bezieht sich auf die Aufgabenstellung eines 15- bis 20-minütigen Referats zu Fragestellungen aus der jeweiligen Fachperspektive und wurde für die Publikation geringfügig überarbeitet. Quellengrundlage sind die vorläufig editorisch bearbeiteten Manuskripte Schleiermachers zum Philipperbrief (1818/1824) und zum Johannesevangelium (1812/13 und 1820/21) sowie Auszüge der Vorlesungsnachschriften von Christian August Bahnsen (1818/19) und Eduard Bonnell (1820). Die Seitenverweise im Folgenden orientieren sich an den Blattangaben der zur Verfügung gestellten Transkriptionen. Für die notwendige quellenkritische Beschreibung sei auf die entstehende Werkausgabe verwiesen. Ein Quellen- und Literaturverzeichnis findet sich am Ende des Beitrags.

1 Hermann Patsch, Schleiermachers Berliner Exegetik, in *Schleiermacher Handbuch*, hg. v. Martin Ohst (Tübingen: Mohr Siebeck, 2017), 327–340, 328. Vgl. Christine Helmer, Schleiermacher's exegetical theology and the New Testament, in *The Cambridge Companion to Friedrich Schleiermacher*, hg. v. Jacqueline Mariña (Cambridge: Cambridge University Press, 2005), 229–247.

1 Organische Geschichtsbetrachtung

Im Sommersemester 1806 und in den Wintersemestern 1821/22 sowie 1825/26 hält Schleiermacher zunächst in Halle und dann in Berlin Vorlesungen zur Kirchengeschichte[2], die die exegetischen zeitlich einrahmen, mit diesen aber bisher kaum in ein Verhältnis gesetzt wurden, was angesichts der editorischen Desiderate auch nicht verwundert. In seinem frühen Entwurf von 1806 zeigt sich Schleiermacher noch stark vom frühromantischen bzw. idealistischen Diskurs beeinflusst, der sich von der Pragmatik der Aufklärungshistoriographie entschieden abzugrenzen suchte: Geschichte lasse sich nicht auf eine Aufeinanderfolge von Ursachen und Wirkungen reduzieren, sondern müsse als naturanaloger Zusammenhang verstanden werden. Jeder Moment in der Zeit stehe in einer Wechselbeziehung zur Realisierung einer höheren Idee – das Ganze und seine Teile bedingen sich stets gegenseitig.[3] Inwiefern findet sich diese „organische Betrachtung der Geschichte"[4], wie Schleiermacher sie nennt, in seinen exegetischen Vorlesungen wieder? Zentral ist hier beispielsweise der Begriff des Lebens aus dem von Schleiermacher hoch geschätzten Johannesprolog, in welchem die „Idee vom λόγος"[5] zum Ausdruck kommt. In ihm ist das Leben gegenwärtig: ζωή bezeichnet für Schleiermacher „alles, was den Menschen zum Höheren hinauftreibt, was für das ganze Dasein des Menschen das regulative Prinzip ist" – mit anderen Worten: „die organische Kraft".[6]

Auch wenn sich hier auf den ersten Blick Schleiermachers organische Geschichtsauffassung intensiv zu verdichten scheint, liegt die Vermutung nahe, dass sich die exegetischen Vorlesungen auf einer späteren Reflexionsstufe seines Geschichtsverständnisses bewegen: Blieb doch die Kirchengeschichtsvorlesung von 1806 im Kontext der Hallenser philosophischen Ethik weitgehend auf den „höheren Standpunkt der [Welt-]Geschichte"[7] beschränkt, von dem sich Schleiermacher erst in der zweiten Vorlesung 1821/22 löste, um die Eigenständigkeit der christlichen

---

[2] Vgl. Simon Gerber, *Schleiermachers Kirchengeschichte*, BHTh 177 (Tübingen: Mohr Siebeck, 2015), 63–106.

[3] Schleiermacher spricht auch vom „Aufgehen der Zeit in der Idee", Friedrich Daniel Ernst Schleiermacher, Manuskript zum Kolleg 1806, in *Vorlesungen über die Kirchengeschichte*, hg. v. Simon Gerber, KGA II/6 (Berlin/New York: De Gruyter, 2006), 7–18, 10.

[4] Friedrich Daniel Ernst Schleiermacher, Kolleg 1825/26. Ausgabe Bonnell, in *Vorlesungen über die Kirchengeschichte*, KGA II/6, 667–746, 670.

[5] Friedrich Daniel Ernst Schleiermacher, *Exegesis des Evangelium Johannis*, Nachschrift Eduard Bonnell (Staatsbibliothek zu Berlin Preußischer Kulturbesitz, Handschrift 37), 2v.

[6] Schleiermacher, *Exegesis des Evangelium Johannis*, Nachschrift Bonnell, 20r.

[7] Schleiermacher, Manuskript zum Kolleg 1806, in *Vorlesungen über die Kirchengeschichte*, KGA II/6, 12.

Religion zu betonen. Die Darstellung der Kirchengeschichte, so präzisiert er nun, hat zuerst den Standpunkt des Darstellenden zu benennen, sie begründet sich aus einem Glaubensbekenntnis: Zentral wird ihm dafür jetzt der Begriff der „Offenbarung"[8], den er allerdings nicht exklusiv-supranaturalistisch missverstanden wissen, sondern in erster Linie auf die religiöse Originalität Jesu Christi und der von ihm gestifteten Glaubensgemeinschaft beziehen will. Im Johannes-Manuskript kommt dieses Offenbarungsverständnis zum Ausdruck, etwa in der Erklärung von Joh 3,31, wo der Evangelist die heilsgeschichtlichen Kategorien Johannes des Täufers in räumliche Seinsbereiche überführt: Gegenüber dem Bereich des Irdischen, dem der Täufer zugeordnet wird (ὁ ὢν ἐκ τῆς γῆς), ist Jesus die erste geschichtliche Aneignungsgestalt des Göttlich-Innovativen (ὁ ἄνωθεν ἐρχόμενος), die nicht aus der natürlichen Weltentwicklung erklärt werden kann. Dementsprechend ist in der Johannes-Vorlesung explizit von einer „*neue[n] Offenbarung*"[9] die Rede. Diese neue „Idee des Christus"[10] ist dazu bestimmt, sich über die ganze Menschheit zu verbreiten.

In diesem Zusammenhang ist zu fragen, warum Schleiermacher gegenüber seiner Kirchengeschichtsvorlesung von 1806 später deutlicher hervorhebt, dass es eine Vergewisserung über die Idee anhand der Geschichte erst in der Zukunft geben werde, wenn die Wirklichkeit ganz von der Idee durchdrungen ist. Auch diese Weiterentwicklung scheint sich in den Manuskripten bereits anzudeuten, beispielsweise wenn Schleiermacher das Täuferzeugnis Joh 3,27 von der „Idee des Reichs Gottes" her interpretiert, „wo zwischen dem Soll und dem Sein kein Unterschied ist".[11] Dafür nimmt er das johanneische ζωὴ αἰώνιος in Anspruch, welches bereits mit dem „[im] Glauben anfangende[n] geistige[n] Leben" beginnt, wohingegen etwa ἀναστήσω erst die „bestimmte Stellung in der völlig *organisirten Gemeinschaft*"[12] bezeichnet, wie es Schleiermacher anhand der Lebensbrotrede (Joh 6,35–40) aufzeigt. Der Glaube steht hier für die Aufnahme und Aneignung des von Jesus Christus ausgehenden Impulses („die Art und Weise der Lebensmittheilung"). Kirchengeschichte wird dementsprechend verstanden als Realisierungsgeschichte der Offenbarung in Christus als dem Urbild der Frömmigkeit, die für Schleierma-

---

8 Friedrich Daniel Ernst Schleiermacher, Kolleg 1821/22. Nachschrift Klamroth, in *Vorlesungen über die Kirchengeschichte*, KGA II/6, 467–662, 474.
9 Friedrich Daniel Ernst Schleiermacher, *Zum Johannes*, Archiv der Berlin-Brandenburgischen Akademie der Wissenschaften, Nachlass F. D. E. Schleiermacher, Nr. 8 (= SN 8), 30 (Hervorhebung M.S.).
10 Schleiermacher, *Exegesis des Evangelium Johannis*, Nachschrift Bonnell, 4r.
11 Schleiermacher, *Zum Johannes*, SN 8, 30.
12 Schleiermacher, *Zum Johannes*, SN 8, 61 (Hervorhebung M.S.).

cher in den unterschiedlichen Sozialformen der sittlichen Kommunikationsgemeinschaft und ihrer fortschreitenden Organisation sichtbar ist[13].

Deshalb lässt sich fragen: Bilden Schleiermachers exegetische Vorlesungen einen plausiblen Verständnishintergrund[14] für die Weiterentwicklung seiner Geschichtsauffassung zwischen 1806 und 1821? Ist es auf eine in diesem Zeitraum intensivierte Exegese zurückzuführen, dass Schleiermacher im Christentum jenes „geschichtliche Trägersubjekt"[15] seiner philosophischen Geschichtsdeutung entdeckt, durch welches dann auch die Realisierung seiner Humanitätsidee allererst möglich erscheint?

2 Judentum und Christentum

Wenn Schleiermacher die Geschichte des Christentums als Prozess einer allmählichen Annäherung der Erscheinung an die Idee beschreibt, bekommt seine Geschichtsauffassung eine charakteristische innere Teleologie. Mit ihr setzt er sich sowohl vom Verfallspessimismus des Radikalpietismus (Arnold) als auch vom aufklärerischen Fortschrittsoptimismus (z. B. Lessing) ab. Das Christentum als Idee und Kraft, die in die Geschichte eintritt und Gestalt annimmt, erscheint ihm im neutestamentlichen Kanon als seiner frühesten Äußerung am reinsten. Ziel der Entwicklung ist die Integration der Menschheit in die christliche Gemeinschaft, was Schleiermacher gerne mit Joh 6,45 beschreibt: „Sie werden alle von Gott gelehrt sein".[16] Doch gerade diese Stelle verweist mit einem versteckten Schriftzitat (Jes 54,13 [LXX]) auch auf den Zusammenhang von Altem und Neuem Testament, der

---

13 Vgl. Dietz Lange, Schleiermachers Christologie und die Aufklärung, in *200 Jahre „Reden über die Religion": Akten des 1. Internationalen Kongresses der Schleiermacher-Gesellschaft, Halle, 14.–17. März 1999*, hg. v. Ulrich Barth und Claus-Dieter Osthövener, SchlA 19 (Berlin/New York: De Gruyter, 2000), 698–713.
14 Vgl. Friedrich Daniel Ernst Schleiermacher, *Der christliche Glaube nach den Grundsätzen der evangelischen Kirche im Zusammenhange dargestellt (1821/22). Teilband 2*, hg. v. Hermann Peiter, KGA I/7,2 (Berlin/New York: De Gruyter, 1980), 37: Ein fundierter Lehrbegriff von Christus „ruht also gleichmäßig auf dem paulinischen ‚Gott war in Christo' und dem Johanneischen ‚das Wort ward Fleisch'; denn in λόγος ist die Form des Bewußtseins ausgedrückt, und σὰρξ ist die Bezeichnung des organischen überhaupt an sich." Vgl. auch *Der christliche Glaube nach den Grundsätzen der evangelischen Kirche im Zusammenhange dargestellt. Zweite Auflage (1830/31)*, hg. v. Rolf Schäfer, KGA I/13,1–2 (Berlin/New York: De Gruyter 2003), 69.
15 Wilhelm Gräb, Geschichtsphilosophie und Geschichtstheologie bei Schleiermacher, *NZSTh* 54/3 (2012), 240–261, 260.
16 Vgl. Schleiermacher, *Zum Johannes*, SN 8, 62: „Es kann keiner ins Messiasreich kommen der nicht von Gotte gelehrt sei". – Zur Verwendung dieser Formel im Rahmen seiner Kirchengeschichtsvorlesungen vgl. Gerber, *Schleiermachers Kirchengeschichte*, 116 Anm. 32.

sich im Jesus-Geschehen erschließt. Insofern wäre zu fragen, wie angesichts des innovativen Charakters, der dem Christentum zugeschrieben wird, dessen jüdischer Entstehungs- und Verständnishintergrund zu beurteilen ist.

Können die exegetischen Vorlesungen also im Rahmen der Debatte um Schleiermachers Verhältnis zum Judentum neue Erkenntnisse liefern? Einerseits ist ihm ja das Verständnis der Sprachmischung von Griechischem und Hebräischem im Neuen Testament ein zentrales Anliegen im Rahmen seiner grammatischen Schriftauslegung.[17] Andererseits ist insbesondere sein Paulus-Bild nicht selten als antijudaistisch kritisiert worden, indem man ihm vorgeworfen hat, die paulinische Opposition gegen die Gerechtigkeit aus Werken pauschal auf das gesamte Judentum an sich zu beziehen, was für manche Interpreten nicht zuletzt im Philipperbrief „auch irgendwie naheliegt".[18] Dieser Frage ließe sich nun anhand des Philipper-Manuskripts genauer nachgehen: Insbesondere mit der Gegnerschaft des Paulus in Philippi scheint Schleiermacher es sich keineswegs leicht zu machen, wobei er am Ende doch zu dem Ergebnis kommt, in Phil 3 seien nicht die Juden selbst gemeint, sondern radikale judenchristliche Missionare, „die den Heidenchristen Beschneidung *aufdrängen* wollen".[19] Auch die durchaus positive Identifikation des Paulus mit seiner beispielhaften jüdischen Vergangenheit scheint er in recht differenzierter Weise anzuerkennen.[20] Der Ausdruck ζημία werde zwar „des Gegensazes wegen gebraucht", natürlich könne aber „auch darin liegen, es würde mir zum Schaden gereicht haben, wenn *ich im Christenthum* noch einen Werth [auf die

---

[17] Vgl. Günter Meckenstock, Schleiermachers Bibelhermeneutik, in *Theorie der Interpretation vom Humanismus bis zur Romantik – Rechtswissenschaft, Philosophie, Theologie. Beiträge zu einem interdisziplinären Symposion in Tübingen, 29. September bis 1. Oktober 1999*, hg. v. Jan Schröder, Contubernium 58 (Stuttgart: Steiner 2001), 248–263.
[18] Gerber, *Schleiermachers Kirchengeschichte*, 109, mit Verweis auf Matthias Wolfes, Schleiermacher und das Judentum. Aspekte der antijudaistischen Motivgeschichte im deutschen Kulturprotestantismus, *Aschkenas* 14/2 (2004), 485–510; Matthias Blum, *„Ich wäre ein Judenfeind?". Zum Antijudaismus in Friedrich Schleiermachers Theologie und Pädagogik*, Beiträge zur historischen Bildungsforschung 42 (Köln: Böhlau, 2010).
[19] Friedrich Daniel Ernst Schleiermacher, *An die Philipper*, Archiv der Berlin-Brandenburgischen Akademie der Wissenschaften, Nachlass F. D. E. Schleiermacher, Nr. 26 (= SN 26), 21 (Hervorhebung M.S.). Vgl. 20 f.: „Indem Paulus v 3 die im Geist dienenden jenen [Hunden, V. 2] entgegensezt so scheint das fast zu stark für bloß judaisirende Christen [...] sondern man möchte glauben es müsse gegen Juden gerichtet sein [...]. Allein Philippi war gar nicht der Ort wo solche παρείσακτοι für sich operiren konnten [...] Daher halte ich es doch für heftigen Ausbruch gegen die mosaisirenden Christen". Zur neueren Diskussion um die Gegnerschaft des Paulus in Philippi vgl. Ulrich B. Müller, *Der Brief des Paulus an die Philipper* (ThHKNT 11/1) (Leipzig: Evangelische Verlagsanstalt, 1993), 188–193.
[20] Vgl. Schleiermacher, *An die Philipper*, SN 26, 22: Das τὴν ἐν νόμῳ bezeichne einen durchaus „gute[n] Ruf geszlicher Rechtschaffenheit".

Gerechtigkeit nach dem Gesetz] gelegt hätte."²¹ In dieser Lesart ist mit der „Gesezgebung", wie Schleiermacher sagt, durchaus eine „göttliche Absicht" verbunden gewesen – freilich aber die, „daß [mit Christus] eine δικαιοσύνη daraus hervorgehn solle".²² Überhaupt sei bei der Erklärung „mit Behutsamkeit"²³ vorzugehen.

Der Sachverhalt soll hier nicht weiter vertieft, sondern der exegesegeschichtlichen Weiterarbeit überlassen werden. Den bleibenden Ambivalenzen in Schleiermachers Verhältnis zum Judentum wird dabei durchgehend Rechnung zu tragen sein.²⁴ Vielleicht ist das Quellenmaterial aber gerade vor dem Hintergrund des Aufgezeigten auch im Hinblick auf die religionstheologischen Potenziale und Grenzen in Schleiermachers Denken aufschlussreich.²⁵

3 Enzyklopädische Vermittlung

Darüber hinaus wäre zu fragen, inwiefern die exegetischen Vorlesungen theologisch-enzyklopädisch in Schleiermachers Wissenschaftssystem eingeordnet werden können. In diesem Zusammenhang dürfte sich die *Kurze Darstellung des theologischen Studiums* als wichtige Referenz erweisen, die, indem sie die historische Theologie „jeden Zeitpunkt" der Geschichte „in seinem wahren Verhältniß zu der Idee des Christentums" beurteilen lässt, auch für die Entwicklung von Schleiermachers Geschichtsauffassung eine wichtige Station darstellt.²⁶ Schleiermacher verhandelt die Exegese als Teil der historischen Theologie, indem er Kanon- und Textkritik, neutestamentliche Sprachkunde, Hermeneutik und Einleitungswissen unterscheidet und auf sein Programm einer historischen Ortsbestimmung des

---

21 Schleiermacher, *An die Philipper*, SN 26, 22.
22 Schleiermacher, *An die Philipper*, SN 26, 24.
23 Schleiermacher, *An die Philipper*, SN 26, 24.
24 Vgl. Hans-Martin Kirn, Friedrich Schleiermachers Stellungnahme zur Judenemanzipation im „Sendschreiben" David Friedländers. Die „Briefe bei Gelegenheit [...]" von 1799, in *Christentum und Judentum: Akten des internationalen Kongresses der Schleiermacher-Gesellschaft in Halle, März 2009*, hg. v. Roderich Barth, Ulrich Barth und Claus-Dieter Osthövener (Berlin/Boston: De Gruyter, 2012), 193–212.
25 Vgl. Arnulf von Scheliha, Schleiermachers Deutung von Judentum und Christentum in der fünften Rede „Über die Religion" und ihre Rezeption bei Abraham Geiger, in *Christentum und Judentum: Akten des internationalen Kongresses der Schleiermacher-Gesellschaft in Halle, März 2009*, hg. v. Roderich Barth, Ulrich Barth und Claus-Dieter Osthövener, SchlA 24 (Berlin/Boston: De Gruyter, 2012), 213–227.
26 Friedrich Daniel Ernst Schleiermacher, *Kurze Darstellung des theologischen Studiums zum Behuf einleitender Vorlesungen. Zweite umgearbeitete Ausgabe (1830)*, in *Universitätsschriften. Herakleitos. Kurze Darstellung des theologischen Studiums*, hg. v. Dirk Schmid, KGA I/6 (Berlin/New York: De Gruyter, 2002), 317–446.

Christentums bezieht. Methodisch bildet dabei die Hermeneutik den „eigentliche[n] Mittelpunkt der exegetischen Theologie".[27] Einerseits versucht Schleiermacher die Bibelinterpretation in den von der allgemeinen Hermeneutik bereitgestellten Auslegungsgrundsätzen zu verankern – andererseits soll den besonderen historisch-philologischen Verstehensproblemen der urchristlichen Literatur Raum gegeben werden, ohne dabei in eine dogmatische Sonderhermeneutik zu verfallen. Es wäre interessant zu untersuchen, inwiefern Schleiermacher diesen Spagat in seinen exegetischen Vorlesungen bewältigt. Auch seine exegetischen Vorlesungsmanuskripte suchen an mehreren Stellen die grammatische und psychologische Auslegung der biblischen Schriften vom „Dogmatischen"[28] zu unterscheiden. Dabei zielt Schleiermacher auf den christlichen Lebenssinn in der Aneignung der neutestamentlichen, insbesondere der johanneischen Christusidee.

Die Anwendung dieser hermeneutischen Grundsätze wird beispielsweise bei der Deutung des Jesusworts in Joh 7,39[29] illustriert, wo es heißt, dass die Glaubenden den Geist noch nicht hatten, da Jesus noch nicht verherrlicht worden sei. Verständnisschwierigkeiten bereitet dabei insbesondere der Ausdruck οὔπω γὰρ ἦν πνεῦμα. Schleiermacher fragt, was an dieser Stelle das Vorhandensein des Geistes bedeutet und worauf es zu beziehen ist. Von „Wundergaben" könne ebenso wenig die Rede sein wie von „bloße[r] Erkenntniß".[30] Durchgehend hat Schleiermacher die spätaufklärerische Debatte zwischen Supranaturalismus und Rationalismus vor Augen, allerdings wird ebenso deutlich, wie seine Hermeneutik einen eigenen, vermittlungstheologischen Weg einschlägt: „Es ist von der auf das Einwohnen [des christlichen Geistes] folgenden selbstthätigen Production die Rede."[31] Im Mittelpunkt steht auch hier das Wirksamwerden der johanneischen Idee in der Frömmigkeit des Interpreten, der sich diese in der sittlich-kommunikativen Lebenssinndeutung und -gestaltung aneignet. Dementsprechend handle der Vers auch nicht von dem „Erschaffensein des Geistes"[32] an sich. Es erkläre sich aus der „Be-

---

27 Schleiermacher, *Kurze Darstellung des theologischen Studiums*, KGA I/6, 392.
28 Vgl. Schleiermacher, *Zum Johannes*, SN 8, 80. 138; ders., *Exegesis des Evangelium Johannis*, Nachschrift Bonnell, 10v. 30v. 36r; ders., *Exegese mehrerer Briefe des Apostels Paulus*, Nachschrift Christian August Bahnsen (Universitäts- und Forschungsbibliothek Erfurt/Gotha, Archiv Stammler, Nr. 0002), 14. 19.
29 Vgl. Friedrich Daniel Ernst Schleiermacher, Hermeneutik 1819 (SN 83), in *Vorlesungen zur Hermeneutik und Kritik*, hg. v. Wolfgang Virmond unter Mitwirkung von Hermann Patsch, KGA II/4 (Berlin: De Gruyter, 2013), 117–158, 151: Die philologische Erklärung, die „jede Schrift jedes Schriftstellers isoliere", ist für ihn eine andere als die dogmatische, die das Neue Testament „als Ein Werk Eines Schriftstellers ansieht" (148).
30 Schleiermacher, *Zum Johannes*, SN 8, 70.
31 Schleiermacher, *Zum Johannes*, SN 8, 70.
32 Schleiermacher, *Zum Johannes*, SN 8, 70. Vgl. das Arianische ἦν ποτε ὅτε οὐκ ἦν.

sorgniß"³³ einer solch falschen Auslegung, wenn etwa im Codex Vaticanus (B) die Lesart πνεῦμα ἅγιον δεδομένον zu finden ist.

In der Hermeneutikvorlesung von 1819 finden sich nähere Erläuterungen der Unterscheidung von grammatischer, psychologischer und dogmatischer Auslegung, insbesondere im Hinblick auf den wichtigen Vers Joh 7,39. Hier verweist Schleiermacher auf den größeren Sachzusammenhang, den er anhand von Parallelen (hier etwa Apg 19,2³⁴) aufsucht und der ihn zu einer Entscheidung zwischen „tautologischen" und „empathischen" Deutungen führt: „Indem", wie er schreibt, „die Wahrheit in der Mitte liegt[,] läßt sich keine andere [...] Regel der Beurtheilung angeben, als daß man beide Abweichungen immer im Auge habe, und sich frage welche mit der wenigsten Unnatur könnte angewendet werden."³⁵ Aus diesem Grund sei in Joh 7,39 das οὔπω γὰρ ἦν πνεῦμα auf das „In ihnen sein des Geistes"³⁶ zu beziehen. Dass sich dieser Begriff des Geistes in der Untersuchung der exegetischen Vorlesungen vermutlich als Schlüsselbegriff erweist, dürfte kein Geheimnis sein – verbinden sich doch in ihm johanneische mit paulinischen Perspektiven sowie letztlich auch Individualität und Universalität in Schleiermachers Denken.³⁷

In kirchen- und theologiegeschichtlichem Interesse wäre auch die Frage interessant, inwiefern Schleiermachers „Vermittlung von [...] christlicher Frömmigkeit und historisch-kritischer Forschung"³⁸ – unbeschadet der Überwindung pragmatischer Zugänge – die Weiterentwicklung eines aufklärungstheologischen Problembewusstseins darstellt, wussten doch bereits (spät-)aufklärerische Bibelwissenschaftler wie Johann Salomo Semler oder Georg Lorenz Bauer ihre historisch-grammatische Interpretation in das christentumsgeschichtlich fundierte

---

33 Schleiermacher, *Zum Johannes*, SN 8, 70. Mit Bezug auf: Novum Testamentum Graece, ed. Johann Jakob Griesbach, 2. Aufl., Bd. 1, 1796, S. 470.

34 Auch wenn das ἅγιον in Joh 7,39 mittlerweile textkritisch fraglich geworden ist und Schleiermachers Parallelisierung von daher nicht mehr wirklich greift, wird seine Denkweise, neben dem semantischen den sachlichen Zusammenhang heranzuziehen, deutlich. Vgl. Hermann Patsch, Hermeneutica sacra in zweiter Potenz? Schleiermachers exegetische Beispiele, in *Friedrich Schleiermachers Hermeneutik: Interpretationen und Perspektiven*, hg. v. Andreas Arndt und Jörg Dierken (Berlin/Boston: De Gruyter, 2016), 163–176, 171f.

35 Friedrich Daniel Ernst Schleiermacher, Hermeneutik 1819 (SN 83), in *Vorlesungen zur Hermeneutik und Kritik*, KGA II/4, 152f.

36 Schleiermacher, *Zum Johannes*, SN 8, 70.

37 Vgl. André Munzinger, Kritik und Verstehen. Schleiermachers Hermeneutik im Horizont seiner Paulus-Rezeption. In *Reformation und Moderne. Pluralität – Subjektivität – Kritik: Akten des Internationalen Kongresses der Schleiermacher-Gesellschaft in Halle (Saale), März 2017*, hg. v. Jörg Dierken, Arnulf von Scheliha und Sarah Schmidt, SchlA 27 (Berlin/New York: De Gruyter, 2018), 771–780.

38 Gerber, *Schleiermachers Kirchengeschichte*, 423.

Programm einer fortschrittsorientierten Wesensgestaltung zu überführen.[39] Zudem baut Schleiermacher nicht nur selbstverständlich auf dem im 18. Jahrhundert erzielten Fortschritt der neutestamentlichen Textkritik und der damit verbundenen Infragestellung des *textus receptus* auf (Wettstein, Griesbach) – auch mit der Schriftauslegung des an Kant geschulten theologischen Rationalismus (z. B. Paulus) bzw. Supranaturalismus (z. B. Storr) setzt er sich in seinen exegetischen Vorlesungen durchgehend auseinander.[40] Als wichtige Brückenfigur könnte sich Wilhelm Martin Leberecht de Wette erweisen, der – aus der Schule der Jenaer Aufklärungstheologie kommend – nicht nur wichtige Impulse in Richtung einer biblischen Dogmatik lieferte, sondern dessen Spannungen an der Berliner Universität auch im Hintergrund von Schleiermachers exegetischen Schriften stehen.[41]

4 Ausblick

Schließlich dürften die exegetischen Vorlesungen auch die Quellengrundlage für Schleiermachers materiale Rekonstruktion der Christentumsgeschichte merklich erweitern, was hier nur noch kurz angedeutet werden soll. Schon die ambitionierte Leben-Jesu-Darstellung von 1832[42] ist in hohem Maße vom Johannesevangelium geprägt. Sichtlich herausgefordert von den Fernwirkungen der Reimarus-Kontroverse macht es sich der Berliner Professor zur Aufgabe, modernsten historisch-

---

39 Vgl. Albrecht Beutel, *Kirchengeschichte im Zeitalter der Aufklärung. Ein Kompendium*, UTB 3180 (Göttingen: Vandenhoeck & Ruprecht, 2009), 212–215. Zur gegenwärtigen Diskussion vgl. Jörg Frey und Anne Käfer, Chancen und Schwierigkeiten des Dialogs zwischen Exegese und Systematischer Theologie, in *Die Rede von Jesus Christus als Glaubensaussage. Der zweite Artikel des Apostolischen Glaubensbekenntnisses im Gespräch zwischen Bibelwissenschaft und Dogmatik*, hg. v. Jens Herzer, Anne Käfer und Jörg Frey, UTB 4903 (Tübingen: Mohr Siebeck, 2018), 517–530.
40 Vgl. Enno Edzard Popkes, Immanuel Kant und die Entwicklungsgeschichte historisch-kritischer Exegese. Beobachtungen zu den Werken von Heinrich Eberhard Gottlob Paulus, Friedrich Lücke und Johannes Weiß, in *Bibelhermeneutik und dogmatische Theologie nach Kant*, hg. v. Harald Matern, Alexander Heit und Enno Edzard Popkes, DoMo 14 (Tübingen: Mohr Siebeck, 2016), 307–325, 315: „Dass Schleiermacher sich […] so intensiv mit hermeneutischen Fragestellung[en] auseinandersetzte, lag nicht zuletzt an dem Unbehagen, welches Schleiermacher gegenüber Konzepten einer unbedarften zeitgenössischen biblisch-theologischen Hermeneutik empfand, die nicht um eine Verständigung mit themenspezifisch relevanten Entwicklungen philosophischer bzw. literarischer Provenienz bemüht war."
41 Vgl. Hermann Patsch und Dirk Schmid, Einleitung der Bandherausgeber, in Friedrich Daniel Ernst Schleiermacher, *Exegetische Schriften*, hg. v. Hermann Patsch und Dirk Schmid, KGA I/8 (Berlin: De Gruyter, 2001), VII–LVII.
42 Friedrich Daniel Ernst Schleiermacher, *Das Leben Jesu. Vorlesungen an der Universität zu Berlin im Jahr 1832 gehalten*, hg. v. Karl August Rütenik, SW I/6 (Berlin: Reimer, 1864).

wissenschaftlichen Ansprüchen zu genügen und dennoch das geglaubte Christusgeschehen nicht aufzuheben, dessen Gemeingeist er im Johannesevangelium in seiner reinsten, innerlichsten Form erblickt. Gleichzeitig leistet er sich einen problematischen Zirkelschluss, wenn er die historische Zuverlässigkeit des Johannesevangeliums aus der angenommenen Jüngerschaft des Evangelisten folgern und daran die Darstellung des „inneren Lebens" Jesu anschließen will.[43]

Seine Liebe zur johanneischen „Idee des Logos" und seine Skepsis gegenüber der klassischen Zweinaturenlehre prägen dann auch die Darstellung der altkirchlichen Trinitätsstreitigkeiten, deren Aporien Schleiermacher im souveränen Quellenzugriff[44] herausarbeitet und kirchenhistorisch beurteilt: Hätte die Kirche auf die metaphysisch-spekulative Kompromisslosigkeit ihrer wesensimmanenten Trinitätslehren verzichtet, wäre sie wohl eher zu einem weiterführenden Gottesbegriff gelangt, der in der Lage gewesen wäre, „das Verhältniß Christi zum Vater mit unserm Verhältniß zu Christo zu parallelisieren".[45] Die exegetischen Vorlesungen veranschaulichen diese Reflexionen, indem sie mitten in die tiefgründigen Verhältnisbestimmungen der johanneischen Abschiedsreden hineinführen, die Schleiermacher hier vor Augen haben dürfte.[46] Dass die altkirchlichen Streitigkeiten in seiner Exegese eine zentrale Rolle spielen, zeigt unter anderem Bahnsens Notiz zu den christologischen Begründungsfiguren in Phil 2,6: „Die Alten, von Chrysostomus an, haben dieses angesehen als eine Stelle, wodurch Paulus alle antitrinitarischen Meinungen zu Boden geschlagen hätte"[47].

Schließlich könnte die kritische Ausgabe der exegetischen Vorlesungen auch auf Schleiermachers Deutung der Reformation ein neues Licht werfen – in einer

---

43 Vgl. Hermann Patsch, Vom Pseudo-Paulus über den Sammler Lukas zum johanneischen Erlöser. Zur Philologie und theologischen Exegese bei Schleiermacher, in *Reformation und Moderne. Pluralität – Subjektivität – Kritik: Akten des Internationalen Kongresses der Schleiermacher-Gesellschaft in Halle (Saale), März 2017*, hg. v. Jörg Dierken, Arnulf von Scheliha und Sarah Schmidt, SchlA 27 (Berlin/Boston: De Gruyter 2018), 749–769, 766.

44 Schleiermachers Darstellung ist das Ergebnis punktueller Quellenstudien und eklektischer Lektüre der Kirchengeschichtsschreibung des 18. Jahrhunderts, insbesondere Johann Matthias Schroeckh und Johann Salomo Semler. Vgl. Martin Ohst, Kirchengeschichte, in *Schleiermacher Handbuch*, hg. v. Martin Ohst (Tübingen: Mohr Siebeck, 2017), 340–345, 344.

45 Friedrich Daniel Ernst Schleiermacher, Manuskripte zum Kolleg 1821/22, in *Vorlesungen über die Kirchengeschichte*, KGA II/6, 19–122, 114.

46 Vgl. Joh 14,10: ἐγὼ ἐν τῷ πατρί – Schleiermacher liest: „Ich im beständigen Anschauen des Vaters, der Vater im beständigen Offenbaren an mich begriffen" und dann zu V. 20 „ich im Offenbaren an euch (durch den Geist)". Schleiermacher, *Zum Johannes*, SN 8, 108. 111. Vgl. Gerber, *Schleiermachers Kirchengeschichte*, 291.

47 Schleiermacher, *Exegese mehrerer Briefe des Apostels Paulus*, Nachschrift Bahnsen, 14. Dort auch die Auskunft, es hätten sich bezeichnenderweise auch „die Anti-Trinitarier grade auf diese Stelle bezogen".

oberflächlichen Sicht schon deshalb, weil sie davor bewahrt, sein Denken als Vorlage für neuprotestantische Formen kurzsichtiger Bibelvergessenheit zu nehmen.[48] Vor allem aber ist für ihn mit der Reformation genau jene Realisierungsgeschichte der Christusidee auf eine höhere Stufe gestellt. Es ist der „einheitliche Boden dieser [man wird sagen müssen: seiner eigenen] Christuserfahrung"[49], der im Johannesprolog gelegt ist und der bei Schleiermacher das Interesse an der kirchlichen Gemeinschaft und der Kirchenleitung hervorbringt.[50] Erst mit der Reformation ist für ihn das katholisch-hierarchische Einheitskonzept durchbrochen, die Kirche als biblisch-dogmatische Gesetzgeberin überwunden und zugleich als kommunikative Aneignungs- und Anerkennungsgemeinschaft im Gemeingeist des Gesamtlebens neu definiert.

Die geschichts- und kirchentheoretisch unterbestimmten Differenzierungsfiguren der Aufklärungstheologie entwickelt Schleiermacher kritisch weiter, indem er die Kirche nicht mehr als Gefährdung individuell gelebter christlicher Religion, sondern als deren unentbehrliche Voraussetzung zur Geltung bringt – und zwar im Plural ihrer dynamischen, konfessionskulturellen Weiterentwicklungen.[51] Es ist daher kein Zufall, dass Schleiermachers Hermeneutik erst kürzlich von Jürgen Habermas als wirkungsgeschichtlich zentrale Station im neuzeitlichen Paradigmenwechsel von der individuellen zur „sprachlichen Verkörperung der Vernunft"[52] in Anspruch genommen worden ist. Schleiermachers exegetische Vorlesungen weisen über sich hinaus auf die theologische Suche nach dem Wesen des Christentums, die im Geist des aufgeklärten Protestantismus kein einheitlich-normatives,

---

48 Vgl. Jörg Lauster, Schriftauslegung als Erfahrungserhellung, in *Schriftauslegung*, hg. v. Friederike Nüssel, UTB 3991 (Tübingen: Mohr Siebeck 2014), 179–206, 186, mit Verweis auf Ulrich Barth, Was heißt ‚Vernunft der Religion'? Subjektphilosophische, kulturtheologische und religionswissenschaftliche Erwägungen im Anschluss an Schleiermacher, in *Der Gott der Vernunft: Protestantismus und vernünftiger Gottesgedanke*, hg. v. Jörg Lauster und Bernd Oberdorfer, RPT 41 (Tübingen: Mohr Siebeck, 2009), 189–215, 209.
49 Eilert Herms, Systemkonzeption, in *Schleiermacher Handbuch*, hg. v. Martin Ohst (Tübingen: Mohr Siebeck, 2017), 241–257, 256.
50 Im Kontext des Todesbeschlusses des Hohen Rates (Joh 11,52) erweist sich für Schleiermacher als Johannes' „Hauptpunkt nicht die Versöhnung sondern die Stiftung der Kirche" (Schleiermacher, *Zum Johannes*, SN 8, 91).
51 Vgl. Martin Ohst, Dogmenkritik bei Semler und Schleiermacher, in *Aufgeklärte Religion und ihre Probleme: Schleiermacher – Troeltsch – Tillich*, hg. v. Ulrich Barth u. a., TBT 165 (Berlin/Boston: De Gruyter, 2013), 617–646, 644, mit Verweis auf Thomas Kaufmann, *Dreißigjähriger Krieg und Westfälischer Friede: Kirchengeschichtliche Studien zur lutherischen Konfessionskultur*, BHTh 104 (Tübingen: Mohr Siebeck, 1998).
52 Jürgen Habermas, *Auch eine Geschichte der Philosophie, Bd. 2: Vernünftige Freiheit. Spuren des Diskurses über Glauben und Wissen* (Berlin: Suhrkamp, 2019), 375. 428–467 („Motive zur linguistischen Wende bei Herder, Schleiermacher und Humboldt").

sondern nur ein kommunikativ-diskursives Geschehen sein kann. In dieser Perspektive ist, wie sich gezeigt hat, die kritische Edition und Untersuchung seiner Manuskripte und Nachschriften auch kirchen- und theologiegeschichtlich gewinnbringend.

Bibliographie

Schriften von Friedrich Daniel Ernst Schleiermacher

Das Leben Jesu. Vorlesungen an der Universität zu Berlin im Jahr 1832 gehalten, hg. v. Karl August Rütenik, SW I/6. Berlin: Reimer, 1864.
Der christliche Glaube nach den Grundsätzen der evangelischen Kirche im Zusammenhange dargestellt (1821/22). Teilband 2, hg. v. Hermann Peiter, KGA I/7,2. Berlin/New York: De Gruyter, 1980.
Der christliche Glaube nach den Grundsätzen der evangelischen Kirche im Zusammenhange dargestellt. Zweite Auflage (1830/31), hg. v. Rolf Schäfer, KGA I/13,1–2. Berlin/New York: De Gruyter, 2003.
Exegetische Schriften, hg. v. Hermann Patsch und Dirk Schmid, KGA I/8. Berlin/New York: De Gruyter, 2001.
Kurze Darstellung des theologischen Studiums zum Behuf einleitender Vorlesungen. Zweite umgearbeitete Ausgabe (1830). In *Universitätsschriften. Herakleitos. Kurze Darstellung des theologischen Studiums*, hg. v. Dirk Schmid, KGA I/6, 317–446. Berlin/New York: De Gruyter, 2002.
Vorlesungen über die Kirchengeschichte, hg. v. Simon Gerber, KGA II/6. Berlin/New York: De Gruyter, 2006.
Vorlesungen zur Hermeneutik und Kritik, hg. v. Wolfgang Virmond unter Mitwirkung von Hermann Patsch, KGA II/4. Berlin/Boston: De Gruyter, 2012.
Zum Johannes, Archiv der Berlin-Brandenburgischen Akademie der Wissenschaften, Nachlass F. D. E. Schleiermacher, Nr. 8 (= SN 8).
An die Philipper, Archiv der Berlin-Brandenburgischen Akademie der Wissenschaften, Nachlass F. D. E. Schleiermacher, Nr. 26 (= SN 26).
Exegesis des Evangelium Johannis, Nachschrift Eduard Bonnell. Staatsbibliothek zu Berlin Preußischer Kulturbesitz, Handschrift 37.
Exegese mehrerer Briefe des Apostels Paulus, Nachschrift Christian August Bahnsen. Universitäts- und Forschungsbibliothek Erfurt/Gotha, Archiv Stammler, Nr. 0002.

Weitere Literatur

Barth, Ulrich. Was heißt ‚Vernunft der Religion'? Subjektphilosophische, kulturtheologische und religionswissenschaftliche Erwägungen im Anschluss an Schleiermacher. In *Der Gott der Vernunft: Protestantismus und vernünftiger Gottesgedanke*, hg. v. Jörg Lauster und Bernd Oberdorfer, 189–215. RPT 41. Tübingen: Mohr Siebeck, 2009.
Beutel, Albrecht. *Kirchengeschichte im Zeitalter der Aufklärung: Ein Kompendium*. UTB 3180. Göttingen: Vandenhoeck & Ruprecht, 2009.

Blum, Matthias. „*Ich wäre ein Judenfeind?*". *Zum Antijudaismus in Friedrich Schleiermachers Theologie und Pädagogik*. Beiträge zur historischen Bildungsforschung 42. Köln: Böhlau, 2010.

Frey, Jörg und Anne Käfer. Chancen und Schwierigkeiten des Dialogs zwischen Exegese und Systematischer Theologie. In *Die Rede von Jesus Christus als Glaubensaussage: Der zweite Artikel des Apostolischen Glaubensbekenntnisses im Gespräch zwischen Bibelwissenschaft und Dogmatik*, hg. v. Jens Herzer, Anne Käfer und Jörg Frey, 517–530. UTB 4903. Tübingen: Mohr Siebeck, 2018.

Gerber, Simon. *Schleiermachers Kirchengeschichte*. BHTh 177. Tübingen: Mohr Siebeck, 2015.

Gräb, Wilhelm. Geschichtsphilosophie und Geschichtstheologie bei Schleiermacher. *NZSTh* 54/3 (2012), 240–261.

Habermas, Jürgen. *Auch eine Geschichte der Philosophie, Bd. 2: Vernünftige Freiheit. Spuren des Diskurses über Glauben und Wissen*. Berlin: Suhrkamp, 2019.

Helmer, Christine. Schleiermacher's exegetical theology and the New Testament. In *The Cambridge Companion to Friedrich Schleiermacher*, hg. v. Jacqueline Mariña, 229–247. Cambridge: Cambridge University Press, 2005.

Herms, Eilert. Systemkonzeption. In *Schleiermacher Handbuch*, hg. v. Martin Ohst, 241–257. Tübingen: Mohr Siebeck, 2017.

Kaufmann, Thomas. *Dreißigjähriger Krieg und Westfälischer Friede: Kirchengeschichtliche Studien zur lutherischen Konfessionskultur*. BHTh 104. Tübingen: Mohr Siebeck, 1998.

Kirn, Hans-Martin. Friedrich Schleiermachers Stellungnahme zur Judenemanzipation im „Sendschreiben" David Friedländers. Die „Briefe bei Gelegenheit […]" von 1799. In *Christentum und Judentum: Akten des internationalen Kongresses der Schleiermacher-Gesellschaft in Halle, März 2009*, hg. v. Roderich Barth, Ulrich Barth und Claus-Dieter Osthövener, 193–212. SchlA 24. Berlin/Boston: De Gruyter, 2012.

Lange, Dietz. Schleiermachers Christologie und die Aufklärung. In *200 Jahre „Reden über die Religion": Akten des 1. Internationalen Kongresses der Schleiermacher-Gesellschaft, Halle, 14.–17. März 1999*, hg. v. Ulrich Barth und Claus-Dieter Osthövener, 698–713. SchlA 19. Berlin/New York: De Gruyter, 2000.

Lauster, Jörg. Schriftauslegung als Erfahrungserhellung. In *Schriftauslegung*, hg. v. Friederike Nüssel, 179–206. UTB 3991. Tübingen: Mohr Siebeck, 2014.

Meckenstock, Günter. Schleiermachers Bibelhermeneutik. In *Theorie der Interpretation vom Humanismus bis zur Romantik – Rechtswissenschaft, Philosophie, Theologie: Beiträge zu einem interdisziplinären Symposion in Tübingen, 29. September bis 1. Oktober 1999*, hg. v. Jan Schröder, 248–263. Contubernium 58. Stuttgart: Steiner, 2001.

Munzinger, André. Kritik und Verstehen. Schleiermachers Hermeneutik im Horizont seiner Paulus-Rezeption. In *Reformation und Moderne. Pluralität – Subjektivität – Kritik: Akten des Internationalen Kongresses der Schleiermacher-Gesellschaft in Halle (Saale), März 2017*, hg. v. Jörg Dierken, Arnulf von Scheliha und Sarah Schmidt, 771–780. SchlA 27. Berlin/New York: Walter de Gruyter, 2018.

Müller, Ulrich B. *Der Brief des Paulus an die Philipper*. ThHKNT 11/1. Leipzig: Evangelische Verlagsanstalt, 1993.

Ohst, Martin. Dogmenkritik bei Semler und Schleiermacher. In *Aufgeklärte Religion und ihre Probleme: Schleiermacher – Troeltsch – Tillich*, hg. v. Ulrich Barth u. a., 617–646. TBT 165. Berlin/Boston: De Gruyter, 2013.

Ohst, Martin. Kirchengeschichte. In *Schleiermacher Handbuch*, hg. v. Martin Ohst, 340–345. Tübingen: Mohr Siebeck, 2017.

Patsch, Hermann. Hermeneutica sacra in zweiter Potenz? Schleiermachers exegetische Beispiele. In *Friedrich Schleiermachers Hermeneutik: Interpretationen und Perspektiven*, hg. v. Andreas Arndt und Jörg Dierken, 163–176. Berlin/Boston: De Gruyter, 2016.

Patsch, Hermann. Schleiermachers Berliner Exegetik. In *Schleiermacher Handbuch*, hg. v. Martin Ohst, 327–340. Tübingen: Mohr Siebeck, 2017.

Patsch, Hermann. Vom Pseudo-Paulus über den Sammler Lukas zum johanneischen Erlöser. Zur Philologie und theologischen Exegese bei Schleiermacher. In *Reformation und Moderne. Pluralität – Subjektivität – Kritik: Akten des Internationalen Kongresses der Schleiermacher-Gesellschaft in Halle (Saale), März 2017*, hg. v. Jörg Dierken, Arnulf von Scheliha und Sarah Schmidt, 749–769. SchlA 27. Berlin/Boston: De Gruyter, 2018.

Patsch, Hermann und Dirk Schmid. Einleitung der Bandherausgeber. In Friedrich Daniel Ernst Schleiermacher, *Exegetische Schriften*, KGA I/8, VII–LVII. Berlin/New York: De Gruyter, 2001.

Popkes, Enno Edzard. Immanuel Kant und die Entwicklungsgeschichte historisch-kritischer Exegese. Beobachtungen zu den Werken von Heinrich Eberhard Gottlob Paulus, Friedrich Lücke und Johannes Weiß. In *Bibelhermeneutik und dogmatische Theologie nach Kant*, hg. v. Harald Matern, Alexander Heit und Enno Edzard Popkes, 307–325. DoMo 14. Tübingen: Mohr Siebeck, 2016.

Scheliha, Arnulf von. Schleiermachers Deutung von Judentum und Christentum in der fünften Rede „Über die Religion" und ihre Rezeption bei Abraham Geiger. In *Christentum und Judentum: Akten des internationalen Kongresses der Schleiermacher-Gesellschaft in Halle, März 2009*, hg. v. Roderich Barth, Ulrich Barth und Claus-Dieter Osthövener, 213–227. SchlA 24. Berlin/Boston: De Gruyter, 2012.

Wolfes, Matthias. Schleiermacher und das Judentum. Aspekte der antijudaistischen Motivgeschichte im deutschen Kulturprotestantismus, *Aschkenas* 14/2 (2004), 485–510.

André Munzinger
Ursprung und Entwicklung

Zur Anthropologie Schleiermachers im Horizont seiner Rezeption des Neuen Testaments

Nach Schleiermacher sind Menschen sich selbst bildende Wesen.[1] Sie entwickeln sich im Bewusstsein ihrer Freiheit und Abhängigkeit, ihrer Selbsttätigkeit und Empfänglichkeit. Das Werk Schleiermachers ist an der Schwelle zur Moderne zu verorten und lässt sich im Horizont entfesselter Freiheitssensibilität verstehen – der Freiheit zur Selbstbestimmung.[2] Für Schleiermacher steht diese Selbstbestimmung im Zusammenhang eines vielschichtigen Abhängigkeitsverhältnisses, welches im Rahmen weitreichender kultureller Entwicklungen des Menschen einzuordnen ist. Eine dieser Abhängigkeitsbedingungen ist der Bezug auf eine ursprüngliche Kraft, von der beispielsweise die Heiligen Schriften berichten.[3] Um das Wesen des Christentums zu verstehen und dessen Zukunft zu gestalten, bedarf es eines reflexiven Umgangs mit diesen Schriften, damit die Ursprünge expliziert werden und weitere Entwicklungen stattfinden können.[4] Was aber heißt das? In welchem Verhältnis steht die Anthropologie (also sein theoretisches Verständnis vom Menschen) zur Schrift?

Sicherlich lässt sich mit Schleiermacher zunächst konstatieren: *Die* biblische, oder auch neutestamentliche Anthropologie gibt es nicht. Zumindest ist keine ho-

---

[1] Der Beitrag geht auf einen Vortrag im Rahmen des Schleiermacher-Symposiums der Schleiermacher Gesellschaft zur *Anthropologie* bei Schleiermacher in der Leucorea (Lutherstadt Wittenberg) im Oktober 2019 zurück. Der Vortragsstil ist in Teilen beibehalten worden.
[2] Einerseits sind die politischen Umbruchmotive der Zeit zu nennen. Andererseits, vielleicht zentraler, greift Schleiermacher die weitreichende Frage seiner Zeit nach einem wissenschaftlichen Begriff der Freiheit auf, der sowohl den deterministischen wie auch selbstbestimmten Elementen des Menschen Rechnung trägt. Vgl. Walter Jaeschke und Andreas Arndt, *Die Klassische Deutsche Philosophie nach Kant. Systeme der reinen Vernunft und ihre Kritik. 1785–1845* (München: C.H. Beck, 2012), 30–37.
[3] Im Folgenden wird der Begriff der (Heiligen) Schrift mit der Bibel gleichgesetzt, obwohl Schleiermacher eine hohe Sensibilität für die Vielfalt der Schriften im Neuen und Alten Testament wie auch ihrer Differenzen aufweist. Der Fokus liegt insgesamt auf dem Neuen Testament.
[4] Markus Schröder macht auf die Polarität des Verhältnisses von Ursprung und Entwicklung in diesem Sinne aufmerksam: „Weder kann der reine Ursprung einseitig gegen die vollständige Selbstexplikation des Geistes in der Entwicklung der christlichen Kirche ausgespielt werden, noch kann die konstitutive Funktion des Ursprungs im Prozeß seiner universalen Realisierung verloren gehen" (Markus Schröder, *Die kritische Identität des neuzeitlichen Christentums: Schleiermachers Wesensbestimmung der christlichen Religion*, BHTh 96 [Tübingen: Mohr Siebeck, 1996], 225).

mogene, auf die Schrift bezogene Lehre vom Menschen einfach zu bestimmen. Einerseits stellen die Schriften keine Einheitlichkeit in ihrer Perspektive vom Menschen bereit. Andererseits ist ihre leitende Fragestellung eine andere: nämlich das Verhältnis der Person Jesu zu Gott und zu seinen Jüngern.[5] Gleichzeitig ist die Schrift eine reichhaltige Fundstelle für anthropologische Aussagen, die sich jedenfalls nicht vollständig widersprechen, sondern auf bestimmte Problemstellungen befragt werden können.

Im Folgenden wird eine dieser anthropologischen Problemstellungen, die mit der Schrift bearbeitet werden, zur Geltung gebracht: Schleiermacher geht von einer Entwicklungsthese aus. Sein *Verständnis des Menschseins ist bestimmt von einer Entwicklungshoffnung, die mit einer Wesens- und Ursprungsidee verknüpft ist.*[6] Menschen sind bildungsbedürftig und veränderungsfähig. Sie sind aber nicht beliebig zu entwickeln. Vielmehr sind die Norm und die Motivation der Veränderung wie auch der Richtungssinn der Entwicklung aus ihren Ursprüngen zu erlangen.[7] Menschliche Identität ist somit ein vielschichtiges Gefüge von Zukunftserwartung und Ursprungsbezogenheit, von Entwicklung und Reflexivität. Diese lässt sich theologisch nur explizieren, wenn gleichzeitig der Rekurs auf die Ursprünge des Christentums und dessen Entwicklungsmöglichkeiten erfasst werden.

Zu diesem komplexen Gefüge gehört der Spannungsraum der Schrift. Schleiermachers Verhältnis zur Schrift ist alles andere als einfach. Es lässt sich als ein Glied einer langen Auseinandersetzung mit dem Schriftprinzip verstehen. Dabei steht Schleiermachers Kritik an der Schrift am Anfang der sogenannten Krise des Schriftprinzips.

Diese Krise des Schriftprinzips stellt die Normativität der Schrift in Frage und führt zu ihrer Transformation. *Die neue Orientierung an der Schrift liegt an dem veränderten Verständnis des Menschen – eines mündig werdenden Subjektes.* Die Anthropologie Schleiermachers setzt einen Bezug zur Schrift voraus, um auf die ursprüngliche Kraft rekurrieren zu können, die mit dem Christus gesetzt ist. In

---

5 Vgl. Friedrich Daniel Ernst Schleiermacher, *Kurze Darstellung des theologischen Studiums (1811/ 1830)*, hg. v. Dirk Schmid, Studienausgabe von KGA I/6 (Berlin/New York: De Gruyter 2002), 86, hier § 6 im ersten Abschnitt zur exegetischen Theologie des zweiten Teils zur historischen Theologie der ersten Auflage.

6 Eine Aussage aus den *Monologen* verdeutlicht das Anliegen: „Immer mehr zu werden, was ich bin, das ist mein einziger Wille; jede Handlung ist eine besondere Entwicklung dieses besonderen Willens […]." Friedrich Daniel Ernst Schleiermacher, *Monologen. Eine Neujahrsgabe (1800)*, hg. v. Günter Meckenstock, KGA I/3 (Berlin/New York: De Gruyter, 1988), 42.

7 Dabei sind verschiedene Entwicklungsdynamiken zu beachten, z. B. die psychologische, die kulturelle und die Dynamik des Christentums selbst. Zum Verhältnis von Ursprung und Entwicklung wäre ein Vergleich mit der Konzeption Schellings ein Gewinn, vgl. Helmut Holzhey und Donata Schoeller Reisch, Art. Ursprung, in *HWP* 11, Sp. 417–424.

diesem Rekurs auf die Vergangenheit wird kritische Zukunftsgestaltung möglich. *Der gesamte Verstehensprozess dient der Stärkung des sich selbst verstehenden Individuums.*

Zunächst sind die bereits erwähnten Problemkonstellationen einer *neutestamentlichen* Anthropologie auszuführen (I). Daraufhin ist Schleiermachers Bezug auf die Schrift zu erörtern (II). Erst nach diesem ausführlichen Anlaufweg werden anthropologische Bezüge Schleiermachers aus der Schrift aufgezeigt (III). Die Methodik ist somit verschränkt mit der Anthropologie selbst. Der Text endet mit einem Ausblick auf Anthropologie und Schrift in der Gegenwart (IV).

1 Problemkonstellationen

Um Schleiermacher auf seine Anthropologie im Horizont biblischer Bezüge befragen zu können, sind vielfache Probleme zu berücksichtigen. Zunächst stellen wir die Frage nach dem Menschen an Schleiermacher angesichts einer veränderten Gesamtlage im Umgang mit der Bibel. Die Schrift steht heute im Spannungsfeld verschiedener extremer Gegensätze – zwischen biblizistischer Treue und säkularistischer Ablehnung. Der „garstige breite Graben" (Gotthold Ephraim Lessing) zwischen historischem Wissen und Vernunftwahrheit ist tiefer und breiter geworden.[8] Bei Lessing ist keine radikale Skepsis leitend, sondern die Einsicht, dass im Bereich der Geschichtswissenschaft nur bedingte Erkenntnisse über kontingente Ereignisse geltend gemacht werden können. Mittlerweile stellt sich die Frage nach dem Sinn einer Heiligen Schrift großen Teilen der Bevölkerung in säkularen Gesellschaften gar nicht mehr. Sie sind ihr gegenüber eher gleichgültig. Darin liegt ein Unterschied zur Zeit Schleiermachers.

Wir haben es darüber hinaus mit mindestens drei Problemkreisen zu tun:

Erstens fehlt es an einer Gesamtausgabe der exegetischen Arbeiten Schleiermachers. An der Schleiermacher-Forschungsstelle der Christian-Albrechts-Universität zu Kiel ist mit der Edition der Vorlesungen zu Johannes und zu den Gefangenschaftsbriefen des Paulus begonnen worden. Dabei stellt sich eine beachtliche Dichotomie zwischen Schleiermachers systematischer und exegetischer Arbeitsweise heraus. Schleiermacher ist bei den exegetischen Vorlesungen ganz der Philologe. Systematische Fragestellungen werden gestreift, aber nicht beantwortet. Es wird ein Tableau an Fragen erarbeitet, aber keine Zusammenfassung der Schriften

---

8 Vgl. Gerd Theißen, Historische Skepsis und Jesusforschung. Oder: Meine Versuche über Lessings garstigen breiten Graben zu springen, in *Jesus als historische Gestalt. Beiträge zur Jesusforschung*, hg. v. Anette Merz, FRLANT 202 (Göttingen: Vandenhoeck & Ruprecht, 2003), 327–364.

in systematischer Absicht geliefert. Es steht zwar Schleiermachers Hermeneutik zur weiteren Interpretation zur Verfügung, aber es fehlen methodische Hinweise, wie Schleiermacher die *Übergänge* von exegetischer zu systematischer und praktischer Theologie gestaltet. Somit bestehen Probleme der Werküberlieferung *und* der Werkinterpretation.

Zweitens basiert Schleiermachers Verständnis des Menschen auf einer neuzeitlichen Fragestellung. Die Bibel stellt die Frage nach dem Menschsein in einem anderen Kontext. Die Differenzen zur Schrift werden bei Schleiermacher noch nicht in ihrer historischen Schärfe und philosophischen Problematik erfasst. Dass Schleiermachers Anthropologie auf eine Entwicklungstheorie hinausläuft, wird als Differenz zur biblischen Tradition bei ihm m. W. nicht hinreichend reflektiert. Dass Schleiermachers Anthropologie Entwicklung in den Vordergrund stellt, mag auch als Differenz zu unserer Zeit gelten.

Drittens ist bei einer schriftbezogenen Anthropologie Schleiermachers zu berücksichtigen, dass er diese aus verschiedenen Quellen entwickelt. Platon, Aristoteles, Heraklit, Paulus, Johannes und viele andere wären zu nennen. Anthropologie bei Schleiermacher ist mit dem sich geschichtlich verortenden Menschen verschränkt. Wie er aber beabsichtigt, diese verschiedenen Quellen miteinander ins Gespräch zu bringen, wird im Gesamtwerk nicht systematisch beantwortet, sondern von kontingenten Kontexten abhängig gemacht.

Im Sinne dieser Anfragen bedarf es weiterer Klärung, um zu verstehen, wozu und wie Schleiermacher auf die Heilige Schrift zurückgreift.

2 Wozu und wie soll auf die Heilige Schrift zurückgegriffen werden?

Ausgehend von den *Reden über die Religion* könnte beansprucht werden, dass es einer Heiligen Schrift nur bedingt bedarf. Denn:

> Jede heilige Schrift ist nur ein Mausoleum der Religion ein Denkmal, daß ein großer Geist da war, der nicht mehr da ist; denn wenn er noch lebte und wirkte, wie würde er einen so großen Werth auf den todten Buchstaben legen, der nur ein schwacher Abdruk von ihm sein kann? Nicht der hat Religion, der an eine heilige Schrift glaubt, sondern welcher keiner bedarf, und wohl selbst eine machen könnte.[9]

---

9 Friedrich Daniel Ernst Schleiermacher, *Über die Religion. Reden an die Gebildeten unter ihren Verächtern (1799)*, hg. v. Günter Meckenstock, KGA I/2 (Berlin/New York: De Gruyter, 1984), 242.

Dennoch ist es auffällig, dass Schleiermacher die Schrift nicht fallen lässt, sondern, im Gegenteil, sie in den Mittelpunkt seines Wirkens stellt.

2.1 Das Neue Testament in der Architektonik des Schleiermacherschen Werkes

Die neutestamentlichen Schriften und ihre Auslegung spielen für Schleiermachers Verständnis des Christentums eine grundlegende Rolle. Sie sind „auf der einen Seite das erste Glied in der seitdem fortlaufenden Reihe aller Darstellungen des christlichen Glaubens; auf der andern Seite sind sie die Norm für alle folgenden Darstellungen".[10] Von den ungefähr einhundertfünfzig Vorlesungen, die Schleiermacher im Laufe seiner Universitätslaufbahn gehalten hat, sind knapp die Hälfte den neutestamentlichen Schriften und ihrer Auslegung gewidmet. Annähernd jedes Semester hat er eine Vorlesung zum Neuen Testament angekündigt. Die neutestamentliche Exegese steht damit an der Spitze aller Vorlesungsthemen.

Im Widerspruch zu der Bedeutung der Exegese des Neuen Testaments bei Schleiermacher steht die Erforschung dieser wissenschaftlichen Auslegungspraxis. Hauptgrund dafür ist die schmale Quellenlage: Von wenigen Ausnahmen abgesehen, sind Schleiermachers exegetische Vorlesungen zum Neuen Testament nicht durch Veröffentlichung des Textmaterials zugänglich.

2.2 Das Neue Testament stellt den Ursprung der Erfahrungen mit dem Christus dar.

Um diese Schriften angemessen erfassen und für die Gegenwart fruchtbar machen zu können, bedarf es nach Schleiermacher der philosophischen, historischen sowie der praktischen Theologie. Die Exegese gehört zur historischen Theologie. Das Verständnis der Schrift wird demnach in den Gesamtkomplex der kritischen Selbstvergewisserung im Christentum eingebettet. In der *Kurzen Darstellung des Theologischen Studiums* wird Schleiermacher diesen Prozess mit verschiedenen Anläufen, aber einem einheitlichen Motiv erläutern: Der Rekurs auf die Vergangenheit ist notwendig, um Entwicklung in der Gegenwart und in der Zukunft möglich zu machen. Die Gegenwart kann nur verstanden werden als „Resultat der

---

[10] Friedrich Daniel Ernst Schleiermacher, *der christliche Glaube nach den Grundsätzen der evangelischen Kirche im Zusammenhange dargestellt. Zweite Auflage (1830/31)*. Erster und zweiter Band, hg. v. Rolf Schäfer, Studienausgabe von KGA I/13 (Berlin/New York: De Gruyter, 2008), §219, 320.

Vergangenheit", deshalb sind Kenntnisse der Geschichte notwendig.[11] Das Wesen des Christentums erscheint zugleich am deutlichsten (oder am reinsten) in den „frühesten Aeußerungen" (§17, S. 82), daraufhin wird dessen ursprüngliche Kraft mit anderen Einwirkungen vermischt bzw. verunreinigt (§16, S. 81). Auf diese These folgt hier die dialektische Pointe:

> Da es der lezte Zwek aller Theologie ist, das Wesen des Christenthums in jedem Augenblik reiner darzustellen: so muß sie auch dasjenige, worin es am reinsten anzuschauen ist, besonders herausheben. (§18, S. 82)

Der Bezug auf die ursprüngliche Kraft des Christentums ist notwendig, um eine Idee der ersten Reinheit zu erhalten, die für die Gegenwart immer reiner entwickelt werden soll. Das ist nicht einfach zu verstehen. Die Kraftmetaphysik ist nicht ohne ihre (erkenntnistheoretischen und naturphilosophischen) Probleme. Vielleicht lässt sich der dialektische Prozess auch ohne deren Betonung erläutern. In diesem Sinne wird diese Dialektik der reinigenden Kraft als ein *Verstehensprozess* im weiteren Verlauf gedacht.

2.3 Die Hermeneutische Schnittstelle ist der sich selbst verstehende Mensch.[12]

Ziel der theologischen Hermeneutik ist die selbstständige Beurteilung des gesamten Christentums.[13] Das ist eine zentrale Aussage der *Kurzen Darstellung des Theolo-*

---

11 Schleiermacher, *Kurze Darstellung des Theologischen Studiums*, Studienausgabe von KGA I/6, §15, 81. Im Folgenden im Text mit Paragraphen- und Seitenzahl wiedergegeben.
12 Die Theorie des Verstehens, die Schleiermacher in der *Hermeneutik*, aber auch in anderer Form in der *Dialektik* entwickelt, ist geprägt von dem Vermittlungsspiel zwischen dem Einzelnen und dem Ganzen, dem Besonderen und Allgemeinen, dem Bedingten und Absoluten. Das Verstehen impliziert divinatorische und kombinatorische wie auch psychologische und grammatische Aspekte. Ist die Divination als Hineinfühlen in die Eigentümlichkeit für die Allgemeinheit kaum vermittelbar, so bietet die Komparation eine diskursive Kontrolle, die sich kritisch auf das Divinatorische beziehen lässt. Während die grammatische Interpretation verdeutlicht, dass Einzelne durch die Sprache bedingt werden, zeigt die psychologische Interpretation auf, wie die Sprache ein Mittel für die individuelle Darstellung ist. Insofern bedarf die Kunst des Verstehens der Regeln wie auch des Talents. Vgl. Friedrich Daniel Ernst Schleiermacher, *Vorlesungen zur Hermeneutik und Kritik*, hg. v. Wolfgang Virmond, KGA II/4 (Berlin/New York 2012), hier die Vorlesung zur Hermeneutik (1819), 117–158; André Munzinger, *Gemeinsame Welt denken. Bedingungen interkultureller Koexistenz bei Jürgen Habermas und Eilert Herms*, PE 7 (Tübingen: Mohr Siebeck 2015), 233–241.
13 Vgl. Schleiermacher, *Kurze Darstellung des Theologischen Studiums*, Studienausgabe von KGA I/6, Erster Teil zur Philosophischen Theologie, Schluss, § 2, 78.

gischen Studiums. Philosophische und praktische Theologie bilden die Klammer für die historische Theologie.[14] Alle drei – philosophische, historische und praktische Theologie – sind auf selbstständige Urteilskraft ausgelegt. In der philosophischen Theologie gilt es, die eigene Urteilskraft zu schärfen, zu einer eigenen theologischen Denkungsart zu gelangen und die Prinzipien dieser Denkungsart zu entwickeln.[15]

Auch die Ziele der praktischen Theologie machen das Anliegen der Selbständigkeit deutlich. Im Mittelpunkt steht die „selbständige Ausübung des Christenthums"[16], die Wilhelm Gräb als „eigene christlich-religiöse Urteils- und Handlungsfähigkeit, die Kompetenz zu christlicher Lebensdeutung und -bewältigung" präzisiert – also eine auf Verständigung ausgerichtete religiöse Kommunikation.[17] Oder anders auf die Seelsorge hin formuliert: Sie soll die Selbständigkeit und Freiheit des Glaubens gewährleisten – dazu anleiten, dazu ermahnen – um die „geistige Freiheit der Gemeindeglieder zu erhöhen".[18] *„Jeden selbständiger zu machen im ganzen Gebiet seines Daseins, ist die Tendenz der evangelischen Kirche."*[19]

2.4 Zu untersuchende Stellen des Neuen Testaments

Bisher ist eine offensichtliche Problematik einer biblischen Anthropologie nur gestreift worden. Das Neue Testament steht für sich. Das gespaltene Verhältnis Schleiermachers zum Alten Testament ist aber nicht an dieser Stelle auszuführen. Schleiermacher bezieht es nicht in die Norm des Kanonischen ein. Gleichzeitig kann er die Texte referieren, dazu predigen und sie als gewichtig für die Entstehung des Neuen Testaments berücksichtigen.

Welche Texte müssten aus dem Neuen Testament Berücksichtigung finden? Zunächst ist an die klassischen Texte paulinischer Anthropologie zu denken. In der Glaubenslehre nimmt Schleiermacher Bezug auf Römer 7 oder Galater 6, wenn er das Thema Sünde erörtert. Zu diesen Texten ist die Arbeit an den exegetischen Vorlesungen noch nicht in Angriff genommen worden.

---

14 Schleiermacher, *Kurze Darstellung des Theologischen Studiums*, Studienausgabe von KGA I/6, Erster Teil zur Philosophischen Theologie, Schluss, § 3.
15 Schleiermacher, *Kurze Darstellung des Theologischen Studiums*, Studienausgabe von KGA I/6, Erster Teil zur Philosophischen Theologie, Schluss, § 6.
16 Friedrich Daniel Ernst Schleiermacher, *Die praktische Theologie nach den Grundsätzen der evangelischen Kirche im Zusammenhange dargestellt*, hg. v. Jacob Frerichs, SW I/13 (Berlin: Reimer, 1850), 62.
17 Wilhelm Gräb, Praktische Theologie, in *Schleiermacher Handbuch*, hg. v. Martin Ohst (Tübingen: Mohr Siebeck, 2017), 403.
18 Schleiermacher, *Die praktische Theologie*, 445.
19 Schleiermacher, *Die praktische Theologie*, 569.

Aus der Perspektive der Exegese selbst müssten aber auch anthropologisch relevante Narrative aus der Christus-Geschichte aufgenommen werden. Mit ihnen sind Aussagen über das Menschsein verbunden. Dazu gehören die anthropologischen Einsichten aus den Bezügen zu Adam, Abraham und Mose, aber auch die Propheten spielen im Neuen Testament eine wichtige Rolle in der Entwicklung frühchristlicher Aussagen über das Menschsein.[20] Gerade aus der Perspektive der Glaubenslehre wird es interessant sein, Bezüge zwischen ihren verschiedenen Topoi und den neutestamentlichen Vorlesungen herzustellen. Im Folgenden sind Beispiele der Bezugnahme Schleiermachers auf das Neue Testament zu erkunden.

3 Welche anthropologischen Einsichten gewinnt Schleiermacher aus dem Neuen Testament?

Schleiermacher bezieht sich auf das Neue Testament, um die Gott-Mensch-Beziehung zu erschließen. Menschen sind in ihrer Individualität gefragt, in ihrer bildungsbedürftigen Natürlichkeit. So wie der Christus Gottesbewusstsein entwickelt, ist nach Schleiermacher auch auf die Entwicklung menschlichen Bewusstseins zu achten. Insofern wird die Theologie des Neuen Testaments zum Referenzpunkt *menschlicher* Reflexivität. Dieser komplexen Dynamik zwischen Heiliger Schrift, christlichem Bewusstsein, göttlichem Geist, kritischer Reflexivität und ethischer Entfaltung ist nachzugehen.

Dabei ist auf verschiedene Textgattungen zurückzugreifen – auf die *Einleitung ins Neue Testament*, exegetische Schriften, Vorlesungen und Predigten. Allerdings werde ich hier die Leben-Jesu-Vorlesungen noch nicht berücksichtigen. Viel stärker, als das im Folgenden gelingen kann, wäre es notwendig, diese Textgattungen in ihrer inneren Systematik voneinander abzugrenzen und in ein Verhältnis zueinander zu setzen.

3.1 Individualität und Allgemeinheit – Paulus als Beispiel[21]

Interessant ist zunächst der Rekurs auf Paulus. Hier wird ein Motiv des Denkens von Schleiermacher deutlich, das sich im Gesamtwerk als Grundanliegen wiederholt

---

20 Vgl. Eckart Reinmuth, Anthropologie (NT), *Wibilex*, 09.03.2023 https://www.bibelwissenschaft.de/stichwort/49886/.
21 Diese Überlegungen sind an Formulierungen angelehnt, aber weiterentwickelt aus: André Munzinger, Kritik und Verstehen. Schleiermachers Hermeneutik im Horizont seiner Paulus-Re-

finden lässt: die Verschränkung von Individualität und Allgemeinheit. Mensch und Gesellschaft sind sowohl auf die Bildung der individuellen wie auch auf die gemeinsame Erarbeitung allgemeiner Momente angewiesen. Interessant ist es, wie diese Grundthese in den Umgang mit Paulus projiziert wird, um dessen besondere Stellung im biblischen Kanon einzuholen. Wiederholt macht Schleiermacher auf die Vielfalt und Geltung der paulinischen Schriften aufmerksam, die er „als die wichtigsten Bestandteile des N.T." anerkennt.[22] Zugleich sei bei der Interpretation mit Behutsamkeit vorzugehen, da Paulus oft missverstanden und zudem dogmatisch einseitig eingesetzt worden sei.

Das Sendschreiben *Ueber den sogenannten ersten Brief des Paulos an den Timotheos* aus dem Jahr 1807, in dem Schleiermacher die deuteropaulinische Herkunft des Briefes nachweist, hat große Resonanz gefunden.[23] Schleiermacher wendet die kritischen Methoden an, um Zweifel und Anfragen an die innere Systematik, die Sprachwahl und die Eigentümlichkeiten des Briefes zu sammeln. Er kommt zu dem Ergebnis, dass der Brief mit den übrigen paulinischen Schriftstücken nicht vergleichbar ist. Ob Schleiermacher seine Anfragen an die Echtheit des längsten der Pastoralbriefe hinreichend belegt und welche Rolle er für die Paulusforschung einnimmt, müsste an anderer Stelle untersucht werden. Hier ist die Argumentation interessant. Es ist doch nicht anzunehmen, so Schleiermacher weiter, dass trotz der großen Unterschiede der Brief von Paulus stammt. Dann hätte der Heilige Geist Paulus instrumentalisiert. Schleiermacher argumentiert, dass der Geist *aber* sich nicht „der Natur" des Paulus „zuwider bedient".[24] Wie ist dieses Argument inhaltlich zu verstehen?

Dazu lässt sich auf die *Einleitung ins Neue Testament* verweisen. In dieser diskutiert Schleiermacher die Echtheit der paulinischen Briefe und untersucht, wie dessen Persönlichkeit mit deren *Inhalt* übereinstimmt.

> Man kann aber mit großer Sicherheit behaupten, daß seine große Klarheit über das Christenthum und seine beständige Besonnenheit in demselben mit seiner Richtung auf dessen Universalität und mit der Tendenz, dies zu verwirklichen, zusammenhängt.[25]

---

zeption, in *Reformation und Moderne. Pluralität – Subjektivität – Kritik*, hg. v. Jörg Dierken, Sarah Schmidt und Arnulf von Scheliha, SchlA 27 (Berlin/Boston: De Gruyter, 2018), 771–780.
22 Friedrich Daniel Ernst Schleiermacher, *Einleitung ins neue Testament*, hg. v. Georg Wolde, SW I/8 (Berlin: Reimer 1845), 192.
23 Friedrich Daniel Ernst Schleiermacher, *Ueber den sogenannten ersten Brief des Paulos an den Timotheos. Ein kritisches Sendschreiben an J.C. Gaß (1807)*, hg. v. Hermann Patsch, KGA I/5 (Berlin/New York: De Gruyter, 1995), 153–243.
24 Schleiermacher, *Ueber den sogenannten ersten Brief des Paulos an den Timotheos*, 158.
25 Schleiermacher, *Einleitung ins neue Testament*, SW I/8, 177. Seitenzahlen bis zur folgenden Fußnote im Text.

Paulus habe dafür gesorgt, dass das Christentum in und durch dessen begrifflicher Universalität „für sich selbst bestehen sollte" (191). Diese Ausrichtung auf die Universalität wird mit der Individualität des Apostels in dynamischer Weise verwoben.

Für die Gedankenführung dieses Aufsatzes ist es beachtlich, dass der Mensch Paulus in seiner Entwicklungsfähigkeit hervorgehoben wird. Diese Fähigkeit ist aber keineswegs beliebig einsetzbar, sondern verschränkt eben die individuelle Aufmerksamkeit des Paulus mit seiner Ausrichtung auf das Ganze, das Universelle. Er hat die christliche Botschaft richtig aufgenommen und weiterentwickelt.

Schleiermacher nähert sich der „außerordentlichen Wirksamkeit" der paulinischen Briefe an, indem er Paulus eine „große geistige Kraft" zuschreibt, durch die er „das Organ des christlichen Prinzipes oder des göttlichen Geistes hat werden können" (178). Im Zusammenhang mit dem „Character der rabbinischen Schule" erklärt sich Schleiermacher Paulus so, dass „überall in dem Apostel eine gewisse spitzfindige Schärfe zu finden" sei, die sich mit einer „Leichtigkeit in allegorischer Anwendung" von alttestamentlichen Texten und ihrer weitreichenden Kenntnis verbinden ließe (ebd.). Dazu müsse aber beachtet werden, dass die „Neigung zu ekstatischen Zuständen", die bei Paulus zu finden sind, in einem gewissen Widerspruch zu der „spitzfindigen dialektischen Schärfe" des Apostels ständen (179).

Man könnte nun behaupten, so setzt Schleiermacher fort, dass die ekstatischen Momente des Apostels als „unmittelbare göttliche Einwirkungen" zu verstehen sind, und dass diese Einwirkungen unabhängig von einer bestimmten „Neigung" stattfinden, aber diese Meinung, so antwortet er auf den konstruierten Einwand, „ist zu unhistorisch", denn „das göttliche Prinzip", welches er im Neuen Testament wirksam werden sieht, ist als ein *geschichtliches* zu verstehen (179). So ist das göttliche Prinzip den Bedingungen des Geschichtlichen durch und durch unterworfen, und „mußte in Jedem und auf Jeden seiner individuellen Natur gemäß wirken" (179). Deshalb ist es nach Schleiermacher erforderlich, sich in die „individuelle Natur" des Autors hineinzudenken, die Schleiermacher im Falle des Paulus durch „eine große innere Lebendigkeit und Beweglichkeit" gekennzeichnet sieht (179.). Es wird verständlich, dass die Individualität die geschichtliche Möglichkeitsbedingung des göttlichen Einwirkens und deshalb kritischer Ansatzpunkt für das angemessene Verstehen ist. Zugleich ist die Universalität paulinischer Theologie dessen wesentlicher Beitrag. Sie ist gekennzeichnet durch den Bezug auf die Menschheit. Paulus dient als Beispiel für die Entwicklung des Menschen im Horizont Gottes.

3.2 Versöhnte Menschen – Bezüge zur Christologie

Ein hoher Anspruch wird an die menschliche Entwicklung geltend gemacht. Es geht um die neuen Menschen. In seiner Schrift zum Kolosserbrief argumentiert Schleiermacher, dass durch Christus nicht Himmel und Erde miteinander in Versöhnung zu bringen sind, sondern die Erlösung verwirkliche sich im neuen Menschen, den Paulus auf Juden *und* Heiden bezieht: „Es ist Gottes Wohlgefallen gewesen, alles, was unter sich entzweit gewesen ist, zu versöhnen, in Beziehung zu sich selbst."[26] Darin verbindet sich die Anthropologie Schleiermachers mit seiner Christologie und seiner Christentumstheorie. Die Anthropologie ist der theoretische Platzhalter für die Versöhnungsperspektive eines neuen Menschen.

Gleichzeitig ist es nicht so, dass dieser neue Mensch supranatural zu verstehen ist. An diesem Problem arbeitet sich Schleiermacher wiederholt ab. Dazu lässt sich ein Text aus der Vorlesung zu Philipper 2 anbringen. Schleiermacher ringt mit den Deutungen des Christus – hier Vers 6:

> v. 6. Die Alten, von Chrysostomus an, haben dieses angesehen als eine Stelle, wodurch Paulus alle antitrinitarischen Meinungen zu Boden geschlagen hätte. Dahingegen haben sich die Anti-Trinitarier grade auf diese Stelle bezogen. Die Argumente der orthodoxen Väter sind diese: Der Ausdruck μορφη Θεου ist ein uneigentlicher – und nach der Analogie von μορφη δουλου zu erklären, welches bedeutet ουσια δουλου – woraus die Duplicität der Personen bewiesen worden. [...] Die Neuern, die kein solches Bedürfniß haben, das μορφη Θεου für ουσια zu nehmen [...]. Indem wir uns zwischen diesen Meinungen halten, finden wir das tertium comparationis in der ταπεινοφροσυνη und was nur des Gegensatzes halber dasteht, braucht nicht weiter ausgearbeitet zu seyn.[27]

Eine typische exegetische Denkbewegung Schleiermachers wird erkennbar. Die Alten sagen, die Neuern meinen, er hält sich dazwischen auf. Es ist eine abwägende Haltung, in der seine kommunikative, dialektische Arbeit an Texten deutlich wird. Gleichzeitig macht er inhaltlich seine Bedenken gegenüber einer hohen Christologie geltend, ohne die eigene Position zu entfalten.

Um diese Position nicht nur aus der Glaubenslehre zu entwickeln, sondern gerade auch aus seinen exegetischen Vorlesungen die christologischen Texte insgesamt zusammenzuführen, bedarf es weiterer Editionsarbeit. Hier lässt sich die Vermutung äußern, dass der Christus aus seiner Haltung heraus zu verstehen ist, die ihm ein immer besseres Verständnis Gottes ermöglichte.

---

26 Friedrich Daniel Ernst Schleiermacher, *Über Kolosser 1, 15–20 (1832)*, hg. v. Hermann Patsch/Dirk Schmid, KGA I/8 (Berlin/New York: De Gruyter, 2001), 222.
27 Friedrich Daniel Ernst Schleiermacher, *Exegese mehrerer Briefe des Apostels Paulus*, Nachschrift Christian August Bahnsen (Universitäts- und Forschungsbibliothek Erfurt/Gotha, Archiv Stammler, Nr. 0002), 14.

3.3 Reflexive Relationalität – Bezüge zur Pneumatologie

Die Schnittstelle zwischen der Anthropologie und der Christologie wird vermutlich eine Theorie des Geistes sein. Diese kann hier nicht elaboriert werden. Vielmehr sollen einige Bezüge Schleiermachers zum Geist aus dem Neuen Testament als Einstieg dienen. Dazu wähle ich hier die Predigt zum Pfingstfest am 23. Mai 1825, in der die Wirkung des Geistes herausgestellt wird.[28] Dabei rekurriert er auf 1Korinther 2, 10–12: Der Geist erforscht die Tiefen der Gottheit, so wie der Geist des Menschen weiß, was das Wesen des Menschen ist. Schleiermacher stellt die Frage, wie diese Verstehensleistung des göttlichen Geistes zu deuten ist. Wie ist einerseits zu begreifen, dass der Geist Gottes mit demjenigen des Menschen zu vergleichen ist? Und wie ist andererseits zu verstehen, dass der Geist Gottes einzigartig ist?

Die Parallele ist die, dass der Geist Gottes und der Geist des Menschen Reflexivität ermöglichen: Sie erschließen sich selbst reflexiv. Und zwar ist eine Form der Reflexivität gemeint, die „untrüglich ist und unumstößlich gewiß" (230). Denn durch den Geist des Menschen wird sich der Mensch seines Inneren bewusst. Schleiermacher stellt diese innere Bezugnahme auf das eigene Selbst als das Bewusstwerden der eigenen Handlungsfähigkeit, Identität und Geschichtlichkeit dar – aber als reflexive Einheit:

> Dieses eigne Wissen des Menschen von sich selbst ist dann auch die unmittelbarste und zuverlässigste Wahrheit seines Daseins, das untrügliche sich immer aufs neue bewährende, in jedem Augenblick die ganze Vergangenheit und die ganze Zukunft dem Wesen nach in sich tragend. (231)

Der wesentliche Unterschied zwischen dem Geist des Menschen und dem Geist Gottes ist, dass letzterer die Möglichkeit bietet, Gott als Vater anzusprechen. Alle anderen Kenntnisse und Wissensgegenstände können mit Hilfe der „gemeinsamen Vernunft" erschlossen werden, lediglich „die Tiefen der Gottheit" zu erkunden, was gleichbedeutend mit dem Anruf Gottes als liebender Vater ist; das kann nur der Geist aus Gott, der dafür in den Geist des Menschen hinabsteigt oder sich mit dem Geist des Menschen vermählt, wie Schleiermacher an anderer Stelle ausführt (228). So stellt sich nach Schleiermacher der göttliche Geist als Interpret Gottes vor, der insbesondere eine neue Qualität der Beziehung ermöglicht. Was ist das Wesen der Gottheit, fragt Schleiermacher in seiner Predigt? Es ist die Liebe, nicht die Gerechtigkeit und auch nicht die Allmacht.

---

[28] Friedrich Daniel Ernst Schleiermacher, *Der Ursprung des Geistes aus Gott ist die Gewährleistung für die Vollständigkeit seiner Wirkungen. Am Pfingstfeste (1826)*, hg. v. Günter Meckenstock, KGA III/2 (Berlin/Boston: De Gruyter, 2015), 223–239. Seitenzahlen bis zur folgenden Fußnote im Text.

Durch die zwei Ebenen des Geistbegriffs und der damit verbundenen doppelten Reflexivität ist der Gedankengang nicht einfach zu rekonstruieren. Für den Zweck einer Anthropologie lässt sich festhalten, dass Schleiermacher den menschlichen Geist auf einen ursprünglichen, göttlichen Geist zurückführt. Beide sind durch Reflexivität gekennzeichnet. Die zentrale Differenz liegt darin, dass der göttliche Geist eine Reflexivität vormacht, die in ihrer relationalen Qualität Maßstäbe setzt.

Der Geist ist entscheidend, weil er den Ursprung vergegenwärtigt und zu einem Selbstverständnis führt. Gleichzeitig wird mit der doppelten Reflexivität ein selbstbezügliches Bewusstsein von Differenz eingeführt. Hier wird dieses Bewusstsein von Differenz in Beziehung zum Absoluten erläutert. Der menschliche Geist ist sich der Differenz zum Absoluten bewusst.

3.4 Interdependente Menschheit – Ethische Ziele des Menschseins

In einer Predigt zum „Erndtefest" am 2. Oktober 1831 legt Schleiermacher Lukas 12, 16–21 aus – das Gleichnis vom reichen Kornbauern. Überschrieben ist der Text mit „Warnung vor Selbstsucht und Eigennuz bei der Erndtefreude".[29] Anders als Text und Titel vermuten lassen, wird aber keine generelle Abrechnung mit Hab und Gut vorgenommen. Schleiermacher wird Grund und Boden kulturwissenschaftlich zu würdigen wissen. Die Freude an der Ernte ist berechtigt. So geht es ihm programmatisch um eine Ethik ausdifferenzierter Gesellschaft. Jeder Acker, jeder Pflug ist im Blickfeld. Nicht nur der wortwörtliche Acker. Programmatisch wird das Anliegen so formuliert:

> Alle menschlichen Geschäfte, die sich auf unser Dasein und Leben auf dieser Erde beziehen, bilden ein großes unzertrennliches ganzes; jedes ist durch die anderen gestützt, jedes Mißlingen in dem einen breitet weit umher seine Folgen aus, wie im Gegentheil über jedes Gelingen und noch mehr über jede Verbesserung Freude und Dankbarkeit laut wird unter allen Verständigen, auch unter denen die keinen unmittelbaren Theil daran haben. (Ebd.)

Die kunstvolle dreiteilige Architektur der Predigt macht eine bemerkenswerte Entwicklungsdynamik auf: Zunächst wird die Hoffnung auf die Dankbarkeit des Menschen deutlich, dann die Integration der einzelnen Leistung in das Ganze einer Gesellschaft und schließlich die Anerkennung der interdependenten Menschheit

---

29 Friedrich Daniel Ernst Schleiermacher, *Warnung vor Selbstsucht und Eigennuz bei der Erndtefreude. Am Erndtefest (2. Oktober 1831)*, hg. v. Günter Meckenstock, KGA III/2 (Berlin/Boston: De Gruyter, 2015), 720–721.

insgesamt. So legt Schleiermacher die Selbstbezogenheit des Kornbauern im Horizont eines kulturtheoretischen Entwicklungsglaubens aus, der nur dann zum Ziel kommt, wenn das Individuum sich im Rahmen der Menschheit gleichermaßen auswickelt.

In gewisser Weise vereinnahmt Schleiermacher den Text für seine Kulturtheorie. Diese geht von einer sukzessiven Entwicklung der Menschheit aus, in der sie die Natur bearbeitet und durch Ausdifferenzierung Individualität in der Gesellschaft fördert.[30] Gleichzeitig stellt Schleiermacher das Christentum und die Glaubenslehre natürlich unter die Lehnsätze aus der Ethik. Der Gedanke der interdependenten Menschheit wird aus der philosophischen Ethik als kategorialer Rahmen für die Hermeneutik hier übernommen. Natürlich wäre es interessant, wenn Schleiermacher den Zusammenhang von Kulturtheorie und Schrift deutlicher ausgeführt hätte.

4 Anthropologie und die Schrift – mit Schleiermacher in die Gegenwart

Die schriftbezogene Anthropologie kommt bereits bruchstückhaft als ein unfertiges Mosaik an Fragen und Problemkonstellationen in den Blick. Mit Schleiermacher lässt sich ein Problembewusstsein für die Zusammenhänge der Theologie entwickeln – von ihrer biblischen Wurzel über ihre philosophische Durchdringung bis hin zu ihrer praxisbezogenen Christentumstheorie. Dabei wird es eine Anthropologie für das Christentum ohne den Kanon nicht geben. Schleiermacher bemüht den (naturphilosophisch betrachtet) fraglichen Begriff der Kraft, der in den Ursprüngen gegeben ist. Sicherlich lässt sich diese Kraft als Orientierungsmoment verstehen – Orientierung für die sich selbst verstehenden Menschen. Die historische Frage nach den Ursprüngen des Christentums verbindet sich bei Schleiermacher mit der subjektivitätstheoretischen Analyse des Menschseins.

Die Frage nach den Menschen, so lässt sich allgemeiner formulieren, ist eine Frage nach ihren Ursprüngen und Entwicklungsmöglichkeiten. Beide – Ursprünge und Entwicklungsmöglichkeiten – lassen sich ohne Traditionen, Narrative und Normen nicht erfassen. Bemerkenswert ist es also, dass Schleiermachers Anthropologie mit der veränderten Lesart der Schrift zusammenhängt. Der sich selbst verstehende Mensch ist bezogen auf eine Schrift, die nicht mehr durch externe Offenbarung legitimiert wird, sondern durch die eigene Erfahrung. Die Schrift

---

[30] Vgl. die Entwicklungskonzeptionen seiner Zeit, vor allem die Fichtes: Klaus Weyand, Art. Entwicklung I, in *HWP 2*, 554.

macht die eigene Erfahrung lesbar im Horizont der Person Jesu.[31] Dieser Christus ist wiederum keine supranaturale Erscheinung, sondern Repräsentant eines ungebrochenen Gottesbewusstseins und einer versöhnten Menschheit. Insofern ist der Richtungssinn deutlich. Das partikulare historische Ereignis, das mit der Person Jesu verbunden ist, erhält *universale* Deutungskraft durch den Gemeingeist. Bereits in Schleiermachers Verständnis der Person des Paulus wird klar, dass das Individuelle und Historische aber konstitutiv für die Universalisierung des Christentums ist.

Was lässt sich aus dieser Gemengelage für die Gegenwart übertragen? Angesichts des prozessualen Menschenbildes wirkt Schleiermachers Rekurs auf den Kanon widersprüchlich. Einerseits verweist er auf einen normativen Ursprung, andererseits betont er die Dynamik der Entwicklung. Jan Assmann macht darauf aufmerksam, wie die Verschriftlichung von mündlichen Traditionen und die darauffolgende Kanonisierung der (hebräischen) Bibel in den Kontext der kulturellen Konstituierung von Identität und Gedächtnis gehören.[32] Dabei lässt sich der Kanon durchaus als *Brechung* des Traditionsstromes ansehen. Jedenfalls verlagert sich die Kreativität aus der Konstitution von Geschichten *in* die Hermeneutik und Textpflege.

Es ist diese Kreativität der Textpflege, die heute zu betonen ist. Biblische Anthropologie ist nicht statisch oder biblizistisch zu verstehen. Sie müsste mit Schleiermacher in eine kulturtheoretische Entwicklungskonzeption einbezogen werden. Sicherlich muss diese Entwicklungsidee selbst stärker erläutert werden. Sie schillert als metaphysische Setzung im Horizont aristotelischer, platonischer und paulinischer Ontologie. Die Entwicklungsdynamiken sind zudem äußerst verschlungen. Schleiermacher rezipiert und transformiert die Lehren des frühen Christentums und stellt sie insgesamt in eine Narrative der humanen Dynamik. Inwiefern sich diese menschheitliche Sicht der Entwicklung mit den gegenwärtigen Anfragen an die Fortschrittshoffnung der frühen Moderne verträgt, wäre zu fragen.

---

31 Mit der Formulierung der *Lesbarkeit der Religion* greife ich einen Buchtitel von Ino Augsberg auf, der die *Lesbarkeit des Rechts* in der Textualität der Rechtswissenschaften verortet. In einer postmodernen juristischen Methodologie entwickelt er dabei aber keine positivistische Hermeneutik, sondern schlägt eine kontinuierliche Bewegung von hermeneutischen Konstruktionen und Infragestellungen vor. Analog dazu verstehe ich die Schrift als eine lesbare, textuell verfasste Grundlage, anhand derer Religiosität gelesen werden kann – in kritisch-hermeneutischer Auseinandersetzung mit dieser Grundlage. (Ino Augsberg, *Die Lesbarkeit des Rechts. Texttheoretische Lektionen für eine postmoderne juristische Methodologie* [Weilerswist: Velbrück, 2009]).
32 Jan Assmann, Unsichtbare Religion und kulturelles Gedächtnis, in *Religion und kulturelles Gedächtnis* (München: C.H. Beck, ³2007), 45–61.

Auch die Verhältnisbestimmung zu anderen Religionen, Kulturen und Weltanschauungen wird in der Gegenwart drängender.

Bibliographie

Schriften von Friedrich Daniel Ernst Schleiermacher

Der christliche Glaube nach den Grundsätzen der evangelischen Kirche im Zusammenhange dargestellt. Zweite Auflage (1830/31). Erster und zweiter Band, hg. v. Rolf Schäfer, Studienausgabe von KGA I/13. Berlin/New York: De Gruyter, 2008.
Der Ursprung des Geistes aus Gott ist die Gewährleistung für die Vollständigkeit seiner Wirkungen. Am Pfingstfeste (1826), hg. v. Günter Meckenstock, KGA III/2, 223–239. Berlin/Boston: De Gruyter, 2015.
Die praktische Theologie nach den Grundsätzen der evangelischen Kirche im Zusammenhange dargestellt, hg. v. Jacob Frerichs, SW I/13. Berlin: Reimer, 1850.
Einleitung ins neue Testament, hg. v. Georg Wolde, SW I/8. Berlin: Reimer, 1845.
Kurze Darstellung des theologischen Studiums (1811/1830), hg. v. Dirk Schmid, Studienausgabe von KGA I/6. Berlin/New York: De Gruyter, 2002.
Monologen. Eine Neujahrsgabe (1800), hg. v. Günter Meckenstock, KGA I/3, 1–62. Berlin/New York: De Gruyter, 1988.
Ueber den sogenannten ersten Brief des Paulos an den Timotheos. Ein kritisches Sendschreiben an J.C. Gaß (1807), hg. v. Hermann Patsch, KGA I/5, 153–243. Berlin/New York: De Gruyter, 1995.
Über die Religion. Reden an die Gebildeten unter ihren Verächtern (1799), hg. v. Günter Meckenstock, KGA I/2. Berlin/New York: De Gruyter, 1984.
Über Kolosser 1, 15–20 (1832), hg. v. Hermann Patsch/Dirk Schmid, KGA I/8, 195–226. Berlin/New York: De Gruyter, 2001.
Vorlesungen zur Hermeneutik und Kritik, hg. v. Wolfgang Virmond unter Mitwirkung von Hermann Patsch, KGA II/4, 117–158. Berlin/Boston: De Gruyter, 2012.
Warnung vor Selbstsucht und Eigennuz bei der Erndtefreude. Am Erndtefest (2. Oktober 1831), hg. v. Günter Meckenstock, KGA III/2, 720–730. Berlin/Boston: De Gruyter, 2015.

Exegese mehrerer Briefe des Apostels Paulus, Nachschrift Christian August Bahnsen. Universitäts- und Forschungsbibliothek Erfurt/Gotha, Archiv Stammler, Nr. 0002.

Weitere Literatur

Assmann, Jan. Unsichtbare Religion und kulturelles Gedächtnis. In *Religion und kulturelles Gedächtnis*, 45–61. München: C.H. Beck, ³2007.
Augsberg, Ino. *Die Lesbarkeit des Rechts: Texttheoretische Lektionen für eine postmoderne juristische Methodologie.* Weilerswist: Velbrück, 2009.
Holzhey, Helmut/Schoeller Reisch, Donata. Art. Ursprung. In *HWP* 11, Sp. 417–424.
Gräb, Wilhelm. Praktische Theologie. In *Schleiermacher Handbuch*, hg. v. Martin Ohst, 399–410. Tübingen: Mohr Siebeck, 2017.

Jaeschke, Walter/Arndt, Andreas. *Die Klassische Deutsche Philosophie nach Kant: Systeme der reinen Vernunft und ihre Kritik. 1785–1845*. München: C.H. Beck, 2012.

Munzinger, André. *Gemeinsame Welt denken: Bedingungen interkultureller Koexistenz bei Jürgen Habermas und Eilert Herms*, PE 7. Tübingen: Mohr Siebeck, 2015.

Munzinger, André. Kritik und Verstehen. Schleiermachers Hermeneutik im Horizont seiner Paulus-Rezeption. In *Reformation und Moderne: Pluralität – Subjektivität – Kritik: Akten des Internationalen Kongresses der Schleiermacher-Gesellschaft in Halle (Saale), März 2017*, hg. v. Jörg Dierken/Sarah Schmidt/Arnulf von Scheliha, 771–780. SchlA 27. Berlin/Boston: De Gruyter, 2018.

Reinmuth, Eckart. Anthropologie (NT), *Wibilex*, 09.03.2023 https://www.bibelwissenschaft.de/stichwort/49886/.

Schröder, Markus. *Die kritische Identität des neuzeitlichen Christentums: Schleiermachers Wesensbestimmung der christlichen Religion*, BHTh 96. Tübingen: Mohr Siebeck, 1996.

Theißen, Gerd. Historische Skepsis und Jesusforschung. Oder: Meine Versuche über Lessings garstigen breiten Graben zu springen. In *Jesus als historische Gestalt: Beiträge zur Jesusforschung*, hg. v. Anette Merz, 327–364. FRLANT 202. Göttingen: Vandenhoeck & Ruprecht, 2003.

Weyand, Klaus. Art. Entwicklung I. In *HWP* 2, Sp. 550–557.

Anne Käfer
Exegetische Dogmatik

Schleiermachers Glaubenseinsichten auf kanonischem Boden

Dank der Edition der exegetischen Vorlesungen Schleiermachers zum Johannesevangelium und zum Philipperbrief besteht die Möglichkeit, Schleiermachers dogmatische Einsichten mit seinem Verständnis biblischer Texte abzugleichen. Es ist endlich Gelegenheit gegeben, herauszufinden, wie Schleiermacher biblische Aussagen interpretierte, die ihn zu seinen dogmatischen Erkenntnissen führten. Im Folgenden wird diese Chance genutzt und im verfügbaren Rahmen exemplarisch dargestellt, wie Schleiermacher vom biblischen Zeugnis ausgehend zu seinen dogmatischen Darlegungen gelangt.

Aus systematisch-theologischer Perspektive sind im Blick auf Schleiermachers Vorlesungen drei Themenschwerpunkte besonders interessant. Diese Themen sind zum einen durch die biblische Überlieferung selbst als für das Verständnis des Evangeliums maßgeblich herausgestellt. Zum anderen werden sie dieser Bedeutung gemäß in der theologischen Tradition sowie von Schleiermacher aufgenommen; in seinen dogmatischen Ausführungen werden entsprechende Belegstellen explizit genannt. Diese besonders relevanten und für den christlichen Glauben ausschlaggebenden Schwerpunkte sind die Person Christi, das Verständnis der Trinität und die Frage nach dem Zum-Glauben-Kommen des Menschen.

Im Blick auf seine Dogmatik „Der christliche Glaube nach den Grundsätzen der evangelischen Kirche im Zusammenhange dargestellt"[1] bemerkt Schleiermacher: „Ich hätte gewünscht, es so einzurichten, daß den Lesern möglichst auf jedem Punkt hätte deutlich werden müssen, daß der Spruch Joh. 1,14. der Grundtext der ganzen Dogmatik ist, so wie er dasselbe für die ganze Amtsführung des Geistlichen seyn soll."[2] Dieses Zitat macht deutlich, wie eng Schleiermachers Dogmatik der biblischen Botschaft verbunden ist. Zugleich gibt dieser Satz zu erkennen, dass für Schleiermacher Gottes Offenbarung in Christus das Zentrum der neutestamentli-

---

[1] Friedrich Daniel Ernst Schleiermacher, *Der christliche Glaube nach den Grundsätzen der evangelischen Kirche im Zusammenhange dargestellt, Zweite Auflage (1830/31)*, hg. v. Rolf Schäfer (Berlin/New York: De Gruyter, 2008).
[2] Friedrich Daniel Ernst Schleiermacher, Zweites Sendschreiben an Lücke, in *Theologisch-dogmatische Abhandlungen und Gelegenheitsschriften*, hg. v. Hans-Friedrich Traulsen unter Mitwirkung von Martin Ohst, KGA I/10 (Berlin/New York: De Gruyter, 1990), 343. Der zitierte Wunsch ist im Blick auf die erste Auflage der Glaubenslehre geäußert, trifft aber ebenso auf die zweite zu.

chen Botschaft und damit Dreh- und Angelpunkt des durch diese Botschaft bedingten christlichen Glaubens ist.

Die *christliche* Auslegung der neutestamentlichen Schriften ist dementsprechend daran interessiert, was diese Texte über die Offenbarung Gottes in Christus mitteilen, welche von ihren Verfassern zwar unterschiedlich beschrieben, stets jedoch als der eigentliche Sachgehalt des Evangeliums herausgestellt wird. Deshalb werde ich, um aufzuzeigen, wie relevant die exegetischen Vorlesungen für den christlichen Glauben in seiner dogmatischen Reflexion tatsächlich sind, in einem ersten Abschnitt Schleiermachers Christusdeutung anhand seiner bereits edierten Vorlesungen zum Johannesevangelium und zum Philipperbrief nachgehen. Mit der Christusoffenbarung hängt aufs Engste zusammen, wie von dem in Christus geoffenbarten dreieinigen Gott gehandelt wird, weshalb im zweiten Abschnitt Schleiermachers exegetische Überlegungen hierzu angemerkt werden. Drittens erfolgt ein Blick auf Schleiermachers Zeilen zum Glauben der Jünger und der Wiedergeburt des Menschen. Es wird hier gefragt, wie Gottes Offenbarung auf die menschlichen Geschöpfe Einfluss haben kann, so dass diese den christlichen Glauben an die Offenbarung Gottes in Christus bekennen.

In jedem der drei Abschnitte wird zunächst Schleiermachers Exegese der thematisch passenden Verse im Johannesevangelium vorgenommen. Soweit zu den gewählten Themen auch exegetische Einsichten aus der Vorlesung zum Philipperbrief angeführt werden können, werden diese ebenfalls genannt. Es schließt ein Hinweis auf Schleiermachers dogmatische Verarbeitung der exegetischen Einsichten an, wie sie in seiner Dogmatik „Der christliche Glaube" nachzulesen ist. Beispielhaft ist im ersten Abschnitt auch ein Blick auf seine homiletische Anwendung dogmatisch reflektierter exegetischer Erkenntnisse zum biblischen Christusverständnis geworfen. Denn letztlich ergibt erst die Zusammenschau der Exegese, Dogmatik und auch Ethik sowie der Verkündigungspraxis Schleiermachers konsistente Auskunft über seine Theologie.[3]

---

3 Siehe hierzu Schleiermachers Bestimmung des Verhältnisses zwischen den theologischen Disziplinen in *Der christliche Glaube, Zweite Auflage*, 19, Zusatz, 149: Schleiermacher hält fest, „daß wenngleich auch Schriftauslegung und Kirchengeschichte jede in ihrem eigenthümlichen Geschäft zugleich abhängig sind von dem Studium der Dogmatik, und leiden, wenn dieses vernachläßigt wird, so daß diese verschiedenen Zweige insgesammt nur durch gegenseitigen Einfluß auf einander sich der Vollendung nähern können, es dennoch sehr bedenklich wäre, wenn gerade die Dogmatik bei dieser Fortschreitung vorzüglich den Ton angäbe, weil nämlich diese mehr als die andern, wenngleich immer nur der Form nach, von der Weltweisheit abhängt." Schleiermachers Theologie selbst kann also nur dann vollständig erfasst werden, wenn alle von ihm selbst betriebenen Teilbereiche in den Blick gefasst, im Zusammenhang und in ihrer wechselseitigen Bedingtheit gesehen werden.

1 Von der Person Christi

1.1 Johannesevangelium

Von der Person Christi handeln insbesondere Schleiermachers Ausführungen zum Prolog des Johannesevangeliums oder vielmehr zu Joh 1,14 sowie einige Zeilen zu Joh 10,30 und 10,38, die Schleiermacher in seiner Vorlesung zum Johannesevangelium im Wintersemester 1820/21 formulierte. Hierbei ist vor allem das Verhältnis des Logos oder des Sohnes Gottes zu Gott oder Gott Vater im Blick, durch welches das Verständnis der Inkarnation bestimmt ist.

Was von Johannes als λόγος bezeichnet wird, ist nach Schleiermacher „die göttliche Weisheit"[4], und entsprechend sei in ihm „die ganze organisirende Kraft der Vernunft"[5] vorhanden gewesen. Es sei der Logos das im Prolog genannte „Licht" und auch das „Wort", das bereits im Schöpfungsbericht der Genesis als wirksam beschrieben werde.[6] Der Logos wird für präexistent erachtet; er müsse als „vor alle Zeit gesetzt" vorgestellt werden.[7] Keineswegs jedoch sei der Logos eine zweite Person neben Gott dem Vater[8], die gar aus diesem „erzeugt" worden wäre.[9]

Schleiermacher legt dar, dass von Johannes nicht zwei göttliche Personen vorgestellt werden oder gar eine „Trennung des Göttlichen in sich selbst" ange-

---

[4] Friedrich Daniel Ernst Schleiermacher, *Zum Johannes*, Archiv der Berlin-Brandenburgischen Akademie der Wissenschaften, Nachlass F. D. E. Schleiermacher, Nr. 8 (= SN 8), 4.
[5] Friedrich Daniel Ernst Schleiermacher, *Exegesis des Evangelium Johannis*, Nachschrift Eduard Bonnell (Staatsbibliothek zu Berlin Preußischer Kulturbesitz, Handschrift 37), 21r.
[6] Zur Beziehung zwischen Johannesprolog und Genesis vgl. Schleiermacher, *Exegesis des Evangelium Johannis*, Nachschrift Bonnell, 15v: „Dieses Hinüberziehen in das Jüdische verräth sich denn in unserem Prolog ganz worin die Vorstellungen von der Genesis gar nicht zu verkennen sind. Indem nun am Ende Christus als der fleischgewordene λόγος dargestellt wird, in der Mitte aber Christus sei von jeher das Licht der Menschen gewesen so ist dies wieder eine Verbindung des Alexandrinischen mit dem Mosaischen, mit Uebergewicht des letzteren."
[7] Vgl. Schleiermacher, *Exegesis des Evangelium Johannis*, Nachschrift Bonnell, 18r: Nach Schleiermacher „muß der λόγος vor alle Zeit gesetzt werden, und so weit man auch den Zeitanfang herausrückt, so muß man doch den λόγος immer noch vor ihn stellen."
[8] Vgl. Schleiermacher, *Exegesis des Evangelium Johannis*, Nachschrift Bonnell, 17r.
[9] Vgl. Schleiermacher, *Exegesis des Evangelium Johannis*, Nachschrift Bonnell, 30r: „[E]s ist hier der σάρξ γενόμενος λόγος nicht der λόγος für sich, die zweite Person Gottes, d[ie] aus de[r] anderen [gemeint ist wohl die sogenannte erste Person] erzeugt wäre. Es geht nun auch dies noch klarer hervor durch die Beziehung des παρὰ, das nichts anders heißen kann, als vom Vater her, und kann nicht zu μονογενής bezogen werden, sondern zu δόξα: ‚Wir sahen seine δόξα, wie sie ein eingeborner Sohn vom Vater mitbekommt.'" Vgl. dazu Schleiermacher, *Zum Johannes*, SN 8, 5.

nommen werde.[10] Das Göttliche sei in sich nicht Zwei, so dass zu bestimmter Zeit ein Teil des Göttlichen oder eben die sogenannte zweite Person sich mit dem Menschlichen hätte vereinigen können. Vielmehr werde von Johannes der Logos „in Gott selbst" verortet und als von diesem „unzertrennbar" angesehen.[11] Der göttliche Logos sei „das göttliche Wesen [...], nur von einer anderen Seite angesehen."[12]

Demnach bedeute die Fleischwerdung des Logos nach Joh 1,14 nicht, dass dieser menschliche Natur angenommen hätte; Schleiermacher hält ausdrücklich fest: „σαρξ εγενετο kann nicht heißen Er nahm die menschliche Natur an".[13] Vielmehr sei der Logos – oder besser: das göttliche Wesen – als eine bestimmte menschliche Person erschienen, indem es sich in dieser „verkörpert" habe.[14]

---

10 Vgl. hierzu Schleiermacher, *Exegesis des Evangelium Johannis*, Nachschrift Bonnell, 17r, Schleiermachers Auslegung von „πρὸς τὸν θεὸν und θεὸς in Beziehung auf λόγος. Hier haben viele, und auch Luther eine große Absichtlichkeit gesucht, indem manche die Idee des λόγος von Gott dem Vater als eine zweite Person trennen wollten, dann aber würde er nicht gewollt haben, daß er wie ein völlig von Gott geschiedenes Wesen angesehen würde, und deshalb habe er dieses hinzugefügt. Allerdings ist es wunderbar, daß von Gott hier in der dritten Person die Rede ist, und dieses scheint Vorschub zu geben zu der ungeschichtlichen Meinung, daß es vor der Lehre von der Dreieinigkeit solche zwei Wesen gegeben. Aber wenn wir es mit Philos und Mosis Sprache vergleichen, ist es nichts anders, als Christus erschien, nachdem er schon als Wort von Anfang bei Gott gewesen und das Licht der Menschen. Aber eine solche Trennung des Göttlichen in sich selbst, um einen Unterschied zu machen zwischen dem, was sich mit dem Menschlichen vereinigen und dem nicht, ist gar nicht im Geiste des Johannes."
11 Schleiermacher, *Exegesis des Evangelium Johannis*, Nachschrift Bonnell, 19r.
12 Vgl. Schleiermacher, *Exegesis des Evangelium Johannis*, Nachschrift Bonnell, 36r: „Ueber das Dogmatische im Prolog, wie sich das Gesicht des Johannes zur Trinitätslehre verhält, so ist es wunderlich hier schon diese zu suchen. Der eine Hauptpunkt ist hier schon gesagt, daß der göttliche λόγος das göttliche Wesen sei, nur von einer anderen Seite angesehen."
13 Schleiermacher, *Zum Johannes*, SN 8, 4. Vgl. hierzu den Kontext des Zitates zu Joh 1,14: „Johannes hatte sagen wollen: Die göttliche Weisheit sei anfänglich bei Gott gewesen und habe nur in zerstreuten untergeordneten Erscheinungen gewirkt hernach aber sei sie verkörpert erschienen. σαρξ εγενετο. Nichts bestimmt ob in einen fertigen Menschen oder ob die Stelle der Vernunft oder der Seele überhaupt. – σαρξ εγενετο kann nicht heißen Er nahm die menschliche Natur an."
14 Nach Schleiermacher „kann unter λόγος σάρξ ἐγένετο nichts andres gemeint werden, als λόγος verkörperte sich und wurde ein einzelner Mensch. Ferner kommt σάρξ vor als das Sinnliche im Gegensatze mit dem Geistigen; hieran darf man aber nicht denken, wegen des Folgenden; wir müssen also bei jenem stehen bleiben, aber bei σάρξ nicht an die menschliche Natur denken sondern an die einzelne Person. Nun könnte man sagen: Wie kann denn der λόγος eine einzelne Person werden? aber man muß denken, daß hier ein Gegensatz soll aufgestellt werden zwischen denen die ἐξουσία hatten τέκνα θεοῦ γενέσθαι und dem φῶς ἀληθινὸν das von jeher schon Göttlichen Geschlechts gewesen, und er erschien nun als einzelner Mensch in derselben Vollkommenheit wie er bei Gott gewesen, aber λόγος ist hier nicht die göttliche Person selbst, sondern in soweit diese mit ihm identifizirt werden kann." (Schleiermacher, *Exegesis des Evangelium Johannis*, Nachschrift Bonnell, 28v.)

Die johanneische Beschreibung der Inkarnation versteht Schleiermacher also dahingehend, dass in Christus als einer bestimmten menschlichen Person mit einem bestimmten individuellen menschlichen Körper und Organismus die göttliche Weisheit oder Vernunftkraft und damit das Wesen Gottes in Zeit und Raum präsent geworden sei. Im Blick auf die johanneische Jesusrede „Ich und der Vater sind eins" (Joh 10,30) sei also keinesfalls die traditionelle Annahme einer göttlichen „Natur" verlangt, die Gott dem Vater und Gott dem Sohn gemeinsam sei.[15] Vielmehr wirke der Vater durch den Inkarnierten, der darum mit Gottes Wollen und Wirken völlig einiggehe.[16] Das göttliche Wesen, das den Vater auszeichne, bestimme das Wollen und Wirken des Inkarnierten, denn eben dieses göttliche Wesen sei ja im Inkarnierten inkorporiert. Entsprechend gibt sich der Inkarnierte selbst als die „vollkommenste Offenbarung Gottes" zu erkennen.[17]

1.2 Philipperbrief

Schleiermachers Einsichten aus der Exegese des Philipperbriefs, die er bereits im Wintersemester 1818/19 vortrug, decken sich mit dem Christusverständnis, das er bei seiner Auslegung des Johannesevangeliums gewonnen hat. Vor allem der hymnische Abschnitt Phil 2,6–11 macht für Schleiermacher deutlich, dass weder die Christologie des Arius noch die der sogenannten „Orthodoxen" mit dem biblischen Zeugnis übereinstimmend sei.[18] Gegen Arius hält Schleiermacher fest, dass Christus gemäß den biblischen Schriften sehr wohl eine „höhere Würde" besitze und selbst Gott sei.[19] Nach Schleiermacher ist der Inkarnierte den Menschen „ähnlich" gewesen und habe darauf verzichtet, die mit seiner göttlichen Würde verbundenen Ansprüche geltend zu machen. Eben dies bringe die Rede von seiner Erniedrigung zum Ausdruck.

---

15 Schleiermacher, *Zum Johannes*, SN 8, 85.
16 Vgl. Schleiermacher, *Zum Johannes*, SN 8, 85, zu Joh 10,30: „Von Natur zu reden war hier keine Veranlassung, und die Gleichheit der Macht folgt hier nur aus der Einheit des Willens conf v 38."
17 Zu Joh 14,9 s. Schleiermacher, *Zum Johannes*, SN 8, 108.
18 Siehe hierzu die Auslegung von Phil 2,6 in: Friedrich Daniel Ernst Schleiermacher, *Exegese mehrerer Briefe des Apostels Paulus*, Nachschrift Christian August Bahnsen (Universitäts- und Forschungsbibliothek Erfurt/Gotha, Archiv Stammler, Nr. 0002), 14: „Arius hält sich an ἁρπαζειν und sagt: wenn μορφη Θεοῦ soviel wäre als φυσις oder οὐσια Θεου – dann könne ἁρπαζειν gar nicht gebraucht werden dann wäre er ja ἰσα Θεῳ gewesen – Dagegen erklären die Orthodoxen: wäre er nicht Gott gleich gewesen, so könne dieß ihm nicht als ein Verdienst angerechnet werden. – Diese Anrechnung setze voraus daß er sie (die Gleichheit) habe".
19 Schleiermacher, *Exegese mehrerer Briefe des Apostels Paulus*, Nachschrift Bahnsen, 14.

Andererseits sei der Inkarnierte jedoch nicht als eine zweite Person Gottes anzusehen, wie die „Orthodoxen" im Anschluss an das Nicaenum meinten.[20] Schleiermacher streitet ab, dass die Verse des Philipperhymnus den inkarnierten Gott als eine zweite Person neben Gott dem Vater behandelten. Überhaupt würden diese Verse keineswegs die athanasianische Trinitätslehre bestätigen, die von der Tradition festgehalten wird. Entsprechend widerspricht er Chrysostomus, der im Sinne dieser Tradition behaupte, in Phil 2,6 seien „die antitrinitarischen Kezereien widerlegt, weil nämlich ἴσα θεῷ auf zwei gehn müßte und also der Sohn ein anderes Wesen sei und nicht eine bloße ἐνέργεια so sei Sabellius Photin und Marcellus widerlegt, und weil μορφη θεου οὐσία θεοῦ sei (wegen μορφη δουλου indem Christus wirklich ein Mensch geworden) sei Arius widerlegt."[21]

1.3 Dogmatische Reflexion

Wie sehr Schleiermacher in seiner Dogmatik daran gelegen ist, im Anschluss an die Christologie des Johannesevangeliums die Inkarnation Gottes und die Person Christi zu beschreiben, streicht er mit den einleitend zitierten Zeilen aus dem zweiten Sendschreiben an Lücke heraus. In der zweiten Auflage seiner Dogmatik führt Schleiermacher dann ausführlich aus, wie er die Formulierung „Das Wort ward Fleisch" versteht. Gemäß der Einsicht, dass das göttliche Wesen Liebe und dieses Wesen in Christus inkorporiert sei, erfülle eben die göttliche Liebe das Bewusstsein Christi ganz. Entsprechend sei alles Denken, Fühlen, Handeln und Leiden Christi, also dessen gesamte Erdenwirksamkeit von eben dieser Liebe angetrieben und geleitet.[22]

Obwohl Schleiermacher in seiner Dogmatik die Rede von der Zwei-Naturen-Lehre in ihrer überlieferten Weise als unzutreffend beschreibt, behält er ausdrücklich die Rede von den zwei „Naturen" bei.[23] Er nimmt also die traditionelle

---

20 Vgl. dazu Schleiermacher, *Exegese mehrerer Briefe des Apostels Paulus*, Nachschrift Bahnsen, 16: „Man hat auf der einen Seite aus diesen Worten [in V. 6–9] für die ὁμοουσια argumentiren wollen, so wie auf der anderen Seite für die Duplicität der Person. Doch hat das ισα nicht diesen bestimmten Gebrauch".
21 Friedrich Daniel Ernst Schleiermacher, *An die Philipper*, Archiv der Berlin-Brandenburgischen Akademie der Wissenschaften, Nachlass F. D. E. Schleiermacher, Nr. 26 (= SN 26), 17.
22 Siehe dazu Anne Käfer, *Inkarnation und Schöpfung, Schöpfungstheologische Voraussetzungen und Implikationen der Christologie bei Luther, Schleiermacher und Karl Barth* (Berlin/New York 2010), v. a. 150.152.
23 Vgl. Schleiermacher, *Der christliche Glaube*, Zweite Auflage, 96, Lehrsatz, 60 und 96, 1, 63: Nach Schleiermacher ist es völlig unangemessen, dass im Blick auf Christus „für das göttliche und menschliche gleichmäßig der Ausdrukk *Natur* gebraucht wird. [...] Denn wie kann göttlich und

Begrifflichkeit auf, legt aber auch dar, welche theologischen Konsequenzen damit verbunden seien, und gibt an, dass aufgrund exegetischer Einsichten manche tradierten Überzeugungen wie die von den zwei „Naturen" mit der Schriftgrundlage nicht übereinstimmten.

Wenn Schleiermacher von der göttlichen „Natur" Christi handelt, ist damit das Wesen, nämlich die Liebe Gottes gemeint, die die Vernunft oder vielmehr das Bewusstsein des menschlichen Organismus' Christi bestimmt. Gottes Sein in Christus sei, und zwar diesmal in Übereinstimmung mit dem Athanasianischen Glaubensbekenntnis, als die *anima rationalis* Christi zu verstehen.[24]

Die Rede von Gottes Sohn als der zweiten Person Gottes lehnt Schleiermacher auch in seiner Dogmatik entschieden ab. Insbesondere in seinen Ausführungen zur Lehre von der Trinität scheint er anzuzweifeln, dass die „ursprüngliche und ewige Sonderung" der drei Personen Gottes, die die „kirchliche Lehre" mit der Rede von den drei Personen Gottes behaupte, klar aus den neutestamentlichen Texten zu erheben sei.[25] Deshalb schlägt er vor, der „Sabellianischen Vorstellungsweise", die „ohne ewige Geschiedenheiten in dem höchsten Wesen" auskomme, den Vorzug zu geben vor dem athanasianischen Trinitätsverständnis.[26] So werde, den neutestamentlichen Texten gemäß, ernstgenommen, dass Christus nicht als eine inkarnierte zweite Person Gottes, sondern als das inkarnierte göttliche Wesen zu verstehen sei.

---

menschlich unter irgend einem Begriff so zusammengefaßt werden, als könnten beides einander coordinirte nähere Bestimmungen eines und desselben allgemeinen sein [...]. Besonders wenig aber eignet sich zu einem solchen gemeinschaftlichen Gebrauch das Wort Natur [...]. Denn in dem einen Sinne sezen wir gradehin Gott und Natur einander entgegen, und können also in demselben nicht Gott eine Natur beilegen."

24 Vgl. dazu Schleiermacher, *Der christliche Glaube, Zweite Auflage*, 96, 3, 69 und hier auch Anm. 8 sowie die Formulierung im „Athanasianum", in *Die Bekenntnisschriften der Evangelisch-Lutherischen Kirche. Vollständige Neuedition*, hg. v. Irene Dingel u. a. (Göttingen: Vandenhoeck & Ruprecht, 2014), 60,5–9 bzw. 6–9: „Denn gleichwie Leib und Seel ein Mensch ist, so ist Gott und Mensch ein Christus".

25 Schleiermacher, *Der christliche Glaube, Zweite Auflage*, 172, 3, 531.

26 Schleiermacher, *Der christliche Glaube, Zweite Auflage*, 172, 3, 531/532. Zur ausführlichen Diskussion der Differenzen zwischen der sabellianischen und der athanasianischen Trinitätslehre s. Friedrich Daniel Ernst Schleiermacher, Über den Gegensatz zwischen der Sabellianischen und der Athanasianische Vorstellung von der Trinität, in *Theologisch-dogmatische Abhandlungen und Gelegenheitsschriften*, KGA I/10, 223–306.

1.4 Homiletische Praxis

Im Blick auf Schleiermachers exegetisch fundiertes und dogmatisch reflektiertes Verständnis der Person Christi ist auch die Lektüre entsprechender Predigten aufschlussreich. Denn in der Verkündigung kommt es darauf an, die jeweiligen biblischen Predigttexte im Kontext des gesamten Kanons konsistent auszulegen und für die hörende Gemeinde glaubensstärkend darzulegen. Wie Schleiermacher dies im Blick auf die Verkündigung der Person Christi praktiziert, ist beispielhaft an einer Predigt zu Joh 1,14 zu erkennen, in der er die exegetischen Einsichten zu dieser Bibelstelle sowie zu Joh 10,30 mit seiner Auslegung des Philipperhymnus und dessen Rede von der Erniedrigung Christi verbindet: „[Ü]berall solange der Sohn Gottes auf diesem Schauplatz der Sünde [also unter den Menschen] wallete, in der großen Bestimmung sie [d. i. die Sünde] hinwegzunehmen, mußte er immer der Leidende sein, aber auch immer war in ihm die Seligkeit des Einsseins mit Gott und immer strahlte den Seinen auch in seiner tiefsten Erniedrigung aus ihm entgegen die Herrlichkeit des eingeborenen Sohnes Gottes die in ihm wohnte!"[27] In diesen Zeilen wendet Schleiermacher die in der exegetischen Arbeit ermittelte und dogmatisch reflektierte Übereinstimmung zwischen dem johanneischen und dem paulinischen Christusverständnis an, um der Gemeinde die Offenbarung Gottes in Christus und deren Heilsbedeutung nahezubringen.

2 Von Vater, Sohn und Geist

Nicht nur die Beziehung zwischen Gott Vater und Gott Sohn, wie sie die biblischen Texte thematisieren, sondern auch deren Verhältnis gegenüber dem Geist fasst Schleiermacher bei seiner Exegese ins Auge. Eine entsprechende Verhältnisbestimmung legen bestimmte Verse des Johannesevangeliums nahe. In der Auslegung des Philipperbriefs ist der Geist nur an wenigen Stellen, und zwar als Geist der christlichen Gemeinschaft erwähnt. Diese Stellen werden jedoch von Schleiermacher in seiner Vorlesung zum Philipperbrief nicht weiter ausgelegt.

---

[27] Friedrich Daniel Ernst Schleiermacher, Predigt am 8. März 1829 (Invokavit), in *Predigten 1828–1829*, hg. v. Patrick Weiland, KGA III/11 (Berlin/München/Boston: De Gruyter 2014), 314.

2.1 Johannesevangelium

Unter dem Geist oder dem Pneuma, das in den johanneischen Abschiedsreden genannt wird, versteht Schleiermacher „die Art und Weise wie Christus seine mittelbare Wirksamkeit ausübt".[28] Mittelbar sei er nach seinem Tod durch den Geist tätig, der dann gleich seinem „Stellvertreter" auf die Menschen wirke.[29] Doch auch wenn mit dem Geist oder vielmehr dem angekündigten „Parakleten" derjenige erwartet werde, der an Christi Stelle treten soll, werde der Geist gleichwohl nicht als eine Person verstanden, die leibhaft auf Erden erscheinen wird.[30]

Nach Schleiermacher wird im Johannesevangelium der Geist auch nicht als eine Person des trinitarischen Zusammenseins Gottes vorgestellt. Vielmehr sei er die Dynamis oder Kraft Gottes, die nach Christi Tod von Gott an die Menschen gesendet[31] und die den Einzelnen in Verbindung mit dem „Ganzen" bringen werde. Schleiermacher beschreibt das „πνευμα als [das] belebende, das Sein des Einzelnen mit dem Ganzen vermittelnde Princip".[32] Dass mit diesem „Ganzen" die christliche Gemeinschaft gemeint sei, lassen Schleiermachers dogmatische Ausführungen vermuten, in denen er vom „Gemeingeist" handelt.[33]

Die ausdrückliche Rede von der christlichen Gemeinschaft als der „Gemeinschaft des Geistes" (κοινωνια πνευματος) in Phil 2,1 legt Schleiermacher in seiner Vorlesung zum Philipperbrief zwar nicht weiter aus.[34] Es liegt jedoch nahe, dass er denjenigen Geist, der den Einzelnen in die christliche Glaubensgemeinschaft führt und diese als Ganze erhält und zusammenhält, so dass sie als „Gemeinschaft des Geistes" besteht, eben als „Gemeingeist" bezeichnet.

2.2 Dogmatische Reflexion

a) So wie Schleiermacher es aufgrund des biblischen Zeugnisses ablehnt, im Inkarnierten eine zweite Person Gottes zu sehen, so lehnt er auch ab, die göttliche

---

28 Schleiermacher, *Zum Johannes*, SN 8, 109, zu Joh 14,15.
29 Zum Verständnis des Geistes als Stellvertreter Christi s. Schleiermacher, *Zum Johannes*, SN 8, 117, zu Joh 16,13.
30 Vgl. Schleiermacher, *Zum Johannes*, SN 8, 109, zu Joh 14,16: „Ein als Person erscheinendes haben die Jünger [...] nicht erwartet".
31 Vgl. Schleiermacher, *Zum Johannes*, SN 8, 114, zu Joh 15,26: „Vom Verhältniß des heiligen Geistes als Person zu den andern Personen kann hier nicht die Rede sein ohnerachtet der Sonderbarkeit des terminus sondern eben als δυναμις ist er von Gott ⌊uns⌉ gesendet."
32 Schleiermacher, *Zum Johannes*, SN 8, 110, zu Joh 14,17.
33 Siehe dazu unter 2.2.b).
34 Vgl. die kurze Erwähnung in Schleiermacher, *An die Philipper*, SN 26, 9.

Geistkraft als Person Gottes zu bezeichnen. Seine Dogmatik beendet er mit dem Hinweis, dass die biblischen Texte daraufhin exegesiert werden sollten, wie sie das Zusammensein von Gott Vater, Sohn und Heiligem Geist beschreiben.[35]

Ausgehend von der Exegese der entsprechenden neutestamentlichen Texte müsste dann gefragt werden, ob die „kirchliche Lehre" rechtgehe in der Annahme Gottes als dreier Personen, die in ihren Eigenschaften einander glichen und eines Wesens seien. Denn es zeigten die dieser Lehre folgenden dogmatischen Entwürfe doch oft das Problem, „daß die Bezeichnung der ersten Person als Vater und die Verhältnisse derselben zu den beiden andern eher das Verhältniß der Personen zu der Einheit des Wesens darzustellen, als sich mit der Gleichheit der drei Personen zu vertragen scheinen."[36]

Nicht nur um dieser Inkonsequenz der kirchlichen Lehre entgegenzuwirken, sondern vor allem, um der biblischen Tradition gerecht zu werden, fragt Schleiermacher an,

> [o]b es von Anfang an richtig gewesen sei, das Göttliche in Christo allein Sohn Gottes zu nennen, und den Ausdrukk Vater auf die eine der Geschiedenheiten in dem göttlichen Wesen und nicht vielmehr auf die Einheit des göttlichen Wesens selbst zu beziehen. Fände sich nun, daß die Schrift unter Sohn Gottes immer nur den ganzen Christus selbst versteht, und einen Unterschied zwischen „Gott" als der Bezeichnung des höchsten Wesens und „Vater unseres Herrn Jesu Christi" nicht anerkennt, sondern diesen eben so gebraucht wie jenen: so wäre zu versuchen, ob nicht ähnliches auch über den heiligen Geist gefragt werden könnte, was auf gleiche Weise zu beantworten wäre [...].[37]

Könnte auf dem Boden der biblischen Texte festgestellt werden, dass Christus und der Geist die zeitlichen Erscheinungsweisen des „Vaters" darstellen oder vielmehr die zeitlichen Realisationen der ewigen Liebe sind, wäre nach Schleiermacher das Problem, die ewige Gleichheit dreier voneinander unterschiedener göttlicher Personen zu denken, aufgelöst.

Da Schleiermacher das Verständnis der Trinität von exegetischen Einsichten abhängig macht, ist die Edition aller seiner exegetischen Vorlesungen ausgesprochen lohnend. Es wird sich dann nämlich zeigen, ob und inwiefern Schleiermachers Auslegung der entsprechenden neutestamentlichen Texte zu einer Lösung der aufgeworfenen trinitätstheologischen Fragen führen könnte.

---

35 Vgl. Schleiermacher, *Der christliche Glaube, Zweite Auflage*, 172, 3, 531.532.
36 Schleiermacher, *Der christliche Glaube, Zweite Auflage*, 172, 3, 532. Unter anderem die Aussage, dass die zweite Person von der ersten in Ewigkeit gezeugt werde, widerspricht nach Schleiermacher der behaupteten Gleichheit der Personen; vgl. dazu Schleiermacher, *Der christliche Glaube, Zweite Auflage*, 171, 2, 521.
37 Schleiermacher, *Der christliche Glaube, Zweite Auflage*, 172, 3, 532.

b) Dass der Heilige Geist nach neutestamentlichem Zeugnis diejenige Kraft Gottes sei, die an Christi statt an den Menschen wirke, nimmt Schleiermacher in seiner Dogmatik auf. Hier handelt er vom *Gemeingeist*[38], dessen sich die Glaubenden als „eines inneren Antriebs" bewusst seien, der diese zur Vereinigung miteinander führe und zum „Mit- und gegenseitigen Aufeinanderwirken" veranlasse[39]. Durch dieses würden die Glaubenden „Eines" und ein Ganzes werden.[40] Zur Bestätigung seiner pneumatologischen Ausführungen nennt Schleiermacher in seiner Dogmatik Stellen aus der Apostelgeschichte und aus Paulusbriefen.[41] Inwiefern Schleiermachers Lehre vom Gemeingeist als dem Geist der Gemeinschaft, der als solcher keine Person Gottes sei, auf überzeugendem exegetischem Boden steht, kann allerdings erst geprüft werden, wenn seine entsprechenden exegetischen Vorlesungen ediert vorliegen.[42]

Die biblisch fundierte Beantwortung der Frage nach der Beschaffenheit des Geistes ist insbesondere für die Frage danach relevant, wie ein Mensch wiedergeboren wird und also zum Glauben gelangt; an ihr entscheidet sich letztlich, wie es möglich sein soll, Gottes Offenbarung zu erkennen. Es ist denkbar, die Kraft, die die Wiedergeburt eines Menschen wirkt, als eine von außen auf den Menschen einflussnehmende Macht vorzustellen. Es kann aber auch angenommen werden, sie sei in einem Menschen oder vielmehr in der kirchlichen Gemeinschaft wirksam, bedinge den Glauben und aktiviere die Glaubenden dazu, anderen die erkannte Offenbarung mitzuteilen.[43]

---

38 Vgl. Schleiermacher, *Der christliche Glaube, Zweite Auflage*, 116, 3, 243.
39 Schleiermacher, *Der christliche Glaube, Zweite Auflage*, 121, Lehrsatz, 278.
40 Schleiermacher, *Der christliche Glaube, Zweite Auflage*, 121, Lehrsatz, 278 und 121, 2, 281.
41 Vgl. Schleiermacher, *Der christliche Glaube, Zweite Auflage*, 121, 1, 278, Anm. 1.2.
42 Siehe zu Schleiermachers Lehre vom „Gemeingeist" Dorothee Schlenke, *„Geist und Gemeinschaft": Die systematische Bedeutung der Pneumatologie für Friedrich Schleiermachers Theorie der christlichen Frömmigkeit*, TBT 86 (Berlin/New York: De Gruyter, 1999), v. a. 357–391; s. in diesem Abschnitt auch Schlenkes Bemerkung zu Schleiermachers Verweisen auf neutestamentliche Belegstellen: Hier könne „von einer strikt exegetischen Fundierung der Lehre vom Heiligen Geist als christlichem bzw. kirchlichem Gemeingeist bei Schleiermacher nicht die Rede sein, sondern es handelt sich eben um eine im weiteren Verständnis biblisch-theologische Begründung" (376). Die Edition der exegetischen Vorlesungen ließe eine begründete Stellungnahme zu dieser These zu.
43 Siehe hierzu die dogmatische Überlegung in Schleiermacher, *Der christliche Glaube, Zweite Auflage*, 123, 3, 291: „Ist aber der h. Geist eine wirksame geistige Kraft in den Seelen der Gläubigen: so müssen wir entweder ihn als mit der menschlichen Natur in ihnen verbunden vorstellen, oder wir müssen die Einheit ihres Daseins aufheben, wenn sie eines Theils solche sind, in denen sich die menschliche Natur wirksam erweist, andernheils solche, in denen sich der von der menschlichen Natur gesonderte h. Geist wirksam beweist".

3 Von der Wiedergeburt

Die Vorstellungen von Gottes Geist prägen entscheidend das Verständnis davon, wie christlicher Glaube zustande kommt und sich eines Menschen Wiedergeburt vollzieht. Hiervon handelt unter den neutestamentlichen Schriften insbesondere das Johannesevangelium.

3.1 Johannesevangelium

In seiner Auslegung von Joh 3 stellt Schleiermacher heraus, dass es zur Wiedergeburt eines Menschen des Wirkens des Geistes bedarf.[44] Nikodemus allerdings erscheine „diese geistige Wiedergeburt [...] ebenso unmöglich, wie die leibliche."[45]

Die Aussage in Joh 3,5, dass ein Mensch aus Wasser und Geist (wieder-)geboren werden müsse, um also ins Reich Gottes zu gelangen, deutet Schleiermacher auf die Taufe und verweist auf die Rede Johannes des Täufers in Joh 1,29–34. Hier äußert der Täufer, dass er Jesus als den Sohn Gottes erkennt, der mit dem heiligen Geist taufen werde. „Bei dem Symbol des Wassers herrscht die Reinigung von etwas Aeußerlichem vor, das πνεῦμα noch beerbe das ὕδωρ ist eine Steigerung, denn es ist das Sinnbild alles Belebenden, und wir müssen also die beiden Ausdrücke hier als eine Steigerung ansehen, so daß Christus sagt: das γεννηθῆναι ἄνωθεν ist nicht blos das Bekennen der Nothwendigkeit von einer solchen neuen Gestaltung, sondern es muß auch wirklich ein neu belebendes Prinzip hinzukommen, und dies ist das πνεῦμα"[46].

Dem Einwand, dass Christus in Joh 3 nicht habe vom Heiligen Geist sprechen können, da dieser erst für die Zeit nach seinem Tod angekündigt werde, begegnet Schleiermacher mit dem Hinweis, „Christus habe garnichts vom heiligen Geiste geträumt, zumal da manche schon früher auslegten λόγος und πνεῦμα sei dasselbe, so daß also Johannes Christus immer von sich selbst sprechen lasse, wenn er von πνεῦμα spricht, und wenn dies auch nicht ist, so sieht sich Christus doch immer für die Quelle des Geistes an und meint auch hier nichts anders als die belebende Kraft, die von ihm selbst ausgeht. Da ist also nichts, was Christus nicht könnte gesagt und gedacht haben."[47]

---

44 Zu Joh 3,5 s. Schleiermacher, *Zum Johannes*, SN 8, 24.
45 Schleiermacher, *Exegesis des Evangelium Johannis*, Nachschrift Bonnell, 62r.
46 Schleiermacher, *Exegesis des Evangelium Johannis*, Nachschrift Bonnell, 62v.
47 Schleiermacher, *Exegesis des Evangelium Johannis*, Nachschrift Bonnell, 63r.

Nach Schleiermacher ist also mit dem nach Joh 3 zur Wiedergeburt notwendigen Geist der Geist Christi gemeint, der denjenigen Menschen, auf den er wirke, belebe. Diese belebende Wirkung sei zu Lebzeiten Jesu bereits für seine Jünger spürbar gewesen. Nach Schleiermacher „hatte sich in den Jüngern der Glaube an Christi Messianische Würde entwickelt und damit hing zusammen, der Glaube, daß von ihm eine geistige Kraft ausging, hinlänglich, um die Werkzeuge, die er sich assimilirt hatte, zu stärken. Und alle Schriften von Christus konnten nur diesen Zweck haben, diesen Glauben zu stärken."[48] Mit diesen assimilierten „Werkzeugen" sind meines Erachtens die Jünger selbst gemeint, weil sie bereits zum Glauben gekommen waren und so (nach Christi Tod) mit ihrer schriftlichen und mündlichen Verkündigung zur Glaubensverbreitung verwendet werden konnten.[49]

Dass es allerdings Gott allein sei, der nach seinem Willen den christlichen Glauben wirke, streicht Schleiermacher bei seiner Auslegung von Joh 6,44 heraus. Hierbei bemerkt der reformierte Theologe, dass keine Prädestination gemäß den Lehraussagen von Dordrecht gemeint sei.[50] Denn weder erwähle Gott nur Einzelne und verwerfe andere[51], noch richte sich Gottes Gnadenhandeln gegen den menschlichen Willen, um gar die Nichterwählten vor den Kopf zu stoßen.[52] Vielmehr bewege Gottes Wirken das menschliche Wollen dahin, dass es am göttlichen Willen ausgerichtet sei. Diese Willensausrichtung geschehe, indem der Gottesgeist einen Menschen erfülle. Weil die göttliche Geistkraft in ihm wirke, handele ein

---

48 Schleiermacher, *Exegesis des Evangelium Johannis*, Nachschrift Bonnell, 10v–11r.
49 Vgl. dazu Schleiermacher, *Der christliche Glaube, Zweite Auflage*, 122, 2, 285.
50 Vgl. Schleiermacher, *Zum Johannes*, SN 8, 62, zu Joh 6,44: „Keine Dordrechtische Gewalt gegen das Menschliche Wollen, sondern nur eine besondere Veranstaltung gegen die in der allgemeinen Lage und der herrschenden Stimmung liegenden Hindernisse". Zu Schleiermachers Auseinandersetzung mit den Canones von Dordrecht und zu seinen Gründen ihrer Ablehnung s. Paul R. Thorsell, Schleiermacher's Repudiation of Dordrecht in his Essay „On the Doctrine of Election", in *IJSTh* 18 (2016) 2, 154–173.
51 Vgl. dazu Schleiermacher, *Der christliche Glaube, Zweite Auflage*, 120, 4, 274/275: „Unsere Darstellung [...] weiß von keinem unbedingten Rathschluß über einen Einzelnen, indem alles einzelne einander gegenseitig bedingt, sondern erkennt nur Einen unbedingten Rathschluß, durch welchen nämlich das Ganze in seinem ungetheilten Zusammenhang vermöge des göttlichen Wohlgefallens so ist, wie es ist."
52 Vgl. dazu Friedrich Daniel Ernst Schleiermacher, Die Lehre von der Erwählung; besonders in Beziehung auf Herrn Dr. Bretschneiders Aphorismen, in *Theologisch-dogmatische Abhandlungen und Gelegenheitsschriften*, KGA I/10, 145–222. In dieser Schrift hält Schleiermacher zum einen fest, dass sich der menschliche Wille dem Willen Gottes gar nicht widersetzen könne, da es doch der Allmächtige sei, der nach seiner Vorhersehung das menschliche Wollen bestimme (vgl. KGA I/10, 181). Zudem vertritt Schleiermacher u. a. im Gegensatz zu den Canones von Dordrecht und der Theologie Calvins die Überzeugung, dass Gottes Liebe auf die Erlösung aller Menschen ziele (vgl. KGA I/10, 216–219).

Mensch während der Wiedergeburt gemäß dem Willen Gottes.[53] Dass dies auch im Anschluss an die Wiedergeburt der Fall sei, bestätigt ein Blick auf Schleiermachers Vorlesung zum Philipperbrief.

3.2 Philipperbrief

Dass es Gott sei, der den Willen des Glaubenden leite, durch den dieser tätig sei, dies hebt Schleiermacher bei der Interpretation von Phil 2,13 hervor. „Es ist hier eine Art von Oxymorum – wenn man sich auch von allem Pelagianismus fern hält, so muß man doch sagen, der Mensch ist, nach seiner Wiedergeburt, eine thätige, handelnde Person. Das Pelagianische würde eben darin liegen, den Geist Gottes nicht für das agens zu halten."[54] Schleiermacher streicht heraus, dass der wiedergeborene Mensch zwar nach seinem eigenen Willen handele, jedoch in Übereinstimmung mit dem Willen Gottes, weil die göttliche Geistkraft ihn bestimme.[55] Dies Verständnis des göttlichen Geistes legt nahe, auf die oben gestellte Frage nach dem Wirken und dem Wirkungsort des Geistes zu antworten, er sei nicht eine von außen auf den Menschen einwirkende, sondern eine dem Menschen verinnerlichte Kraft.

3.3 Dogmatische Reflexion

In seiner Dogmatik hält Schleiermacher ausdrücklich fest, dass bereits zu Lebzeiten des Inkarnierten die Jünger Christi an Christus als den Erlöser glaubten und also wiedergeboren waren.[56] Sie müssen demnach bereits während des irdischen Daseins Christi vom Gottesgeist oder vielmehr vom Geist Christi erfüllt gewesen sein. „Nun ist freilich wahr, daß Christus selbst seinen Hingang zur Bedingung macht von der Sendung des Geistes [Joh 16,7], aber eben so wahr daß er ihn ihnen selbst schon vor seiner gänzlichen Entfernung von der Erde mitgetheilt hat [Joh 20,22], ja daß er ihn auch schon früher bei ihnen voraussetzt; denn was auf Christum sich beziehend

---

53 Vgl. hierzu u. a. Schleiermacher, *Der christliche Glaube, Zweite Auflage*, 124, 2, 296.
54 Schleiermacher, *Exegese mehrerer Briefe des Apostels Paulus*, Nachschrift Bahnsen, 18.
55 Zu Schleiermachers Ausführungen über die Selbsttätigkeit des Menschen, der wiedergeboren wird, und des Menschen, der wiedergeboren ist, s. Sabine Schmidtke, *Schleiermachers Lehre von Wiedergeburt und Heiligung: ‚Lebendige Empfänglichkeit' als soteriologische Schlüsselfigur der ‚Glaubenslehre'*, DoMo 11 (Tübingen: Mohr Siebeck, 2015), v. a. 236–252. 276–282.
56 Vgl. hierzu insbesondere Schleiermacher, *Der christliche Glaube, Zweite Auflage*, 99, 1, 95.

eine göttliche Offenbarung in der Seele ist [Mt 16,17], das ist auch ein Werk des Geistes".[57]

Wie Schleiermacher diese Offenbarung, zu deren Verständnis er auf das Matthäusevangelium verweist, vorstellt, kann deutlicher werden, sobald auch die Vorlesung zu dieser neutestamentlichen Schrift ediert worden ist. Die Frage, wie Schleiermacher das Wirken des Geistes und vor allem Gottes Offenbarung an den Menschen oder vielmehr im Menschen versteht, ist von grundlegender Bedeutung für seine Theologie insgesamt. In seiner Dogmatik geht er aus von einer „ursprünglichen Offenbarung Gottes an den Menschen oder in dem Menschen".[58] Und so wäre es nun erhellend zu erfahren, wie es gemäß biblischem Zeugnis im Ausgang von dieser „ursprünglichen Offenbarung" dazu kommen kann, dass ein Mensch Gott als den Vater Jesu Christi erkennt und der Gemeingeist in ihm wirksam wird zur Verbreitung des Evangeliums.

Um diese und andere für den christlichen Glauben fundamentale Fragen im Rahmen der Theologie Schleiermachers weiter ergründen zu können, ist die Edition seiner Vorlesungen über die Schriften des christlichen Kanons dringend geboten. Von besonderem Interesse beim Studium dieser Texte wird auch sein, inwiefern Schleiermacher seine der Tradition entgegenstehende Überzeugung von der Allerlösung[59] biblisch ausgesagt findet. Es wird sich dann erweisen, ob die Annahme, in Christus seien Gottes Weisheit und Liebe geoffenbart[60], damit alle Menschen selig würden, kanonisch begründet ist.

Bibliographie

Schriften von Friedrich Daniel Ernst Schleiermacher

Der christliche Glaube nach den Grundsätzen der evangelischen Kirche im Zusammenhange dargestellt. Zweite Auflage (1830/31), hg. v. Rolf Schäfer, Berlin/New York: De Gruyter, 2008.
Predigten 1828–1829, hg. v. Patrick Weiland, KGA III/11. Berlin/München/Boston: De Gruyter, 2014.
Theologisch-dogmatische Abhandlungen und Gelegenheitsschriften, hg. v. Hans-Friedrich Traulsen unter Mitwirkung von Martin Ohst, KGA I/10. Berlin/New York: De Gruyter, 1990.

---

57 Schleiermacher, *Der christliche Glaube, Zweite Auflage*, 122, 1, 283/284; s. auch Schleiermachers Anmerkungen zu diesem Zitat.
58 Schleiermacher, *Der christliche Glaube, Zweite Auflage*, 4, 4, 40.
59 Vgl. dazu oben Anm. 52 und auch Schleiermacher, *Der christliche Glaube, Zweite Auflage*, 163.
60 Zu Schleiermachers Verständnis von Gottes Weisheit, die oben unter 1.1. genannt wurde, und von Gottes Liebe sowie der Verbundenheit beider s. Schleiermacher, *Der christliche Glaube, Zweite Auflage*, 167, 2, 506.

Zum Johannes, Archiv der Berlin-Brandenburgischen Akademie der Wissenschaften, Nachlass F. D. E. Schleiermacher, Nr. 8 (= SN 8).
An die Philipper, Archiv der Berlin-Brandenburgischen Akademie der Wissenschaften, Nachlass F. D. E. Schleiermacher, Nr. 26 (= SN 26).
Exegesis des Evangelium Johannis, Nachschrift Eduard Bonnell. Staatsbibliothek zu Berlin Preußischer Kulturbesitz, Handschrift 37.
Exegese mehrerer Briefe des Apostels Paulus, Nachschrift Christian August Bahnsen. Universitäts- und Forschungsbibliothek Erfurt/Gotha, Archiv Stammler, Nr. 0002.

Weitere Literatur

Die Bekenntnisschriften der Evangelisch-Lutherischen Kirche. Vollständige Neuedition, hg. v. Irene Dingel u. a., Göttingen: Vandenhoeck & Ruprecht, 2014.
Käfer, Anne. *Inkarnation und Schöpfung: Schöpfungstheologische Voraussetzungen und Implikationen der Christologie bei Luther, Schleiermacher und Karl Barth.* Berlin/New York: De Gruyter, 2010.
Schlenke, Dorothee. *„Geist und Gemeinschaft": Die systematische Bedeutung der Pneumatologie für Friedrich Schleiermachers Theorie der christlichen Frömmigkeit.* TBT 86. Berlin/New York: De Gruyter, 1999.
Schmidtke, Sabine. *Schleiermachers Lehre von Wiedergeburt und Heiligung: ‚Lebendige Empfänglichkeit' als soteriologische Schlüsselfigur der ‚Glaubenslehre'.* DoMo 11. Tübingen: Mohr Siebeck, 2015.
Thorsell, Paul R. Schleiermacher's Repudiation of Dordrecht in his Essay „On the Doctrine of Election". *IJSTh* 18/2 (2016), 154–173.

Christian Danz
Empfänglichkeit und Selbsttätigkeit

Friedrich Schleiermachers Deutung des Johannes-Evangeliums und ihre religionsphilosophischen, theologischen und hermeneutischen Grundlagen

Friedrich Schleiermacher hat wie auch andere seiner Zeitgenossen dem Johannes-Evangelium eine besondere Bedeutung unter den Evangelien beigemessen.[1] Anders als die Synoptiker biete Johannes nicht bloß ein Aggregat von Erzählungen über Jesus Christus, sondern eine in sich zusammenhängende Darstellung seines Lebens. Seinen Vorlesungen über das Leben Jesu, welche Schleiermacher seit dem Wintersemester 1819/20 an der Berliner Universität vortrug, legte er es deshalb als Rahmen der Darstellung zugrunde. Denn in einer Lebensbeschreibung, um die es in der Vorlesung zu tun sein soll, gehe es um eine Geschichte und nicht um eine Chronologie.[2] Jene finde sich allein im Johannes-Evangelium, aber nicht bei den Synoptikern. Das vierte Evangelium fungiert nicht nur als Grundriss der Lebensbeschreibung Jesu, sondern es liefert auch die Leitidee ihrer Darstellung. Diese zielt auf die Erfassung der inneren Einheit der Person in der Mannigfaltigkeit ihrer Äußerungen.[3]

Es ist indes nicht allein die alte Überzeugung, dass das Evangelium des Johannes von einem Augenzeugen des Lebens Jesu verfasst wurde, welche dessen Bedeutung für Schleiermacher als eines besonders authentischen Textes verständlich macht. Er deutet die neutestamentlichen Evangelien unter der Voraussetzung ihrer historischen Kritik, was heißt, unter den Bedingungen der Auflösung des altprotestantischen Schriftprinzips und seiner Annahme einer göttlichen Inspiriertheit des Textes. Durch die Historisierung der neutestamentlichen Texte wurde, worauf Schleiermacher immer wieder hingewiesen hat, deren Verstehen

---

[1] Zur Deutung des Johannes-Evangeliums um 1800 vgl. Christopher Arnold und Christian Danz, Editorischer Bericht zu: F.W.J. Schelling, Über das Evangelium Johannis, in Friedrich Wilhelm Joseph Schelling, *Frühe theologische Arbeiten 1790–1791*, hg. v. Christopher Arnold und Beatrice Rauschenbach (Stuttgart-Bad Cannstadt: Frommann-Holzboog, 2014), 19–23.
[2] Vgl. Friedrich Daniel Ernst Schleiermacher, *Vorlesungen über das Leben Jesu*, hg. v. Walter Jaeschke, KGA II/15 (Berlin/Boston: De Gruyter, 2018), 101. Vgl. hierzu Halvor Moxnes, *Jesus and the Rise of Nationalism: A New Quest for the Nineteenth-Century Historical Jesus* (London/New York: Tauris, 2012), 61–93.
[3] Vgl. Schleiermacher, *Vorlesungen über das Leben Jesu*, KGA II/15, 101: „Die Aufgabe ist das Innere in seiner Entwicklung so als Einheit zu finden daß man auch Resultate unter Voraussetzung anderer Coeffic*ienten* bestimmen kann".

erschwert, wenn nicht gar unmöglich gemacht. Die Schwierigkeiten, mit denen das Verstehen konfrontiert ist, betreffen sowohl die Fremdheit der Sprache der neutestamentlichen Autoren, in der sie religiöse Vorstellungen präsentieren, die selbst erst im Entstehen begriffen sind, als auch die genauen historischen Kontexte dieser Schriften, die unbekannt, aber für deren Verstehen konstitutiv sind, sowie die komplizierten Verhältnisse der neutestamentlichen Geschichtsbücher untereinander.[4] Mit der von ihm ausgearbeiteten Hermeneutik und Kritik hat der Berliner Theologe versucht, diese Probleme zu bearbeiten.[5]

Im Hintergrund von Schleiermachers Wertschätzung des vierten Evangeliums stehen nicht nur dessen Rückführung auf einen Begleiter Jesus, sondern hermeneutische, exegetische sowie religionstheoretische und dogmatische Überzeugungen, die für seine Neubegründung der Theologie insgesamt konstitutiv sind. An seiner Deutung des Johannes-Evangeliums lassen sich diese komplexen Überlagerungen prägnant rekonstruieren.[6] Damit ist das Thema der folgenden Überlegungen benannt, in denen es um Schleiermachers Interpretation des vierten Evangeliums gehen soll, wie er sie in seiner exegetischen Vorlesung über dieses vom Wintersemester 1820/21 ausgeführt hat. Angemessen zu interpretieren ist seine Auslegung des vierten Evangeliums allein unter Einbeziehung seiner religionstheoretischen Fundierung der Theologie sowie seiner Überlegungen zur Hermeneutik und Kritik des Neuen Testaments. Erst aus dem Zusammenhang der genannten Aspekte wird die Bedeutung des Johannes-Evangeliums verstehbar, die Schleiermacher diesem zusprach. Sie besteht, wie zu zeigen sein wird, darin, dass dieses nicht nur erst die Möglichkeit eines Verstehens des Neuen Testaments eröffnet, sondern auch das johanneische Christusbild den systematischen Grundlagen von Schleiermachers

---

4 Vgl. Friedrich Daniel Ernst Schleiermacher, *Kurze Darstellung des theologischen Studiums zum Behuf einleitender Vorlesungen*, hg. v. Heinrich Scholz (Darmstadt: WBG, 1977), 53f. (§ 135): „Die neutestamentlichen Schriften sind sowohl des inneren Gehaltes, als auch der äußeren Verhältnisse wegen von besonderer Schwierigkeit. Das erste, weil die Mitteilung eigentümlicher, sich erst entwickelnder religiöser Vorstellungen in der abweichenden Sprachbehandlung nichtnationaler Schriftsteller zum großen Teil aus einer minder gebildeten Sphäre leicht mißverstanden werden kann. Letzteres weil die Umstände und Verhältnisse, welche den Gedankengang modifizieren, uns größtenteils unbekannt sind, und erst aus den Schriften selbst müssen erraten werden."
5 Zur neueren Deutung von Schleiermachers Hermeneutik vgl. Andreas Arndt und Jörg Dierken, Hg., *Friedrich Schleiermachers Hermeneutik: Interpretationen und Perspektiven* (Berlin/Boston: De Gruyter, 2016); Dietz Lange, Hermeneutik, in *Schleiermacher Handbuch*, hg. v. Martin Ohst (Tübingen: Mohr Siebeck, 2017), 300–308; Daniel Weidner, *Bibel und Literatur um 1800* (München: Fink, 2011), 317–337.
6 Zu Schleiermachers Berliner exegetischen Vorlesungen vgl. Hermann Patsch, Schleiermachers Berliner Exegetik, in *Schleiermacher Handbuch*, hg. v. Martin Ohst (Tübingen: Mohr Siebeck, 2017), 327–340.

Verständnis des christlichen Glaubens entspricht. Denn allein das vierte Evangelium bietet, wie er immer wieder betont, ein vollständiges Bild des christlichen Glaubens und seiner Einbindung in die Geschichte, aus der er unableitbar entsteht.[7] Einzusetzen ist mit den religionsphilosophischen Voraussetzungen von Schleiermachers Christologie und Ekklesiologie, die seiner Auslegung des vierten Evangelisten zugrunde liegen. Sodann werden im zweiten Abschnitt die hermeneutischen Überlegungen des Berliner Theologen zur Evangelienfrage vor dem Hintergrund der zeitgenössischen Debatten erörtert. Im abschließenden dritten Abschnitt ist die Interpretation des vierten Evangeliums selbst in den Blick zu nehmen. Anhand von Schleiermachers Deutung des Johannes-Evangeliums sowie des Prologs sind die Grundzüge des Wesens des Christentums herauszuarbeiten, die er aus seiner Verzahnung von Christologie und Ekklesiologie auf dieses überträgt.

1 Die religionstheoretischen und dogmatischen Grundlagen von Schleiermachers Exegese

Schleiermachers Auslegung des Johannes-Evangeliums setzt die historische und erkenntnistheoretische Kritik der Aufklärung voraus. Einerseits nimmt er diese auf, andererseits kritisiert er sie auch. Schon in den frühen Reden *Über die Religion*, in denen er vor dem Hintergrund der zeitgenössischen religionsphilosophischen Debatten eine Neubestimmung der Religion ausarbeitet, bindet er diese an die Christologie zurück. Gegen die Aufklärung beharrt Schleiermacher auf einer bleibenden Bindung der Religion an einen Mittler.[8] Dessen Bedeutung für das Bestehen von Religion ergibt sich aus Schleiermachers Neubestimmung der Religion. Im Anschluss an die kantische Erkenntniskritik ersetzt er die Grundlegung der Religion in einem gegebenen Gottesgedanken, wie sie der Altprotestantismus und ebenso der Rationalismus des 18. Jahrhunderts vorgenommen haben, durch eine bewusst-

---

7 Vgl. Friedrich Daniel Ernst Schleiermacher, *Exegesis des Evangeliums Johannes: Nachschrift Eduard Bonnell* (Staatsbibliothek zu Berlin Preußischer Kulturbesitz, Handschrift 37), 7v: Die Lebensbeschreibung Jesu durch Johannes sei ein „vollständiges Ganze[s]". Ich danke André Munzinger und Enno Edzard Popkes, dass sie mir die Rohtranskription der Nachschrift der Vorlesung Schleiermachers sowie von dessen Manuskript zur Verfügung gestellt haben.
8 Vgl. Friedrich Daniel Ernst Schleiermacher, *Über die Religion. Reden an die Gebildeten unter ihren Verächtern*, hg. v. Günter Meckenstock (Berlin/New York: De Gruyter, 1999), 61. Vgl. hierzu Christian Danz, Kritik und Gestaltung. Das Protestantismusverständnis von Schleiermacher und Tillich, in *Reformation und Moderne: Pluralität – Subjektivität – Kritik: Akten des Internationalen Kongresses der Schleiermacher-Gesellschaft in Halle, März 2017*, hg. v. Jörg Dierken, Arnulf von Scheliha und Sarah Schmidt (Berlin/Boston: De Gruyter, 2018), 589–603, bes. 591–595.

seinstheoretische Fassung, der zufolge Religion ein Bestandteil der conditio humana ist, der Allgemeingeltung zukommt. Religion ist die Aktualisierung dieser Anlage, und sie besteht im individuellen Vollzug eines allgemeingültigen Selbstverhältnisses, welches sich in symbolischen Bildern darstellt, mit dem im Inneren des Subjekts Gefühle korrespondieren. Im Menschen entsteht auf eine ihm selbst unerklärliche Weise Religion von selbst.[9] Darauf hinzuweisen, ist die notwendige Funktion des Mittlers in und für die Religion.

Bereits in den Reden exemplifiziert Schleiermacher seine Christentumsauffassung am Johannesevangelium.[10] Jesus Christus, der Stifter der christlichen Religion, fungiert in ihr als Bild der reinen, selbstbezüglichen und reflexiven Religion und ihres aus der Geschichte unableitbaren Entspringens.[11] Zwar ist die christliche Religion in die Religionsgeschichte eingebunden, aber sie lässt sich gerade nicht aus ihr herleiten. Sie ist ein neuer Anfang, der mit Jesus Christus in die Geschichte eintritt. Er verzahnt somit beides, die geschichtliche Stiftung des Christentums und ihr nicht herstellbares Entstehen im Einzelnen. Die bleibende Bedeutung des Stifters für die christliche Religion besteht indes nicht nur darin, das Wesen der reflexiven Religion in der Geschichte zu verwirklichen und so innerreligiöses Bild von ihr zu sein. Als solches dient er in ihr zugleich als permanente religiöse Kritik der Religion an sich selbst.[12]

An der in den Reden ausgeführten Bindung der Religion an einen Mittler hat Schleiermacher bei der weiteren Ausarbeitung seiner dogmatischen Theologie ebenso festgehalten wie an deren religionsphilosophischer Begründung in einem bewusstseinstheoretischen Religionsbegriff. Deutlich wird das an der Christologie der Glaubenslehre und ihrer Verzahnung mit der Ekklesiologie, deren erste Auflage

---

9 Vgl. Schleiermacher, *Über die Religion*, 72: „Daß sie aus dem Inneren jeder beßern Seele nothwendig von selbst entspringt, daß ihre eine eigne Provinz im Gemüthe angehört, in welcher sie unumschränkt herrscht, [...] das ist es, was ich behaupte".

10 Vgl. Schleiermacher, *Über die Religion*, 188: „Wenn Ihr Euch darauf versteht aus einzelnen Zügen das Innere seines Gemüths nachzubilden, und Euch durch das Fremdartige nicht stören zu laßen, das ihnen Gott weiß woher beigemischt ist: so werdet Ihr in dem Stifter des Christenthums durchaus diese Empfindung herrschend finden; wenn Euch ein Schriftsteller der nur wenige Blätter in einer einfachen Sprache hinterlassen hat, nicht zu gering ist um Eure Aufmerksamkeit auf ihn zu wenden: so wird Euch aus jedem Wort was uns von seinem Busenfreund übrig ist dieser Ton ansprechen; und wenn je ein Christ Euch in das Heiligste seines Gemüths hineinblicken ließ: gewiß es ist dieses gewesen." Vgl. hierzu Dietz Lange, *Historischer Jesus oder mythischer Christus: Untersuchungen zu dem Gegensatz zwischen Friedrich Schleiermacher und David Friedrich Strauß* (Gütersloh: Mohn, 1975), 22–35.

11 Vgl. Schleiermacher, *Über die Religion*, 189.

12 Vgl.Schleiermacher, *Über die Religion*, 187.

im selben Jahr erschien, als er über das Johannes-Evangeliums las.[13] Grundlage sowohl der dogmatischen als auch der exegetischen Theologie ist ein in der Struktur des Bewusstseins verankerter Religionsbegriff, der die anthropologische Allgemeinheit der Religion sichert. Religion ist die Erfassung der Einheit und Ganzheit des Bewusstseins in diesem, also der Eintritt des höheren Selbstbewusstseins in das niedere, sinnlich bestimmte. Das Christentum, welches mit Jesus Christus in die Geschichte eintritt, ist die Religion, in der sich das Wesen des Menschen selbst verwirklicht. Es ist Erlösungsreligion, wobei die Erlösung in der Entstehung der Religion im Einzelnen besteht, der stets in eine geschichtlich gewordene Gemeinschaft eingebunden ist. Der Bezug der christlichen Religion auf ihren Stifter ergibt sich aus dem christlich-religiösen Bewusstsein, also aus dem gegenwärtigen Glauben. Dieser führt sich auf den geschichtlichen Erlöser zurück. Ihn zu explizieren, nicht aber zu begründen, ist die Aufgabe der Dogmatik.[14] Sie beschreibt, wie die Inhalte des Glaubens mit diesem zusammen entstehen. Erlöser kann Christus nur sein, wenn er selbst nicht erlöst werden muss. Christus muss folglich als bereits erlöst geboren sein. Sein Eintritt in die Geschichte ist ein Wunder[15]– das einzige, das Schleiermachers Glaubenslehre zugesteht. In Jesus Christus bestimmt das höhere Selbstbewusstsein durchgehend und konstant das niedere. So ist er strukturell allen Menschen gleich und zugleich von ihnen unterschieden.

Mit dem Erlöser hebt in der Geschichte ein aus dieser nicht ableitbares neues, der Sünde entgegengesetztes Gesamtleben an. Jesus entstammte, wirkte und lehrte zwar im Judentum, aber sein Zusammenhang mit diesem ist lediglich äußerlich. Das Neue, das mit ihm in die Geschichte eintritt, lässt sich aus der jüdischen Religion nicht herleiten. In seinem Lehren stellt er sich selbst dar und stiftet durch die Mitteilung seiner Selbstdarstellung eine neue Gemeinschaft, die Kirche. Während seiner irdischen Zeit erfolgt das im Judentum. Die von ihm gestiftete Gemeinschaft, in der sich die Erlösung verwirklicht, ist zunächst lediglich durch Empfänglichkeit charakterisiert. Allein der Erlöser ist sowohl durch Empfänglichkeit als auch durch Selbsttätigkeit ausgezeichnet, während die Jünger seine Werkzeuge sind. Nur durch seinen Weggang von dieser Welt kommt es bei ihnen zum Übergang von der Empfänglichkeit zur Selbsttätigkeit. Als selbständige Religion erfasst sich das

---

13 Werkgeschichtlich wichtig für die Entwicklung von Schleiermachers Christologie seit den Reden ist der 1806 erschienene Dialog „Die Weihnachtsfeier". Vgl. Friedrich Daniel Ernst Schleiermacher, *Die Weihnachtsfeier: Ein Gespräch*, hg. v. Hermann Patsch, KGA I/5 (Berlin/New York: De Gruyter, 1995), 39–100. Vgl. hierzu Folkart Wittekind, Das Gespräch über ‚Die Weihnachtsfeier', in *Schleiermacher Handbuch*, hg. v. Martin Ohst (Tübingen: Mohr Siebeck, 2017), 178–188.
14 Vgl. Friedrich Daniel Ernst Schleiermacher, *Der christliche Glaube 1821–1822*. Studienausgabe, Bd. 2, hg. v. Hermann Peiter (Berlin/New York: De Gruyter, 1984), 8 (§ 109.2).
15 Vgl. Schleiermacher, *Der christliche Glaube*, Bd. 2, 9 f. (§ 109.3).

Christentum erst in diesem Übergang zur freien Produktivität der Jünger in der Mitteilung und Darstellung Jesu Christi.[16] Diesen Übergang zur Entstehung der Kirche symbolisiert das Pfingstereignis, die Ausgießung des Heiligen Geistes. Schleiermacher formuliert die Lehre vom Geist zur Realisierung der Erlösung in der Geschichte, die durch Mitteilung und Darstellung des Erlösers erfolgt, auf den die christliche Religion bleibend bezogen ist.[17]

Die Entstehung der neutestamentlichen Schriften, der Geschichtsbücher und der Lehrbücher, verortet Schleiermacher in die Zeit nach der Sendung des Heiligen Geistes bzw. des Übergangs von der einseitigen Empfänglichkeit zur selbständigen Produktivität der Jünger und damit zur vollständigen Entwicklung des Gemeingeistes.[18] Mit der Entstehung der Schrift ist ein Medienwechsel verbunden. Sie ersetzt die unmittelbare lebendige Erinnerung der Jünger an Jesus Christus und bindet deren Weitergabe an das Medium Schrift.[19] Schleiermacher versteht dieses Medium und damit die neutestamentlichen Geschichtsbücher, also die Evangelien, als Wiederholungen der Reden und des Lebens Jesu.[20] In den neutestamentlichen Evangelien findet mit Christus der durch seine religiöse Mitteilung entstandene Glaube der Jünger seine Darstellung.[21] Vollständig ist diese Darstellung des Gemeingeistes allerdings allein dann, wenn sie dessen beide Momente Empfänglichkeit und Selbsttätigkeit beinhaltet. Damit ist zugestanden, dass die neutestamentlichen Evangelien keine bloße Widerspiegelung der Geschichte Jesu sind, sondern sich auch der Produktivität ihrer Autoren verdanken. Anders könnten sie keine Mitteilung der christlichen Religion als einer selbständigen sein, da diese den Gegensatz von Empfänglichkeit und Selbsttätigkeit in sich tragen muss, um vollständig zu sein.

Mit Schleiermachers Pneumatologie, welche strikt an seine in einem bewusstseinstheoretischen Religionsbegriff fundierte Christologie gebunden ist, indem sie als Ekklesiologie die geschichtliche Realisierung des neuen Gesamtlebens, also der Kirche, thematisiert, ist ein Kriterium für die Gewichtung der Evangelien als erster Darstellung des Gemeingeistes verbunden. Es besteht in der Vollständigkeit dieses Geistes, die in den neutestamentlichen Geschichtsbüchern dargestellt

---

16 Vgl. Schleiermacher, *Der christliche Glaube*, Bd. 2, 156 (§ 141.2).
17 Zu Schleiermachers Pneumatologie vgl. Christian Danz, *Gottes Geist: Eine Pneumatologie* (Tübingen: Mohr Siebeck, 2019), 63–67.
18 Vgl. Schleiermacher, *Der christliche Glaube*, Bd. 2, 218 (§ 147 Leitsatz): „Die heilige Schrift ist auf der einen Seite das erste Glied in der fortlaufenden Reihe aller Darstellungen des christlichen Glaubens, auf der andern Seite ist sie die Norm für alle folgenden." Vgl. auch 215 (§ 146.2).
19 Vgl. Schleiermacher, *Der christliche Glaube*, Bd. 2, 222 (§ 148.1).
20 Vgl. Schleiermacher, *Der christliche Glaube*, Bd. 2, 220 (§ 147.2).
21 Vgl. Schleiermacher, *Der christliche Glaube*, Bd. 2, 221–222. (§ 148.1).

sein muss. Was das für seine Deutung der um 1800 umstrittenen Evangelienfrage sowie des Johannes-Evangeliums bedeutet, ist nun in den Blick zu nehmen.

2 Johannes als Autor einer vollständigen Lebensbeschreibung Jesu Christi

Gegenüber den synoptischen Evangelien zeichnet sich das des Johannes dadurch aus, dass es eine vollständige Beschreibung der Lebensgeschichte Jesu bietet. Dieses Urteil Schleiermachers setzt die historische Kritik der Aufklärung an der Bibel voraus, auf die er mit der Ausarbeitung einer Hermeneutik reagiert. Für das Verstehen des Neuen Testaments stellt nicht nur die Fremdheit der Sprache ein Problem dar, sondern auch die neutestamentlichen Geschichtsbücher sowie das ebenso komplizierte wie kontrovers diskutierte Verhältnis der Evangelien untereinander konfrontieren den Interpreten mit grundlegenden Schwierigkeiten. Bewegung kam in die Evangelienfrage im letzten Drittel des 18. Jahrhunderts durch eine methodische Innovation Johann Jakob Griesbachs. Im Jahre 1776 publizierte er seine *Synopsis Evangeliorum*.[22] Das Neue seiner Synopse gegenüber älteren, etwa Evangelienharmonien, besteht darin, dass er nicht mehr an einer Chronologie der Geschichte Jesu interessiert ist, sondern an den Beziehungen der (synoptischen) Evangelien untereinander. Durch seine Textanordnung, die Matthäus in der linken Spalte, Markus in der Mitte und Lukas in der rechten Spalte abdruckt, macht er die Abhängigkeiten der Evangelisten voneinander sichtbar. Dem Leser der Synopsis wird gleichsam ein Blick über die Schultern von Markus gestattet, wie er in der Benutzung von Matthäus auf der einen und Lukas auf der anderen Seite sein eigenes Evangelium schreibt. In der markinischen Textproduktion entdeckt die Philologie sich selbst und ihr eigenes methodisches Procedere der Rekonstruktion der Beziehungen der Evangelien untereinander.[23]

Schleiermacher hat Griesbachs textphilologische Theorie einer Benutzung von Matthäus und Lukas durch Markus ebenso zurückgewiesen wie Gotthold Ephraim Lessings und Johann Gottfried Eichhorns Hypothese eines Urevangeliums, um die

---

22 Johann Jakob Griesbach, *Synopsis Evangeliorum Matthaei, Marci et Lucae* (Halle: Curt, 1776). Vgl. hierzu Weidner, *Bibel und Literatur um 1800*, 186–191.
23 Vgl. Weidner, *Bibel und Literatur um 1800*, 191: „Denn Markus hat in Griesbachs Theorie genau dasselbe getan, was der Philologe tut, wenn er kollationiert und den Blick von einem Text in den anderen schweifen lässt – nur dass er sich freilich nicht zurückhält und nur Varianten notiert, sondern die Lesarten einfach durcheinander mischt und einen neuen Text produziert."

Beziehungen der Evangelien untereinander zu erklären.[24] Beide Annahmen übertragen unter der Hand die moderne Textphilologie auf die Evangelienproduktion.[25] Da man die Evangelien auch anders anordnen kann, ergeben sich ebenfalls andere Beziehungen. Demgegenüber wählt Schleiermacher einen anderen Weg, der aus seiner mit Kritik verbundenen Hermeneutik entsteht. Zunächst geht er von einer Vielzahl von Einzelüberlieferungen der Geschichte Jesu aus, die mündlich und schriftlich weitergegeben wurden.[26] Am Anfang der Christentumsgeschichte stehen weder Evangelien noch ein Evangelium, sondern einzelne Überlieferungen, die auf Augenzeugen zurückgehen. Erst später entsteht das Bedürfnis, diese Überlieferungen aufzuzeichnen und zu sammeln. Auf diese Weise sind die Evangelien entstanden. Sodann plädiert Schleiermacher dafür, die neutestamentlichen Geschichtsbücher als individuelle Darstellungen jeweils für sich zu untersuchen. Hierbei zeigt sich ein grundlegender Unterschied zwischen den Synoptikern und Johannes. Im Hinblick auf die synoptischen Evangelien urteilt der Theologe, dass ihre Verfasser eigentlich keine Autoren sind, sondern Sammler, die verschiedene Überlieferungen zu einem Text montieren. Anhand des Lukas-Evangeliums hat Schleiermacher diese aus seiner Hermeneutik resultierende These exemplifiziert und den Gemeingeist gewissermaßen als Monteur identifiziert, der diverse Einzelüberlieferungen aneinanderreiht.[27] Anders Johannes: Sein Evangelium ist kein

---

24 Vgl. Friedrich Daniel Ernst Schleiermacher, *Einleitung ins neue Testament*, hg. v. Georg Wolde, SW I/8 (Berlin: Reimer, 1845), 224–254; Friedrich Daniel Ernst Schleiermacher, *Ueber die Schriften des Lukas: Ein kritischer Versuch*, hg. v. Hermann Patsch und Dirk Schmid, KGA I/8 (Berlin/New York: De Gruyter, 2001), 5–180, bes. 11–21. Vgl. hierzu Lange, *Historischer Jesus oder mythischer Christus*, 90–97.

25 Vgl. Schleiermacher, *Ueber die Schriften des Lukas*, KGA I/8, 14–15.: „Sondern ich meines Theils habe um die Eichhornsche Entstehung unserer drei Evangelienbücher aus dem Urevangelium nicht zu begreifen, schon vollkommen genug daran, daß ich mir denken soll unsere guten Evangelisten von vier fünf sechs aufgeschlagenen Rollen und Büchern in verschiedenen Zungen noch dazu umgeben, abwechselnd aus einem ins andere schauend und zusammenschreibend. Denn ich meine mich in einer deutschen Bücherfabrik des achtzehnten oder neunzehnten Jahrhunderts zu befinden nicht in jener Urzeit des Christenthums".

26 Vgl. Schleiermacher, *Ueber die Schriften des Lukas*, 15: „warum bleibt man nicht von vornherein bei der Mehrheit stehn". Vgl. auch 20.

27 Vgl. Schleiermacher, *Ueber die Schriften des Lukas*, 9: „Zweitens die Thätigkeit des Geistes in dem, welcher sammelt und ordnet. Denn wenn ich auch das Resultat auf Rechnung menschlicher Forschung und Auswahl schreibe: so meine ich doch damit nicht ein kunstmäßiges kritisches Verfahren, welches jenen Zeiten und Menschen fremd war, sondern das leitende Princip dabei konnte immer kein anderes sein als der Geist des Christentums, der sein eigenes Werk erkannte. Wenn nun aber der Sammler unseres Evangelii [sc. Lukas] ein solcher ist, von welchem zweifelhaft scheinen kann, ob ihm, da er nicht in die Zahl der Zwölf gehört, eine außerordentliche Einwirkung des Geistes beigelegt werden darf: so ist ja auf jede Weise besser für ihn gesorgt, wenn er nur als Sammler und Ordner erscheint, nicht als Verfasser". Zu den hermeneutischen Grundlagen von Schleiermachers

Aggregat, wie die Erzählungen der Synoptiker, sondern eine zusammenhängende Lebensbeschreibung Jesu Christi.[28] Johannes ist Autor. Weder reiht er wie die drei ersten Evangelisten Einzelüberlieferungen aneinander noch ergänzt er diese, indem er etwa das erzählt, was die anderen von der Geschichte Jesu auslassen. Mit der Benutzungshypothese lässt Schleiermacher auch diese zeitgenössische Hypothese zur Erklärung der Übereinstimmungen und Unterschiede der Evangelien fallen. Entsprechend dem aus dem Verhältnis von Divination und Komparation folgenden individualisierenden Zugriff auf Texte ist das vierte Evangelium für und aus sich selbst zu verstehen.[29]

Johannes erzählt die Lebensgeschichte Jesu Christi auf eine eigenständige Weise, zu der er die Synoptiker nicht benutzt.[30] Er braucht das auch nicht, da er anders als diese selbst Augenzeuge des öffentlichen Lebens Jesu war. Hieraus ergibt sich Schleiermachers Auffassung, dass das vierte Evangelium früher als die synoptischen Evangelien zu datieren ist und der Evangelist diese jedenfalls nicht in ihrer Endgestalt kannte.[31] Johannes ist indes nicht nur Begleiter Jesu, er ist zudem Autor von dessen Lebensbeschreibung, die er in seinem Alter verfasste. Für letzteres ist eine Differenz konstitutiv, da eine Erzählung, um eine solche sein zu können, notwendigerweise das Kontinuum der Wahrnehmung aufhebt.[32] Folglich kann auch Johannes in seiner Erzählung nicht alles berichten, was er wahrgenommen, erlebt und was sich ihm ins Gedächtnis eingeprägt hat. Als Autor, der in seiner Lebensbeschreibung Jesu Christi seine Erinnerungen mitteilt, ist er notwendig auch produktiv. Gleichwohl ist sein Evangelium keine Fiktion, wie die Kritik von Karl Gottlieb Bretschneider unterstellt. Johannes, der aus dem Gedächtnis

---

Deutung des Lukas-Evangeliums, dem Verhältnis von Divination und Komparation, die zur Auflösung des Textes führen, vgl. Weidner, *Bibel und Literatur um 1800*, 326–330. Zur Differenz und Verschränkung von Divination und Komparation vgl. Friedrich Daniel Ernst Schleiermacher, *Hermeneutik und Kritik mit besonderer Beziehung auf das Neue Testament*, hg. v. Friedrich Lücke, SW I/7 (Berlin: Reimer, 1838), 146 f. Vgl. hierzu auch Andreas Arndt, Hermeneutik und Einbildungskraft, in *Friedrich Schleiermachers Hermeneutik: Interpretationen und Perspektiven*, hg. v. Andreas Arndt und Jörg Dierken (Berlin/Boston: De Gruyter, 2016), 119–128.

28 Vgl. Schleiermacher, *Vorlesungen über das Leben Jesu*, KGA II/5, 324: „Das Evangelium Johannis ist in ganz anderem Sinn eine fortlaufende Erzählung: die 3 anderen sind mehr Aggregate von einzelnen Erzählungen." Vgl. auch Schleiermacher, *Exegesis des Evangeliums Johannis: Nachschrift Bonnell*, 7r; Schleiermacher, *Einleitung ins neue Testament*, SW I/8, 217–220.

29 In seiner Vorlesung über das Leben Jesu von 1823 beschreibt Schleiermacher die Evangelien als jeweils eigene Perspektiven, die von ihren Verfassern eingenommen werden. Vgl. Schleiermacher, *Vorlesungen über das Leben Jesu*, KGA II/5, 147.

30 Vgl. Schleiermacher, *Einleitung ins neue Testament*, SW I/8, 318.

31 Vgl. Schleiermacher, *Exegesis des Evangeliums Johannis: Nachschrift Bonnell*, 8v. 2v. Vgl. auch Schleiermacher, *Einleitung ins neue Testament*, SW I/8, 317.

32 Vgl. Schleiermacher, *Hermeneutik und Kritik*, SW I/7, 271.

schrieb, liefert eine Darstellung, die weder Fiktion noch wörtliche Wiedergabe der Reden Jesu ist.[33] Erst das, nämlich der für den christlichen Gemeingeist konstitutive Gegensatz von Empfänglichkeit und Selbsttätigkeit, zeichnet den Evangelisten als Autor einer vollständigen Lebensbeschreibung Jesu Christi aus.

Zwar ist, was das Verstehen des Textes eigentlich unmöglich macht, auch von Johannes nicht bekannt, wo, wann genau und für wen er sein Evangelium geschrieben hat,[34] da er aber die Reden Jesu nicht einfach aneinanderreiht wie die Synoptiker, sondern diese zusammen mit ihren Anlässen berichtet, d.h. ihren Kontext präsentiert, ist bei ihm die Möglichkeit gegeben, seinen Text zu verstehen.[35] Das Johannes-Evangelium – das sollten die vorgestellten Überlegungen aus Schleiermachers Hermeneutik deutlich gemacht haben – repräsentiert unter den neutestamentlichen Geschichtsbüchern eine Ausnahme,[36] die es erst möglich macht, den Anfang der Christentumsgeschichte bzw. den von Jesus Christus ausgehenden Gemeingeist zu verstehen. Wie erzählt nun Johannes die Geschichte Jesu Christi? Dem müssen wir uns abschließend zuwenden.

3 Das Johannes-Evangelium als ‚zusammenhängende Lebensbeschreibung Christi'

Unter den neutestamentlichen Geschichtsbüchern stellt das Johannes-Evangelium eine Ausnahme dar, die angesichts der mit dem Verstehen des Neuen Testaments verbundenen besonderen Schwierigkeiten dessen Interpretation partiell lösbar erscheinen lässt. Schleiermachers Einschätzung, das vierte Evangelium biete ein vollständiges bzw. zusammenhängendes Bild des von Jesus Christus ausgehenden Gemeingeistes, ist vor diesem Hintergrund zu verstehen. Was das genau besagt, ist jetzt abschließend noch zu skizzieren.

Das Evangelium des Johannes zeichnet sich, so Schleiermacher, durch eine doppelte Tendenz aus, eine apologetische und eine pragmatische. Erstere besteht

---

[33] Vgl. Schleiermacher, *Exegesis des Evangeliums Johannis: Nachschrift Bonnell*, 10v.
[34] Vgl. Schleiermacher, *Exegesis des Evangeliums Johannis: Nachschrift Bonnell*, 2r. Vgl. auch Schleiermacher, *Einleitung ins neue Testament*, SW I/8, 331.
[35] Vgl. Schleiermacher, *Exegesis des Evangeliums Johannis: Nachschrift Bonnell*, 10r: „Es sind nemlich alle entweder Begebenheiten die die Reden Christi veranlassen, oder die bestimmte Verhältnisse Christi zu der Nation und deren Leiter darstellen, oder die von den Aufenthaltsorten Christi reden."
[36] Vgl. auch Weidner, *Bibel und Literatur um 1800*, 334–336.

darin, dass es die ganze Erscheinung Jesu Christi als Begründung des Glaubens an ihn präsentiert und letztere in der sukzessiven Darstellung seines Gegensatzes zum Judentum.[37] Beide genannten Aspekte gehören zusammen. Der vierte Evangelist erzählt in seinem Evangelium nicht nur die Lebensgeschichte und Reden des Erlösers, sondern diese zugleich als Entstehung der christlichen Kirche, deren Darstellung und Mitteilung wiederum sein Narrativ selbst ist. Indem Johannes Jesus Christus als Stifter des Glaubens porträtiert, zeigt er zugleich, wie dieser aus der Verkündigung des Erlösers hervorgegangen und in das selbsttätige Wirken der Jünger übergegangen ist.[38] Nur so ist der Gemeingeist vollständig dargestellt. Dieser geht zwar von dem Erlöser aus, aber dessen öffentliches Wirken und Verkündigen ist während seiner Erdentage äußerlich noch auf das Judentum bezogen.[39] Die Erlösung hingegen, da sie im Eintritt des höheren Selbstbewusstseins in das niedere besteht, ist ein innerliches Geschehen. Mit ihr beginnt etwas völlig Neues, nämlich die Erlösung bzw. die neue Schöpfung, die ebenso von der alten wie vom Judentum unterschieden ist. Genau diese Dimension der Innerlichkeit und Geistigkeit rückt Johannes in seiner Lebenserzählung Jesu Christi in den Fokus. Sein Evangelium ist ein geistiges, da er die innere Beziehung Jesu Christi zu seinen Jüngern darstellt.[40] Aus dieser Perspektive wird für Schleiermacher erst die eigentliche Differenz zwischen Johannes und den Synoptikern deutlich. Anders als bei diesen konzipiert der vierte Evangelist die Reden Jesu von vornherein als Selbstdarstellungen des inneren Gottesbewusstseins Jesu. In seinen Reden verkündigt der johanneische Christus sich selbst. Im Bild des Erlösers kommt auf diese Weise mit diesem zugleich die Selbständigkeit und Universalität des von ihm gestifteten neuen Gesamtlebens der Erlösung zum Ausdruck, das unabhängig vom Judentum und diesem entgegengesetzt ist. Die beiden Tendenzen des Evangeliums, die apologetische und die pragmatische Tendenz, bedingen und durchdringen sich in der Erzählung des Johannes. Indem die Differenz Jesu Christi zum Judentum im Narrativ des Evangelisten sich sukzessive bis zur Katastrophe entwickelt, kommt der Erlöser als Stifter

---

37 Vgl. Schleiermacher, *Einleitung ins neue Testament*, SW I/8, 319: „Dabei geht eine doppelte Tendenz durch das Ganze hindurch: 1. Christi ganze Erscheinung als Begründung des Glaubens an ihn klar zu machen, und 2. die allmählige Entwicklung seines Verhältnisses zu denen, die das geistliche Ansehen repräsentierten, woraus zuletzt die Catastrophe hervorging."
38 Vgl. Schleiermacher, *Einleitung ins neue Testament*, SW I/8, 332.
39 Vgl. Schleiermacher, *Vorlesungen über das Leben Jesu*, KGA II/15, 260.
40 Vgl. Schleiermacher, *Einleitung ins neue Testament*, SW I/8, 318: „Dies alte Urteil [sc. der Kirche, dass das vierte Evangelium ein geistiges sei] rührt aber offenbar daher, daß die ersten drei Evangelien so wenig von dem inneren Verhältnisse Christi zu seinen Jüngern erzählen, eben weil sie nicht aus dem apostolischen Kreis herstammen, sondern aus der evangelischen Ueberlieferung, die ihre Erzählungen mehr aus dem öffentlichen Leben Christi nahm, wogegen Johannes die vertrauten Unterredungen Christi mit seinen Jüngern hat."

der christlichen Kirche zur Darstellung und vice versa. Es ist der kontinuierliche Zusammenhang zwischen der Selbstdarstellung Jesu Christi in seinen Reden und der selbsttätigen Verkündigung der Jünger, den allein das vierte Evangelium repräsentiert und der dessen Bedeutung ausmacht.[41] Genau darin, nämlich in der Einheit von apologetischen und pragmatischen Tendenzen, von Empfänglichkeit und Selbsttätigkeit, besteht die Vollständigkeit der von Johannes erzählten Lebensgeschichte des Erlösers, die sein Geschichtsbuch zur Ausnahme macht.

Damit ergibt sich für Schleiermacher als Zweck des Evangelisten, den Glauben an Jesus Christus zu befestigen. Das erfolgt durch eine vollständige Lebensbeschreibung des Erlösers, die dessen Wirken mit der Entstehung der Kirche verbindet. Abgelehnt werden von Schleiermacher zeitgenössische Deutungen des Johannes-Evangeliums, die es als eine polemische Schrift gegen Gnostiker wie Cerinth oder die Jünger von Johannes dem Täufer verstehen.[42] Das vierte Evangelium bietet auch keine didaktische Schrift. Den Hintergrund für solche Interpretationen des Johannes-Evangeliums erblickt Schleiermacher in dem diesem vorangestellten Prolog. Allein aus der Perspektive des Prologs lege sich der Eindruck nahe, bei dem vierten Evangelium handle es sich um eine polemische oder didaktische Schrift. Dies sei jedoch, wie der Berliner Theologe geltend macht, eine Überbewertung des Prologs. Vielmehr handle es sich bei diesem um einen späteren Nachtrag, der eigentlich gar nicht zu dem Evangelium passt.[43] Genau besehen handle es sich bei diesem auch nicht um einen Prolog, sondern eher um eine Art Epilog, da er eine Zusammenfassung der Reden Jesu Christi in dem Evangelium beinhaltet und folglich nur von diesen her richtig zu verstehen sei.[44]

Mit seiner These, der Eingang des vierten Evangeliums fasse gleichsam als Ouvertüre die Reden Jesu Christi zusammen, schließt Schleiermacher eine trinitätstheologische Lesart des Prologs aus. Von einer Präexistenz Jesu Christi bzw. des Logos ist in dem Prolog nicht die Rede. Doch worum geht es dann in dem Eingang des vierten Evangeliums? Diesem liegt die Selbstdarstellung Jesu Christi in dem Evangelium zugrunde und bildet deren Ausgangspunkt. In dessen Logos-Theorie

---

41 Vgl. Schleiermacher, *Exegesis des Evangeliums Johannis: Nachschrift Bonnell*, 9v: Wenn „Christus nicht solche Reden würde gehalten haben", wie sie sich im Johannes-Evangelium finden, dann würde „die Entstehung des Christenthums sich nicht [...] erklären lassen. Und da doch beim Zusammenhang der göttlichen Offenbarung ein Gesetz der Stätigkeit statt finden muß, so würde es den Jüngern an der inneren Kraft, dem Auftrage Christi zu folgen, in alle Welt zu gehen, gefehlt haben, wenn nicht Christus solche Reden gehalten hätte, wie wir sie gerade beim Johannes finden."

42 Vgl. Schleiermacher, *Exegesis des Evangeliums Johannis: Nachschrift Bonnell*, 3v–7r. Zu zeitgenössischen Deutungen des vierten Evangeliums, die es als Widerlegung der Gnosis oder der Johannes-Jünger verstehen, vgl. Arnold und Danz, Editorischer Bericht zu F.W.J. Schelling, 19–23.

43 Vgl. Schleiermacher, *Exegesis des Evangeliums Johannis: Nachschrift Bonnell*, 6v–7r.

44 Vgl. Schleiermacher, *Einleitung ins neue Testament*, SW I/8, 333 f.

werde der Logos zwar vor seiner Fleischwerdung dargestellt, aber das sei lediglich Hinweis darauf, dass die neue Schöpfung zugleich mit der alten in Gottes Ratschluss begründet sei.[45] Im Prolog wird folglich die Erlösung als Endzweck der Schöpfung Gottes dargestellt, nicht aber eine gnostische Spekulation über eine Emanation der Gottheit oder andere Philosopheme. Da dies bei Johannes, einem Fischer aus Galiläa, auch nicht zu erwarten sei, parallelisiert Schleiermacher den Eingang des vierten Evangeliums mit dem Schöpfungsbericht. Denn dieser gehört zu dem normalen religiösen Wissen, in welchem jüdische Knaben unterrichtet worden sind.[46] Entsprechend rückt der Theologe in seiner Vorlesung von 1820/21 den Prolog und seine Logos-Theorie in die Nähe von Philos platonisierender Deutung des biblischen Schöpfungsberichts und setzt beides von diesem ab. Die von Gott ausgehende neue Schöpfung als dessen ewiger Ratschluss ist das Thema des Prologs. Schleiermacher strukturiert das mit dem Erlöser in die Geschichte eintretende Gottesbewusstsein in seiner Exegese des Eingangs des vierten Evangeliums durch die Stichworte ‚Logos', ‚Licht' und ‚Leben', wobei letzteres und nicht der Logos den eigentlichen Leitbegriff darstellt.[47] Indem aber der Prolog einerseits die Erlösung im Ausgang von der öffentlichen Wirksamkeit Jesu Christi zusammenfasst und diese andererseits dem Judentum entgegensetzt, enthält er die beiden für das vierte Evangelium konstitutiven Tendenzen des Apologetischen und des Pragmatischen. Zur Darstellung kommt damit in ihm die geistige Schöpfung als Vollendung der Welt, die mit dem Erlöser in diese eintritt und sich in der Kirche in der Welt und gegen diese verwirklicht.

Dass das Johannes-Evangelium ein vollständiges Bild des Lebens Jesu Christi zeichnet, resultiert nicht allein aus der Augenzeugenschaft des Apostels. Begründet ist diese Auffassung Schleiermachers, wie ausgeführt, auch durch ein komplexes Zusammenspiel von religionsphilosophischen, dogmatischen, hermeneutischen und exegetischen Überlegungen. Sie erst machen für ihn den Ausnahmecharakter des vierten Evangeliums unter den neutestamentlichen Geschichtsbüchern verständlich, der wiederum eine Auslegung der neutestamentlichen Texte angesichts

---

45 Vgl. Schleiermacher, *Einleitung ins neue Testament*, SW I/8, 335: „Wenn man nun sagt: er wolle hier nichts Andres, als diese neue Schöpfung nicht als etwas Späteres, sondern als etwas ebenso Uranfängliches, wie die erste Schöpfung, darstellen: so ist das ja die ganz richtige Tendenz, in der eigentlichen göttlichen Wirksamkeit alles zeitliche auszuschließen, und da ist also nichts Andres, als der göttliche Ratschluß der Erlösung in dem göttlichen Wesen selbst gegründet, und der Gehalt des von Christo ausgehenden höhern Lebens eben so identisch mit dem göttlichen, wie im Hebräerbrief."
46 Vgl. Schleiermacher, *Einleitung ins neue Testament*, SW I/8, 333; Schleiermacher, *Exegesis des Evangeliums Johannis: Nachschrift Bonnell*, 14r–16r.
47 Vgl. Schleiermacher, *Exegesis des Evangeliums Johannis: Nachschrift Bonnell*, 14r.

der mit diesen verbundenen Schwierigkeiten ermöglicht. Es ist somit allein die Erzählung des Johannes, der Jesus Christus als Bild des Glaubens von sich selbst als einem in die Geschichte eingebundenen, aber aus ihr nicht ableitbaren Vollzug präsentiert, die den christlichen Gemeingeist vollständig darstellt. Mit diesem und seinen beiden Momenten Empfänglichkeit und Selbsttätigkeit präsentiert der Evangelist den Anfang der christlichen Religion in ihrer Kontinuität mit dem Erlöser.

Bibliographie

Schriften von Friedrich Daniel Ernst Schleiermacher

Der christliche Glaube 1821–1822. Studienausgabe, Bd. 2, hg. v. Hermann Peiter. Berlin/New York: De Gruyter, 1984.
Die Weihnachtsfeier: Ein Gespräch, hg. v. Hermann Patsch, KGA I/5, 39–100. Berlin/New York: De Gruyter, 1995.
Einleitung ins neue Testament, hg. v. Georg Wolde, SW I/8. Berlin: Reimer, 1845.
Exegesis des Evangelium Johannis: Nachschrift Eduard Bonnell. Staatsbibliothek zu Berlin Preußischer Kulturbesitz, Handschrift 37.
Hermeneutik und Kritik mit besonderer Beziehung auf das Neue Testament, hg. v. Friedrich Lücke, SW I/7. Berlin: Reimer, 1838.
Kurze Darstellung des theologischen Studiums zum Behuf einleitender Vorlesungen, hg. v. Heinrich Scholz. Darmstadt: WBG, 1977.
Über die Religion. Reden an die Gebildeten unter ihren Verächtern, hg. v. Günter Meckenstock. Berlin/New York: De Gruyter, 1999.
Ueber die Schriften des Lukas: Ein kritischer Versuch, hg. v. Hermann Patsch und Dirk Schmid, KGA I/8, 1–180. Berlin/New York: De Gruyter, 2001.
Vorlesungen über das Leben Jesu, hg. v. Walter Jaeschke, KGA II/15, 1–508. Berlin/Boston: De Gruyter, 2018.

Weitere Literatur

Arndt, Andreas. Hermeneutik und Einbildungskraft. In *Friedrich Schleiermachers Hermeneutik: Interpretationen und Perspektiven*, hg. v. Andreas Arndt und Jörg Dierken, 119–128. Berlin/Boston: De Gruyter, 2016.
Arndt, Andreas und Dierken, Jörg. Hg. *Friedrich Schleiermachers Hermeneutik: Interpretationen und Perspektiven.* Berlin/Boston: De Gruyter, 2016.
Arnold, Christopher und Danz, Christian. Editorischer Bericht zu: F.W.J. Schelling, Über das Evangelium Johannis. In Friedrich Wilhelm Joseph Schelling, *Frühe theologische Arbeiten 1790–1791*, hg. v. Christopher Arnold und Beatrice Rauschenbach, 17–24. Stuttgart-Bad Cannstatt: Frommann-Holzboog, 2014.